Theodor Bergmann
Weggefährten

Theodor Bergmann, geb. 1916, ehemaliger Professor für international vergleichende Agrarpolitik an der Universität Hohenheim, lebt in Stuttgart. 2009 erschienen bei VSA »Internationalismus im 21. Jahrhundert« sowie »Internationalisten an den antifaschistischen Fronten«.

Theodor Bergmann

Weggefährten

Gesprächspartner – Lehrer – Freunde – Helfer
eines kritischen Kommunisten

VSA: Verlag Hamburg

www.vsa-verlag.de

Inhalt

Vorwort

In einem langen Leben – nun schon mehr als neun Jahrzehnte – begegnet man sehr vielen Menschen. Und in diesen extrem unruhigen Zeiten braucht man viele Hilfen. Einige bleiben in dauernder Erinnerung. Es war mein Glück, dass ich eine Reihe bedeutender Menschen kennenlernte, meist kritische Kommunisten und Sozialisten, von denen ich mir wünsche, dass sie nicht vergessen werden. Aber auch einige andere Persönlichkeiten, die nicht links dachten, kreuzten meinen Lebensweg und werden hier nachgezeichnet.

Manche, die mir in kritischen Situationen geholfen haben, bleiben unerwähnt, weil sie oft ihre Namen nicht genannt haben (oder weil ich ihre Namen vergessen habe). Sie bleiben in meiner dankbaren Erinnerung. Große Unterstützung und Ermutigung, manchmal auch sehr nützliche Kritik erhielt ich von meiner Lebenspartnerin und Genossin Gretel, geb. Steinhilber. Darüber habe ich in meiner Autobiografie berichtet.

Auf meinen unfreiwilligen Reisen als Emigrant habe ich Hilfe gebraucht und erhalten, ohne die das Überleben gefährdet war. Bei meinen späteren Reisen – nach 1948 – ging es auch um »private« politische Neugier, um Suche nach meinen früheren Genossen und Genossinnen und um fachliche und politische Forschungsarbeit. Hier waren die Lehrer wichtiger, von denen manche Freunde wurden.

Meine Erinnerung an diese Personen ist ebenso gut wie die an die historischen Umstände – oft Katastrophen, unter denen ich sie traf. Aber ich bin im Zweifel, ob ich ihnen ganz gerecht werden kann, nicht nur wegen meiner politischen Subjektivität, sondern weil eine allseitige Beschreibung eines Menschen eine Kunst ist, die ich nicht erlernt habe. Dennoch ist es mein Wunsch, dass mein unvollkommener Versuch dokumentiert wird, weil meine Gesprächspartner, Lehrer, Freunde und Helfer ansonsten vielleicht in einer schnelllebigen Zeit vergessen werden.

Meinen Gesprächspartnern bin ich zu Dank verpflichtet. Sie alle haben mir zu einem besseren Verständnis der großen Gegenwartsprobleme geholfen und mich immer zur Überprüfung meiner Position veranlasst.

Dank gebührt auch all denen, die mir geduldig Auskünfte gegeben haben, besonders meinem Freund Heiner Jestrabek für seine geduldige und manchmal kritische Hilfe bei der Entstehung dieses Erinnerungsbuches.

Gesprächspartner – Lehrer – Freunde – Helfer

Uri und Tova Adiv

Während einer unserer Israel-Reisen lernte ich eher zufällig die Adivs kennen. Uri Adiv, damals verantwortlich für die Exporte der linken Kibbuzim (des Hashomer hatzair) plante eine Studienreise zu westeuropäischen landwirtschaftlichen Genossenschaften. Er hatte

Uriel (17.1.1925) und Tova Adiv (25.5.1926-18.9.2007)*

gehört, dass ich im Lande war, und bat mich, ihm bei der Planung zu helfen. Ich hatte die »bürgerliche« Version vom Schicksal seines Sohnes Ehud gehört. Und als sein Reiseplan besprochen war, fragte ich, warum sein Sohn Ehud im Hochsicherheitsgefängnis Tel Mond saß. So erfuhr ich von einer der Missetaten des israelischen Geheimdienstes.

Uris Sohn Ehud, aufgewachsen und sozialistisch erzogen im linken Kibbuz Gan Shmuel mit großen Idealen und fern der brutalen realen Welt – sozusagen unter einer linkssozialistischen Käseglocke – wollte nach dem Sechstagekrieg 1967, an dem er teilgenommen hatte, Frieden mit den Palästinensern stiften. Ein junger Bursche voller Träume. Palästinenser in Haifa luden ihn zu »Friedensgesprächen« nach Damaskus, der Hauptstadt Syriens, ein.

Er reiste illegal – über Zypern. In Damaskus gab es wenig Gespräche, stattdessen eine Waffenausbildung, der er gar nicht bedurfte. Bei der Rückkehr nach Israel wurde er an der Grenze verhaftet; der Geheimdienst Mossad hatte seine Ohren offenbar auch in dem Verschwörerkreis in Damaskus. Ein Gericht verurteilte den jugendlichen »Verräter« zu 18 Jahren im Hochsicherheitsgefängnis. Seine palästinensischen Gesprächspartner hatten alles »gestanden« und dem Israeli alle »Schuld« aufgeladen; der übte Solidarität und schwieg.

Als ich die Geschichte von seinem Vater hörte, waren schon 13 Jahre der Strafe abgesessen und Versuche waren im Gange, den jungen Menschen freizubekommen. Viele bemühten sich, so Shimon Peres, damals Verteidigungsminister. Tamara Deutscher in ihrem hohen Alter besuchte ihn im Gefängnis. Den ersten Begnadigungsantrag hatte der Mossad durchkreuzt. Eine zweite Kommission hat ihn endlich nach fast 14 Jahren Haft begnadigt. Es folgten die üblichen Auflagen für »Spione«: einige Jahre Reiseverbot.

Als diese Jahre vorüber waren, schlug meine langjährige Freundin Thea Nathan, eine alte Zionistin, vor, Ehud Adiv sollte nach London zum Studium gehen und mit einem Doktortitel zurückkommen. In der Zwischenzeit würde Gras über die »Affäre« wachsen, die in der israelischen Presse völlig einseitig und aufgebauscht behandelt worden war. Thea Nathans Idee wollten Gretel, meine Frau, und ich unterstützen.

So kamen wir nach Gan Shmuel, lernten einen ökonomisch und sozial erfolgreichen Kibbuz und die Adiv-Familie kennen. Uri war nicht mehr der Exportmanager aller linken Kibbuzim; ihre zentrale Vereinigung existierte nicht mehr. Seit 1977 die rechte Likud-Partei gesiegt hatte und der Demagoge Menachem Begin Ministerpräsident geworden war, hatten die Kibbuzim ihre Pionier-Rolle im Staat ausgespielt. Die Chicago-Boys um Milton Friedman setzten als Begins Berater den modernsten Kapitalismus ohne Schranken durch: Die Landwirtschaft, eine der Säulen der Kibbuzim, verlor alle staatlichen Subventionen. Der Armee wurde eine weitgehende Professionalisierung verschrieben; die freiwilligen Befehlskader aus den Kibbuzim waren nicht mehr gefragt. Uri und Tora Adiv, Ehuds Eltern, gehörten zur alten Generation und zu denen, deren Rat »man« suchte und auf die man hörte. Uri gehörte zu den ökonomischen Fachleuten und ging jeden Tag in »seine« Fabrik, die Zitrusfrüchte und Tomaten verarbeitete. Er kannte die komplizierte Technik einer hochmodernen Fabrikanlage; aber er war ebenso versiert in den anderen Wirtschaftszweigen seines Kibbuz – großer Milchviehstall, bewässerter Futterbau, Zitrus- und Avocado-Pflanzungen, Zierfischproduktion (für den Export). Ein Altersheim mit höchstem Standard, eine Bibliothek, ein kleines Museum gehörten zum Kibbuz.

Tova hatte Erziehung und Psychologie studiert und auf diesen Gebieten gelehrt und erzogen. Als Ehud aus der Haft entlassen wurde und zurückkehrte, war sein Empfang in Gan Shmuel gespalten: Eine Hälfte begrüßte ihn begeistert und erfreut, die andere mit lautem Schweigen. Wir hatten seit dem ersten Kennenlernen Gan Shmuel oft besucht; meine deutschen Freunde wurden immer gastfreundlich aufgenommen.

Nach Jahren kehrte Ehud mit seinem Doktortitel aus London zurück, und wir feierten gemeinsam an einem Samstagabend seinen Erfolg; Helmut Ar-

9

nold, Christa Göppert und Joachim Herbold waren dabei. Und es gab nach einigen Lobesworten eine intensive Diskussion über den Kibbuz zwischen Eltern und Kindern. Die zwei Söhne hatten den Kibbuz verlassen, weil er kapitalistisch und kolonialistisch sei. Spät abends antwortete der Vater: Er zog seinen Blaumann an und verabschiedete sich, um die Nachtschicht zu starten, mit den Worten: »Jetzt geht der Kapitalist in seine Fabrik.«

Als wir 2000 eine Studienreise nach Vietnam planten, gingen Uri und Tova mit uns von Hanoi über Da Nang und Hochiminh-City bis zur kambodschanischen Grenze bei Anyang. Wir sahen viel, erlebten die großen Überschwemmungen des Mekong, sahen die Kinder, die als Folge der chemischen Kriegsführung der USA mit Geburtsfehlern zur Welt gekommen waren. Bei den Gesprächen hatten die zwei auch oft Wesen und Wirken des Kibbuz zu erklären. Sie trugen eine Menge zum Inhalt unserer Studienreise und dem Austausch mit unseren vietnamesischen Gesprächspartnern bei.

Uri blieb und bleibt neugierig. Zusammen mit Ehud ging er mit auf eine 18-tägige China-Reise im Jahre 2003. Geführt von dem Agrarökonomen Prof. Li Weimin sahen wir Dörfer, Bauern, Fabriken, Schulen, trafen Forscher. Als Gegenleistung für hervorragende Reiseführung und offene Gespräche organisierte unsere Studiengruppe eine Studienreise für unseren Reiseführer nach Israel, in der ihn Uri Adiv führte.

So gab es bei meinen späteren Besuchen in Gan Shmuel genügend Themen für unsere Unterhaltungen über die Krise und Zukunft des Kibbuz, über die Privatisierung von Kibbuzim, über die Politik der israelischen Regierung, über den Systemcharakter des chinesischen Regimes, über die Rolle der KP Chinas. Wir führten zusammen Gespräche mit chinesischen Agrarforschern und mit dem chinesischen Kommunisten Israel Epstein.

Tova und Uri hatten gemeinsam harte Zeiten und schwere Aufbauarbeit durchlebt. Sie war in der israelischen Politik etwas kritischer und linker als er. Er erklärte seinen Gästen alle sozialen und technischen Probleme des Kibbuz, die Debatten um den Differentiallohn, der immer noch in diesem Kibbuz abgelehnt wird, weil er die essentielle Gleichheit zerstören würde. Tova diskutierte mit uns über Israels politische Probleme.

Tova erkrankte, konnte aber zuerst in ihrer Wohnung bleiben. Später ging sie ins Altersheim des Kibbuz, wo sie alle notwendige Hilfe und Pflege bekam. Uri hatte nur einen kurzen Weg zu ihr. Auch ich habe sie dort noch besuchen können – das war im Jahr 2006.

Beim nächsten Israel-Besuch musste ich von ihr auf dem kleinen Friedhof des Kibbuz Abschied nehmen. Sie gehörte zu der Generation, die Israel aufgebaut hatte. In dieser Generation sang man bei der Arbeit ein kurzes Lied:

Bringt Ziegel herbei
Keine Zeit für Furcht und Müdigkeit
Statt des Gestern haben wir das Morgen
Unseres Volkes Zukunft ist unser Lohn.
Tova Adiv wird in meiner Erinnerung bleiben wegen ihrer sozialistischen
Überzeugung, wegen ihres Herzens als eine jüdische Mutter und aufgrund
ihrer Gastfreundschaft.

Lebensdaten: *Tova Adiv* wurde am 25. Mai 1926 in Jerusalem
geboren. Die Familie zog bald in die Siedlung Migdal am Genezaret-See
um. Dorthin kamen zwei ihrer Brüder aus Lettland. 1936 starb ihre Mutter an Tuberkulose; die Familie zog nach Haifa. Der Vater fand dort Arbeit. Tova und ihre jüngere Schwester kamen in das Kinderheim Ahava, ein
pädagogisches Internat in einem Vorort von Haifa, das Immigranten aus
Deutschland gegründet hatten. Der Vater heiratete 1938 und nahm die Kinder wieder auf. Tova besuchte das gutbürgerliche Gymnasium »Reali« und
wurde Mitglied des linkssozialistischen Hashomer Hatzair in Tel Aviv. Danach ging sie in den linkssozialistischen Kibbuz Gan Shmuel und heiratete
Uriel Adiv. 1947 gehörte sie zur Delegation ihrer Jugendorganisation beim
Jugendfestival (der sozialistischen Länder) in Prag.

1957 begann sie sozialpädagogische Arbeit mit Kindern, die den hohen
Standard der kollektiven Erziehung des Hashomer Hatzair nicht erreich-
ten.[1] Von 1959-1962 studierte sie Sozialarbeit an der hebräischen Universität in Jerusalem. Mit den besten Noten nach dem ersten Studiengang erhielt sie ein Stipendium für alle weiteren Studienjahre, sodass der Kibbuz
ihr Studium nicht mehr finanzieren musste. Von 1962-1980 war sie führend
in der Sozialarbeit der Kibbuz-Bewegung tätig. Unter anderem unterrichtete
sie in der sozialistischen Parteischule Beit Berl. In den 1960er und 1970er
Jahren organisierte sie Lehrgänge für Sozialarbeit im Seminar der Kibbuzim Midreschet Ruppin und unterrichtete dort. Ein Jahr verbrachte sie an
der Spezialschule für Sonderpädagogik von Glen Domen in Philadelphia,
USA. Nach der Rückkehr führte sie die dortigen Methoden in Israel ein.
Von 1990 bis 2000 leitete sie die Kibbuz-Bibliothek und arbeitete Teilzeit
als Sozialfürsorgerin im Kibbuz. 2002 erkrankte sie und verlor ihre Kräfte.
Bis kurz vor ihrem Tode am 18. September 2007 wurde sie in ihrer Wohnung gepflegt. Die letzten Wochen verbrachte sie im Altersheim des Kibbuz. Sie wurde auf dem dortigen Friedhof beigesetzt.

---

[1] Die Kibbuzim dieser linkssozialistischen Richtung hatten bis in die 1980er Jahre
ihr eigenes Schulsystem.

Lebensdaten: *Uriel Adiv* wurde am 17. Januar 1925 im Kibbuz Gan Shmuel (bei Hadera, Israel) geboren. Nach der Elementar- und Sekundarschule in Haifa, wo er Mitglied des Hashomer Hatziar wurde, kehrte er 1943 als Mitglied in den Kibbuz zurück und arbeitete von 1943 bis 1953 im Ackerbau. Im Juni 1945 heiratete er Tova, die er in der Jugendorganisation in Haifa kennengelernt hatte. Von 1953 bis 1958 leitete er den Ackerbau, damals ein wichtiger Wirtschaftszweig des Kibbuz. 1959-1960 war er verantwortlich für die Gesamtwirtschaft des Kibbuz. 1962 wurde er in den jungen Kibbuz Nachshon als Instrukteur entsandt. 1963-1966 studierte er an der Landwirtschaftlichen Fakultät Rehovot der Universität Jerusalem. Nach dem Studium war er von 1967 bis 1969 erneut Ökonom-Sekretär des Kibbuz. 1970-1971 leitete er die Wirtschaftsabteilung der Landesorganisation der linkssozialistischen Kibbuzim und plante besonders den Export der Kibbuzim. Danach übernahm er von 1973-1975 die operative Leitung der großen Fabrik des Kibbuz, die Zitrusfrüchte und Tomaten (von vielen Kibbuzim) verarbeitet.

Während des Krieges 1973 und danach war er wieder für die Gesamtwirtschaft seines Kibbuz verantwortlich. 1976 bis 1979 leitete er das gemeinsame Geflügelschlachthaus mehrerer Kibbuzim. Von 1980 bis 1981 übernahm er wieder die Leitung der Saftfabrik seines Kibbuz. 1982 bis 1983 leitete er die Exportabteilung der Histadrut-Betriebe. 1984 und 1985 war er erneut verantwortlich für die Saftfabrik. 1986 bis 1987 übernahm er erneut die Arbeit als ökonomischer Koordinator des Kibbuz und von 1988 bis 2006 leitete er wieder die Saftfabrik des Kibbuz.

Seit 2007 hat er keine Verpflichtungen mehr, ist aber wichtiger ökonomischer Berater der nächsten Generation der Verantwortlichen. Während der aktiven Zeit von Uriel Adiv hat sich die Kibbuzwirtschaft gewandelt: Es gibt immer noch Landwirtschaft, Ackerbau (jetzt überwiegend Futterbau für die Milchproduktion), einen großen Milchviehbestand, Zucht von Zierfischen, die Saftfabrik, Beteiligung an der Futtermittelfabrik mehrerer Kibbuzim sowie an einem großen Markt mehrerer Handelsunternehmen auf einem Grundstück (im Kibbuzeigentum) an der Überlandstraße.

Rada Adjubej-Chruschtschowa

1987 – es war die Hochzeit der Gorbatschow-Ära – war ich als »Experte« zu einer internationalen Konferenz über Genossenschaftsprobleme in Moskau eingeladen. Diese war vom Zentralverband sowjetischer Genossenschaften und einem Forschungsinstitut der UNO in Wien einberu-

Rada Adjubej-Chruschtschowa (geb. 4.4.1929) und Alexej Adjubej

fen. Wir sollten acht Tage in Moskau diskutieren und acht Tage in Moldawien Genossenschaften besichtigen. Ich hatte ein Einführungsschreiben des Heilbronner Freundes Prof. Riegraf an Rada Adjubej bei mir.

Am 15. Mai in meinem Hotel angekommen, telefonierte ich mit ihr und bat um einen Besuch. Rada, die Tochter von Nikita S. Chruschtschow, verheiratet mit Alexej Adjubej, Ex-Chef der Izvestia, damals ein Sprachrohr des Außenministeriums, lud mich für einen Abend – nach den Konferenzverhandlungen des Tages – in ihre Wohnung in der ul. Gorkogo ein.

Alexej Adjubej lebte noch, war aber bald nach der Absetzung von Chruschtschow als Zeitungschef entlassen worden. Rada arbeitete weiter in der populärwissenschaftlichen Zeitschrift *Wissenschaft und Leben*. In der Wohnung lebte noch die Tochter mit ihrem Mann und einem Kind. In der einfachen Wohnung hingen einige Gemälde russischer Maler, die ich nicht kannte, offenbar Originale.

Alexej Adjubej, führender Redakteur und Journalist schon vor der Heirat mit Rada, war später von Chruschtschow mit kleinen diplomatischen Missionen betraut worden, so mit dem Gespräch mit US-Präsident John F. Kennedy in der Kuba-Krise im Oktober 1962.

Bald waren wir im Gespräch, das auf Englisch geführt wurde, da ich kaum Russisch verstehe. Es ging natürlich zuerst um Chruschtschows Reformen. Die beiden und ich hatten auf den Erfolg gehofft. Ich sah in der Offenlegung und Verurteilung der Stalinschen Verbrechen auf dem XX. Parteitag der KPdSU 1956 einen Wendepunkt in der Geschichte der kommunistischen Weltbewegung, einen ersten Schritt zu ihrer Erneuerung. Wir sprachen über die Schwierigkeiten und Hindernisse, die zu überwinden waren: Die treuen

Gefolgsleute Stalins, den erstarrten Partei- und Kontrollapparat, die ängstlichen alten Funktionäre, die den notwendigen neuen Anfang fürchteten. Die beiden hatten ebenso viele Fragen an mich wie ich an sie. Dann sprachen wir über den ersten Reformversuch von Radas Vater. Er habe in der Führung nicht viele Freunde gehabt; ausdauernd unterstützt habe ihn nur Anastas Mikojan. Seine oft guten Vorschläge und Anregungen seien von einer erstarrten Bürokratie verwässert oder blockiert worden. Vielleicht sei er nach dem ersten Putschversuch, den er durch Mobilisierung des ZK zu einer Sondersitzung noch abwehren konnte, nervös geworden und habe dann Fehler gemacht.

Nach der Absetzung 1964 habe er sich von aller Politik ferngehalten und zu den Herabsetzungen geschwiegen. Leonid Breschnew, sein Nachfolger als Generalsekretär der KPdSU, schimpfte, Chruschtschow habe ein Hasenhirn. Dabei war Breschnew nicht halb so klug und dynamisch wie Chruschtschow. Unsere Fragen waren noch nicht ganz abgearbeitet; daher setzten wir das Gespräch an einem weiteren Abend der Woche fort. An diesem ging es auch um den langen historischen Prozess des Niedergangs nach der Phase der revolutionären Begeisterung und der Aufbruchstimmung. Rada erwähnte die schwierige und gefährliche Aufgabe ihres Vaters als Politkommissar an der ukrainischen Front 1941, auch die Schwierigkeit, unter Stalin vernünftige Arbeit zu leisten. Sie sprachen dann von der großen und anfangs lebensgefährlichen Aufgabe in den Jahren 1953-56, um nach Stalins Tod die politische Entstalinisierung durchzusetzen, die Opfer der Repression aus den Lagern zu befreien, in Wirtschafts- und Sozialpolitik Reformen zu beginnen.

In dieser Konferenzwoche hatte ich weitere Begegnungen mit *Anna Michailowna Larina*, der Witwe von Nikolai J. Bucharin, und mit Wilhelmina Slawutzkaja, über die ich an anderer Stelle berichte (s. S. 135ff.). Nach der Rückkehr der Konferenzteilnehmer von ihrer Moldawien-Exkursion besuchte ich am letzten Tag in Moskau, dem 30. Mai 1987, den Friedhof in Nowodewitschi (beim Jungfrauenkloster). Dort sind die Gräber vieler bedeutender Politiker und Wissenschaftler, die vom Politbüro nicht für würdig befunden worden sind, an der Kreml-Mauer begraben zu sein. Auf dem Grab von Nina und Nikita Chruschtschow lagen sehr viele Blumen, weit mehr als auf jedem anderen Grab. Der Bildhauer Neisvestnij hatte die Köpfe der beiden im Auftrag der Familie in Stein gehauen – eine Geste der Versöhnung nach einem harten Wortwechsel des Künstlers mit Chruschtschow, in dem dieser Unrecht gehabt hatte.

An diesem Samstagabend hatte ich eine zweite Begegnung mit Anna M. Larina. Dabei erfuhr ich, was am Freitag passiert war: die Landung eines

Grab von Nina und Nikita Chruschtschow auf dem Friedhof in Nowodewitschi

Kleinflugzeuges mit dem jungen Deutschen Mathias Rust und die sofortige Entlassung der bei Luftwaffe und Luftabwehr Verantwortlichen Generäle durch Michail Gorbatschow.

1989, zwei Jahre nach dem ersten Besuch, war ich wieder für fast eine Woche in Moskau. Auf dem Weg nach Japan legte ich einen Zwischenhalt ein, um mich über die Lage und die Stimmung zu informieren. Dieses Mal wohnte ich nicht im Hotel, sondern bei den Genossen Naum und Wilhelmina Slavutzkaja.

Wieder besuchte ich Rada Adjubej; Alexej Adjubej war bereits gestorben. Das junge Paar lebte noch in der gemeinsamen Wohnung. Ihr Bruder war in die USA ausgewandert. Ich brachte ihr unser Buch »Ketzer im Kommunismus«, in dem ein Kapitel ihren Vater politisch würdigt. Rada arbeitete weiter in der populärwissenschaftlichen Zeitschrift. Sie freute sich über meinen Besuch.

Die Stimmung im Land war umgeschlagen: Die Hoffnung, Gorbatschow würde mit seinen Reformen Erfolg haben, war weitgehend geschwunden. Ihm fehlte es an Unterstützung, ultralinke und antikommunistische führende Funktionäre wandten sich gleichzeitig gegen ihn. In den sozialistischen Bruderländern kommandierten gedankenlose Bürokraten; manche »Sozialisten« verhandelten schon insgeheim mit der Bundesregierung über den Preis, den sie für das Überlaufen bekämen (so der sozialistische Ministerpräsident Miklos Nemeth in Ungarn). Die Versorgung der Großstädte klappte nicht, sodass die Menschen anfingen, Lebensmittel zu horten, wodurch die Lieferschwankungen verschärft wurden. Die Parteisekretäre der wichtigsten Teilrepubliken beschlossen, die UdSSR aufzulösen, während Gorbatschow noch in Gesprächen im Moskauer Vorort Nowo-Ogarjewo versuchte, eine neue föderalistische Struktur für die UdSSR zu finden. Selbst auf seine engsten Berater (Alexander Jakowlew, Edward Schewardnadse) konnte er sich nicht verlassen.

Wir sprachen also über die politische Lage; Rada war besorgt, aber in ihrem Alter (etwa 70 Jahre) fühlte sie nicht die Kraft, sich politisch zu engagieren, zumal sie das auch in jüngeren Jahren nicht getan hatte. Sie sprach dann über ihre Eltern, erst über den stillen, kampflosen Rückzug ihres Vaters, dann über ihre Mutter Nina. Sie habe ihr Verhalten nicht geändert, sei sich immer gleich geblieben, auch als ihr Mann die höchsten Positionen erreicht hatte. Sie habe weiter als Lehrerin gearbeitet und sich um die Familie gekümmert. Allerdings habe sie ihren Mann bei einigen Auslandsreisen begleitet; das war eine Neuerung in der Nomenklatura. Diese Bescheidenheit und Zurückhaltung war auch Rada geblieben. Sie hatte keine Privilegien; sie wollte auch keine. Sie lebte wie alle Bürgerinnen und ging ihrem Beruf nach. Die Wohnung war relativ klein, aber geschmackvoll eingerichtet. Russische Gastfreundschaft, Einfachheit, Offenheit – das empfand ich auch bei meinem dritten Besuch im Jahre 2002.

Hans Beck

Hans Beck habe ich kennengelernt, als die Tageszeitung *Arbeiterpolitik* von Leipzig nach Berlin übersiedelte und Redaktion und Verlag am Elisabethufer ein Stockwerk in einem alten Fabrikgebäude bezogen. Es war die Zeit der großen Wirtschaftskrise, Junius-Verlag und Zentrale der KPD-O zogen später in die gleichen Räume ein. Hans Beck war einer der Redakteure; sie alle bekamen kein volles Gehalt, sondern eine Vergütung von 25 RM in der Woche. Dort half ich manchmal mit technischen Arbeiten aus.

4.1.1894-25.8.1937

Hans Beck brachte mir die ersten Regeln des Schreibens bei, die nicht die gleichen waren wie die, die ich in der Schule gelernt hatte. Sein tragisches Schicksal geht mir immer durch den Kopf. Nach 1989 wurden die Moskauer Archive geöffnet, und die Tochter Maja beschaffte die Akten, die sie mir übergab. Meine Verbindung mit ihm blieb kurz, weil er schon 1932 mit seiner kleinen Familie Deutschland verließ und über Norwegen in die UdSSR ging. Der Faschismus stand vor der Tür; auch kritische Kommunisten wie er hofften auf den Erfolg des ersten historischen Großversuchs, eine sozialistische Gesellschaft aufzubauen, und wollten mit ihrer Arbeit dazu beitragen. Kritik an Stalins Politik und Solidarität mit der Sowjetunion passten für kritische Kommunisten sehr wohl zusammen.

Die Redaktion der *Arbeiterpolitik* bekam eine Einladung zur Feier des 70. Geburtstags von Gerhart Hauptmann. Hans hatte keine Zeit und bat mich jungen Burschen, ihn zu vertreten und darüber kurz zu berichten. Ich wusste zwar etwas über den Dichter zu sagen, hatte aber keine Ahnung von Musik. Zu Beginn wurde ein Stück von Beethoven gespielt, über das ich eine flapsige Bemerkung machte, die nur meine Ignoranz bewies. Hans bemerkte das und belehrte mich gründlich, aber in freundlichem Ton.

So kamen wir uns näher. Der große starke Mann, ein fast kahler Kopf, im abgewetzten Anzug, hatte kein Gymnasium besucht wie ich. Aber er hatte, wie viele Arbeiterfunktionäre seiner Generation, als Autodidakt und in vielen Kursen sich neben der politischen auch eine große allgemeine Bildung angeeignet; und er konnte diese an andere Menschen weitergeben. Meine »Lehre« war nur von kurzer Dauer.

Hans Beck hatte zusammen mit Robert Siewert die erste Erkundungsreise deutscher Arbeiter in die Sowjetunion im Jahr 1926 organisiert. Er war sich bewusst, dass ihnen nicht alles gezeigt worden war und dass Begeisterung und Fraternisieren manches Problem verdeckt hatten. Er kam 1932 mit dem besten Willen, durch seine Arbeit – er war ein sehr guter Mechaniker, der bei Zeiss in Jena gearbeitet hatte – den Aufbau der Sowjetunion voranzutreiben. Aber der gute Wille zählte nicht angesichts des beginnenden Stalinschen Terrors und der Feindschaft der Moskauer KPD-Vertreter, die in ihm nur den bekannten und bekennenden Brandleristen sahen. Niemand hatte damals eine Vorstellung von der Brutalität des Repressionsapparates.

Hinzu kam, dass die ultralinke Politik der vereinigten Stalin- und Thälmann-Fraktion sich als Desaster erwiesen hatte und man in Moskau seit Ende 1934 an einer Wende arbeitete. Deren neue Strategie war am Anfang noch nicht klar ausgearbeitet; erst allmählich zeigte sich bei der Vorbereitung des VII. Weltkongresses die wirkliche Absicht der Bürokratie von Komintern und KPD. Sie planten eine radikale Wende der Strategie, die den neu erkannten Bedürfnissen der Sowjetdiplomatie entsprach, die endlich die Gefahr begriff, die von der Aggressivität der deutschen Bourgeoisie ausging, und nun ein Bündnis mit den führenden westlichen Demokratien suchte. Man (er)fand eine sehr radikal klingende Analyse des deutschen Faschismus und einen demokratischeren Teil der Bourgeoisie. Um mit dieser gemeinsam gegen den »Hitlerfaschismus« kämpfen zu können, verzichtete die Komintern auf jede revolutionäre Zielsetzung. Man wollte für Deutschland nur noch eine bürgerlich-demokratische kapitalistische Republik. Das sollte auch den anvisierten Alliierten den Verzicht der Kommunisten auf jede Revolution signalisieren.

Es war eine radikale Wendung von einer ultralinken zu einer ultrarechten Taktik und Strategie. Das Wort Volksfront war selbst schon ein Etikettenschwindel. 1934 war es in Frankreich die Bezeichnung für den gemeinsamen *Klassenkampf* der Werktätigen gegen den aufstrebenden Rechtsradikalismus und für eine wesentliche Verbesserung der Arbeitsbedingungen (40-Stundenwoche etc.). Für die Komintern beinhaltete die Volksfrontpolitik einen Klassenkompromiss, also das Gegenteil. Für den Kongress wurde eine offene Diskussion versprochen. Dieses Angebot wollte die KPD-O aufnehmen und beantragte eine Zulassung zum Weltkongress. Hans Beck schrieb von seinem russischen Wohnort einen entsprechenden, sehr höflich formulierten Brief an Wilhelm Pieck, formal nunmehr der höchste KPD-Funktionär, sozusagen im Auftrag der KPD-O (und IVKO).

Die »Verhandlung« mit Heinrich Brandler und August Thalheimer in Paris war sehr kurz. Die KPD-Vertreter verlangten eine Erklärung der KPD-O über ihre Irrtümer und ihre angeblich parteifeindliche bisherige Arbeit. Das war der eindeutige Beweis, dass die offizielle Kritik am bisherigen Kurs völlig unehrlich war. Zudem wurde aus dem organisatorischen Zersetzungsversuch von Albert Schreiner klar, dass der KPD-Apparat den noch intakten illegalen Apparat der KPD-O in Deutschland übernehmen wollte, nachdem ihr eigener Apparat (oft mit Hilfe von Überläufern und eingeschleusten Spitzeln) von der Gestapo zerschlagen worden war.

Aber Hans Beck in der UdSSR erfuhr wohl nicht mehr das frühe Ende der Pariser »Verhandlungen«. Gegen ihn und seine Frau begann ein Kesseltreiben, an dem Komintern- und Staatsapparat mit großem Aufwand kooperierten. Hans, der aus Thüringen gekommen war, hatte ganz natürlich Kontakt mit seinen Elgersburger Glasarbeiter-Genossen aufgenommen, die in Moskau eine moderne Thermometerfabrik aufbauen wollten. An seiner Arbeit war nichts auszusetzen.

Bei seinen Kollegen war er beliebt; seine Kritik galt der Verbesserung der Arbeitsabläufe und der Produktionsleistungen. Aber gerade seine gute Arbeit, die in der »Beurteilung« durch den örtlichen KPD-Aufseher der deutschen Arbeiter lobend erwähnt wurde, und seine immer sachliche Kritik machten ihn verdächtig. In den Berichten nach Moskau verdrehten die KPD-Funktionäre die konstruktive Kritik an den Mängeln in eine negative Kritik am sozialistischen Aufbau. Ihm wurde der Aufbau einer Brandlergruppe zur Last gelegt, die mit den Trotzkisten eng verbündet sei. Er habe gegen die KPdSU und die Komintern gekämpft. (Dabei hatte er in einem Brief an Wilhelm Pieck die Hoffnung auf die Wiederaufnahme der KPD-O-Genossen in die KPD ausgesprochen.) Am 9. August 1937 wurde er verhaftet, am 25. August 1937 »verurteilt« und erschossen.

Am 28. März 1958 verfügte das oberste Gericht der UdSSR: »Das Urteil des Militärkollegiums des Obersten Gerichts der UdSSR vom 25. August 1937 über Hans Beck wird aus Gründen neu gewonnener Erkenntnisse aufgehoben, die Strafverfolgung wird wegen Fehlens eines Strafbestandes eingestellt.« Meinen »Lehrer« Hans Beck habe ich also nicht wiedersehen können. Tatjana Beck brachte diese Verfügung mit nach (Ost-)Berlin und zeigte sie mir mit einer gewissen Befriedigung: »Ohne dieses Dokument hätte ich die Sowjetunion nicht verlassen.«

Den Elgersburger Glasarbeitern wurden in späteren Brandleristen-Prozessen die Kontakte zu ihrem alten KPD-O-Genossen Hans Beck und ihre frühere Zugehörigkeit zur KPD-O als Verbrechen vorgeworfen. Aus den Protokollen der Verhöre ist ersichtlich, dass sie gegenüber den NKWD-Ermittlern solidarisch blieben und sich nicht gegenseitig belasteten. Einige von ihnen kamen in der Sowjetunion ums Leben, andere wurden an Nazideutschland ausgeliefert.

Lebensdaten: *Hans Beck* wurde am 4. Januar 1894 in Erfurt geboren. Während seiner Lehre als Feinmechaniker trat er dem Deutschen Metallarbeiterverband (DMV) bei. 1914 musste er Soldat werden. Später war er Mechaniker im Erfurter Reichsbahnausbesserungswerk. 1919 war er Mitbegründer der KPD in Thüringen. Er wurde Betriebsrat bei den Jenaer Zeiss-Werken, später Vorsitzender des Betriebsrats. 1924 wurde er in den Thüringer Landtag gewählt. 1926 wurde er in die Gewerkschaftsabteilung beim ZK der KPD gerufen. Dort gab er die »Einheit, Zeitschrift für Fragen des Sozialismus und der Gewerkschaftseinheit« heraus. Er organisierte die Reise der ersten Arbeiterdelegation in die UdSSR. Ende 1928 wurde er aus der KPD ausgeschlossen, er trat der KPD-O bei und wurde 1929 Mitglied der Reichsleitung und Redakteur der »Arbeiterpolitik« bis zu seiner Ausreise 1932. Kurz vor der Machtübergabe an Hitler ging er als Spezialist mit seiner Familie über Norwegen in die SU.

Während der Vorbereitung auf den VII. Weltkongress der Komintern, der als eine politische Wende angekündigt wurde, wandte er sich in Briefen im Auftrag des AK der KPD-O an Wilhelm Pieck und Georgi Dimitroff wegen einer Teilnahme einer KPD-O-Delegation am VII. Weltkongress und einer eventuellen Vereinigung der KPD-O mit der KPD. Die Briefe wurden nicht beantwortet.

Er hielt Kontakt mit den Elgersburger Glasarbeitern, die aus Thüringen nach Moskau übergesiedelt waren, um dort eine Thermometerfabrik zu errichten. Ferner hielt er Kontakt mit einigen KPD-O-Genossen in Moskau. Daraus wurde während der großen »Säuberung« eine brandlerische Verschwörung konstruiert. Hans Beck wurde verhaftet, von einem Militärgericht am 25. August 1937 in wenigen Minuten zum Tode durch Erschießen und Beschlagnahme des Eigentums verurteilt und am gleichen Tag hingerichtet. Auf Antrag seiner Witwe Tatjana Beck wurde er am 28. März 1958 rehabilitiert. Ebenso wurden die Personen, die ihn (unter Folter) belastet hatten und auch verurteilt worden waren, rehabilitiert. Von diesen hat keiner überlebt. Tatjana Beck kehrte mit ihren beiden Kindern am 12. Februar 1959 in die DDR zurück.

Tatjana Beck-Götzowa

Tatjana Beck habe ich vor 1933 nur wenige Male gesehen. Sie war verheiratet mit dem KPD-O-Funktionär Hans Beck, der Redakteur der *Arbeiterpolitik* war, und lebte in der Dunckerstraße im Berliner Bezirk Prenzlauer Berg, einem Arbeiterbezirk, wo auch andere KPD-O-Genossen wohnten. 1932 ging sie mit ihrer Familie in die Sowjetunion. Während der großen »Säuberung« durchlebte sie schwere Zeiten. Ihr Mann Hans wurde verhaftet und nach einem Schnellverfahren hingerichtet. Sie kam nach Karaganda ins Lager, ihre beiden Kinder wurden »bezprizornyis«,

30.12.1900-23.2.1983

streunten ohne Aufsicht herum, wie so viele Kinder der Gesäuberten. Die Tochter Maja hatte Glück, sie fand nach einer Woche Aufnahme in einem Kinderheim. Als Chruschtschow die große Reform begann, wurde Tatjana freigelassen und konnte ihre Kinder suchen. Den Sohn fand sie ziemlich verwildert; er wollte nicht mehr lernen; seine Erziehung war für sie als Lehrerin nicht leicht, aber sie gelang. Sie kämpfte bei den sowjetischen Behörden um die Rehabilitierung ihres Mannes. Erst als sie dieses Dokument in der Hand hatte, ging sie mit ihren Kindern in die DDR, nach Ostberlin.

Sie bekam eine Wohnung und begann bald wieder zu arbeiten. Sie erhielt einige »Wiedergutmachung«, wurde aber verpflichtet, über ihre Erlebnisse nicht zu berichten. Ihre Kinder kamen in die Schule und wurden leitender Arzt und Übersetzerin. Natürlich suchte sie bald den Kontakt zu ihren alten Genossen. Die SED hatte jedoch beschlossen, dass ehemalige KPD-O-Mitglieder keinen persönlichen Kontakt pflegen sollten.

Einmal traf sie Robert Siewert bei einer Vortragsveranstaltung; Robert hatte über viele Jahre sehr eng mit Hans Beck zusammen gearbeitet. Jetzt grüßte er kurz und ging weiter. Sie fand ihre Kollegin Käte Dräger per Brief; und Käte bat meine Frau und mich, sie unbedingt zu besuchen. Das taten wir dann auch regelmäßig. Der Grenzübergang Friedrichstraße war mühselig; in einem großen Haufen schwitzender Menschen mit ihren Traglasten schob man sich durch einen Keller, ohne Fenster, schlecht gelüftet. Man kam in einen schmalen Gang, reichte seinen Pass durch ein Fenster, wartete auf das Ergebnis der Kontrolle. Man bekam ein Visum der DDR (5 DM) für einen Tag und musste vor Mitternacht durch die gleiche Kontrolle zurückkehren. Das Gepäck wurde untersucht. Unter Kaffee, Tee, Schokolade hatte ich lange Zeit Kontrabande mit, sodass ich auf oberflächliche Kontrolle setzte.

Meine illegalen Besuche in der DDR hatte ich 1949 aufgegeben. Mein Genosse Eugen Podrabsky kam, wenn er es ermöglichen konnte, an diesem Tag von Halle zu Tatjana, weil er auch nach offener sozialistischer Debatte und Gedankenaustausch dürstete. Tatjana war sehr froh über unsere Besuche; die Gespräche gingen von 11 Uhr bis in den späten Abend, sodass man eilen musste, um rechtzeitig wieder am Grenzübergang zu sein. Wieder gab es eine Gepäckkontrolle; sie sollte den Ausverkauf der DDR mit in Westberlin illegal billig getauschter Mark der DDR unterbinden. Aber auch das Statistische Jahrbuch der DDR erregte den Anstoß der Kontrolleure und erforderte lange Erläuterungen meines fachlichen Interesses.

Unsere Gespräche drehten sich um mehrere politische Themen. Tatjana berichtete sehr lebhaft über ihre schweren Erlebnisse in der UdSSR. Und doch hatte sie noch nicht das schlechteste Los gezogen. Mit ihren vielseitigen Fähigkeiten hatte sie allmählich im Lager eine Büroarbeit in der Materialverwaltung bekommen.

Dann sprach sie über die geistige Enge der DDR und die erzwungene Distanz zu den alten Genossen. Man sah sich zwar im Kulturbund oder in dessen Restaurant; aber »Klassenwachsamkeit« erschwerte oder verhinderte gar jeden engeren Gedankenaustausch. Umso mehr waren Nachrichten aus der anderen Welt willkommen, zumal wenn Genossen sie brachten, denen man trauen konnte. Wichtig war das Thema: Perspektiven der von Chruschtschow initiierten Reform. In diesem Punkt war mein Optimismus nicht akzeptiert. Tatjana mit ihrer Kenntnis des sowjetischen Staatsapparats war klüger als ich. Ihre einzige Schwester lebte in Haifa; Tatjana hätte sie gern besucht. Das aber ließ sich damals nicht arrangieren. Die Politik und die Perspektiven Israels beschäftigten sie; auch als Internationalistin sorgte sie sich um die Sicherheit des Landes.

Die Wohnung in einem neuen Hochhaus war zu klein für ein gemeinsames Mittagsmahl; daher gingen wir nach der ersten Gesprächsrunde in ein Restaurant nahe der Stalinallee. Dann ging es weiter; Tatjana wollte etwas über die Schicksale der alten Genossen der Vor-Hitler-Zeit erfahren. Kaffee konnte man zuhause trinken.

Wir sprachen über die widersprüchliche Entwicklung im sozialistischen Lager, über die Hindernisse der Reform, über den Streit zwischen der Sowjetunion und der VR China. Ferner ging es um den Kalten Krieg, um die schwierige friedliche Koexistenz und die große Kuba-Krise. Tatjana war auf unsere Sicht dieser Dinge neugierig. Der Tag war ausgefüllt mit Fragen. Spät abends brachte Tatjana uns zum Grenzübergang Friedrichstraße.

Jedes Jahr waren wir in Ostberlin zu Besuch und konnten einige Wünsche von Tatjana erfüllen. Ihre letzten Wochen lebte sie bei ihrem Sohn Roy, der sie wunderbar betreute. Wir sahen sie wenige Wochen vor dem Ende; sie war bettlägerig und schwach. Lange Gespräche waren nicht mehr möglich; aber sie freute sich über unseren Besuch. Sie hatte keine Schmerzen; doch ein schweres Leben hatte ihre Kräfte verbraucht.

■■■■■■■■■ **Lebensdaten:** *Tatjana Beck* wurde am 30. Dezember 1900 in Wilna (damals Russland) geboren. Ihr Vater war russischer Eisenbahningenieur. Nach dem Schulbesuch in Wilna studierte sie an der Universität Fremdsprachen und wurde Dolmetscherin. 1925 wurde sie Sekretärin des Obersten Gewerkschaftsrates der SU in Moskau. 1927 kam sie nach Deutschland. Sie trat der KPD bei; Anfang 1929 wurde sie ausgeschlossen und wurde Mitglied der KPD-O.

1932 verließ sie mit ihrem Mann Hans Beck Deutschland und ging in die SU. Nach der Verurteilung und Hinrichtung ihres Mannes wurde sie am 11. Dezember 1937 verhaftet und am 16. April 1938 zu acht Jahren Lager verurteilt. Ihre zwei noch kleinen Kinder wurden ihr weggenommen. 1946 wurde sie aus dem Lager entlassen und in der Stadt Karaganda zwangsangesiedelt. Sie fand ihre Kinder und wurde am 26. August 1956 vom Obersten Gericht der UdSSR rehabilitiert.

Am 12. Februar 1959, nach der Rehabilitierung ihres Mannes, kehrte sie in die DDR zurück. Sie trat der SED bei. Am 19. März 1959 anerkannte die ZPKK ihre Mitgliedschaft in der KPD, die nicht durch die Zugehörigkeit zur KPD-O unterbrochen sei. (Das war eine Ausnahme.»Normalerweise« wurde KPD-O-Mitgliedschaft als Unterbrechung der Parteimitgliedschaft gewertet.)

Wie die anderen kommunistischen Überlebenden der Stalinschen Säuberungen erhielt sie eine Rente als Opfer des Faschismus. Sie war angehalten, über ihre Verfolgung in der SU zu schweigen. Sie arbeitete als Übersetzerin und Studentenberaterin am Deutschen Institut für Zeitgeschichte. Am 23. Februar 1983 starb sie nach kurzer Krankheit. Ihre Urne wurde auf dem Ehrenfriedhof der Sozialisten in Berlin-Friedrichsfelde beigesetzt.

Ernst Bloch

Dem marxistischen Philosophen Ernst Bloch bin ich zweimal begegnet; beide Male waren es öffentliche Veranstaltungen. Der Prager Frühling im Sommer 1968 hatte unsere Hoffnungen auf eine sozialistische Reform aufleben lassen; 1964 waren wir enttäuscht worden, als Leonid Breschnew den Reformer Nikolai S. Chruschtschow stürzte. Breschnew duldete auch den Versuch der Reform in einem zum Ostblock gehörenden Land nicht, sondern sandte kurzerhand fünf »brüder-

8.7.1885-4.8.1977

liche« Armeen, die das Land besetzten und die Reformer entmachteten, die sich auf eine moderne, klassenbewusste Arbeiterklasse stützen konnten. In unserer Enttäuschung wollten wir unsere Solidarität mit den Prager Reformern öffentlich machen. Mit Peter Grohmann und einigen weiteren Genossen organisierten wir eine Protestveranstaltung. Wir hatten das Audimax der Universität Stuttgart reserviert und als Redner Ernst Bloch, Walter Fabian und einen tschechischen Genossen eingeladen. Als Moderator hatte ich ein Vorgespräch mit den Rednern. Ich stellte mich Bloch als KPD-O-Anhänger vor; er sprach über August Thalheimer, den er gut gekannt habe und dessen undogmatischen Marxismus er sehr schätze, besonders seine frühe Faschismusanalyse. Dann ging es um die Veranstaltung. Bloch befürchtete, er könne zu lange und unkonzentriert reden; wenn ich das spüren würde, sollte ich ihn mit dem Fuß ans Schienbein stoßen. Er hatte keine schriftlichen Notizen, da er extrem kurzsichtig war, trug er eine Brille mit dicken Gläsern. Vor ihm lag ein Zettel mit bunten geometrischen Formen (Dreiecke, Vierecke, Kreise) – seine Notizen. Nach einer konzentrierten Kritik am Einmarsch in Prag, mit sachlichen Argumenten vorgetragen, die knapp neun Minuten dauerte, erklärte er seine volle Sympathie mit den Prager Kommunisten und ihren Führern (Alexander Dubcek, Josef Smrkovský, Ludvík Svoboda). Dann setzte er sich. Ich hatte meinen Fuß nicht bewegen müssen. Nach den weiteren Rednern gab es eine lebhafte Diskussion. Die Genossen aus der DKP, gerade neu zugelassen, »argumentierten« ziemlich schimpfend gegen den ehrwürdigen Ernst Bloch. Diese unwürdige und unsachliche Art wies ich entschieden zurück; Bloch hielt sie einer Antwort nicht für würdig. Die große Mehrheit der Teilnehmer war seiner Meinung.

Ein zweites Mal begegnete ich Ernst Bloch bei einer Podiumsdiskussion in Marbach Mitte Mai 1985. Bloch kam mit seiner Frau Karola, der zweite Diskutant war der unbelehrbare Stalinist Emil Carlebach, der dritte Jakob

Moneta; ich war der vierte im Bunde – und der jüngste. Anlass war der 40. Jahrestag der Befreiung vom Faschismus am 8. Mai 1945. Etwa 150 Menschen waren einer Einladung des Marbacher Autonomen Zentrums gefolgt. Ernst Bloch sprach nicht mehr viel, für ihn sprach Karola. Wir vier waren uns fast einig in der Kritik an der Restauration in der Bundesrepublik. Moneta bekannte, dass er bei der Rückkehr aus der Emigration Illusionen über die sozialistischen Möglichkeiten im Westen gehabt habe. Die Blochs hatten Bedenken vor der Rückkehr aus den USA, hatten aber gehofft, im Osten am Aufbau eines besseren Sozialismus mitwirken zu können. Sie waren selbstkritisch über diese Hoffnung, sahen aber auch die sozialen Leistungen der DDR. Strittig waren unter uns die Ursachen der restaurativen Entwicklung der BRD. Carlebach sprach von dem Aderlass an den Kadern der KPD im Faschismus (er hatte bis 1945 im KZ gesessen) und vom vorherrschenden Antikommunismus. Fehler der KPD vor 1933 oder nach 1945 gab es für ihn nicht.

Es war meine letzte Begegnung mit Ernst Bloch. Bei ihm mischte sich vielleicht ein wenig messianische Hoffnung in seinen Marxismus. Aber er war stark genug, seinen früheren Irrtum über die Fehlentwicklung der kommunistischen Bewegung in Europa zu erkennen und zu bekennen.

Lebensdaten: *Ernst Bloch* wurde am 8. Juli 1885 in Ludwigshafen in einer jüdischen Familie geboren. Der Vater war Bahnbeamter. Er besuchte das humanistische Gymnasium in Ludwigshafen. Nach dem Abitur studierte er ab 1905 in München Philosophie, Physik, Germanistik und Musik. Er wechselte an die Universität Würzburg, wo er zum Dr. phil. promovierte. Dann ging er nach Berlin, wo er Georg Simmel und Georg Lukács kennenlernte. 1913 heiratete er die Bildhauerin Elke von Stitzky. In Heidelberg lernte er Max Weber kennen. Als Kriegsgegner verließ er Deutschland, lebte von 1917 bis 1919 in der Schweiz und arbeitete in Bern im Archiv für Sozialwissenschaften. 1917 beendete er das Buch *Geist der Utopie*, in dem er sich als Sozialist bezeichnete. Anfang 1919 kehrte er nach Deutschland zurück und trat der KPD bei. Er lebte in Berlin als freier Journalist. In den 1920er Jahren unternahm er Reisen nach Italien, Frankreich, Tunesien und Österreich. Seine Freunde waren Bertolt Brecht, Kurt Weill, Theodor W. Adorno und Walter Benjamin. 1922 heiratete er nach dem Tode seiner Frau die Malerin Linda Oppenheimer, von der er sich 1928 scheiden ließ. Er verband sich mit Linda Ahles, mit der er eine Tochter hatte. Bloch verfasste eine Studie über Thomas Müntzer und schrieb Artikel für die *Frankfurter Zeitung,* die *Weltbühne* und andere Periodika. Er wandte sich früh gegen den Nationalsozialismus.

Bald nach der Machtübergabe an Hitler wurde er ausgebürgert und ging mit seiner Lebensgefährtin, der Architektin Karola Piotrowska, in die Schweiz. Sie heirateten 1934 in Wien. 1935 verfasste er – staatenlos in Zürich lebend – eine Broschüre gegen den Nationalsozialismus und musste dann die Schweiz verlassen. Von 1936 bis 1938 lebte das Ehepaar in Prag. Bloch arbeitete an philosophischen Schriften und schrieb für die (Prager) *Weltbühne*. Er trat aktiv für die Volksfrontpolitik der KPD ein. Er war unkritisch gegenüber Stalins Politik und billigte damals die Moskauer Schauprozesse, in denen die Stalin-Führung der KPdSU den größten Teil der führenden alten Bolschewiki in Partei, Wirtschaft, Armee vernichtete. Das führte zur Beendigung alter Freundschaften, u.a. mit Theodor W. Adorno. – 1937 wurde sein Sohn geboren.

Nach dem Münchener Abkommen vom September 1938, in dem die Westmächte die Tschechoslowakei an Hitlerdeutschland auslieferten, konnte Bloch mit seiner Frau in die USA fliehen. Wie viele Emigranten fand er keine Arbeit in seinem Beruf, verdiente als Hilfsarbeiter seinen Lebensunterhalt und verfasste *Das Prinzip Hoffnung*, vielleicht sein wichtigstes Werk. 1948 wurde er an die Universität Leipzig auf den Lehrstuhl für Philosophie berufen und übersiedelte 1949 in die DDR. Er erhielt den Nationalpreis der DDR und wurde Mitglied der Wissenschaftsakademie. Der Ungarische Aufstand und seine Niederschlagung machten ihn zum marxistischen Kritiker. Deshalb wurde er 1957 aus politischen Gründen emeritiert. Er lebte weiter in der DDR. Während einer Auslandsreise wurde 1961 die Berliner Mauer gebaut. Daher kehrte er nicht in die DDR zurück. Bloch erhielt eine Gastprofessur an der Universität Tübingen. 1967 bekam er den Friedenspreis des deutschen Buchhandels. Weitere Auszeichnungen waren die Ehrenbürgerschaft der Stadt Ludwigshafen und der Ehrendoktor der Universität Zagreb. Er nahm an den Marxismus-Konferenzen auf der jugoslawischen Insel Korcula teil, unterstützte die Studentenbewegung, wurde zu Rudi Dutschkes väterlichem Freund. Zusammen mit Karola Bloch leistete er Sozialarbeit für Straffällige. 1968 protestierte er gegen den Einmarsch der fünf »brüderlichen« Armeen gegen die Prager Reformkommunisten. Er starb am 4. August 1977. Etwa 3.000 Studenten ehrten ihn nach seinem Tode.

In Gesprächen bekannte er später offen seinen Irrtum in der Beurteilung der Moskauer Prozesse und des Stalinismus, blieb aber Kommunist. Bei der Herausgabe seiner Schriften wollte er einen Artikel zu diesem Thema nicht veröffentlichen. Später erklärte er sich bereit, die »belastenden« Arbeiten in einem Sonderband außerhalb der Werkausgabe zu publizieren.

Quelle: u.a. http://de.wikipedia.org/wiki/Ernst_Bloch.

Waldemar Bolze

Im Junius-Verlag (vor 1933) sah man Waldemar Bolze selten. In der Emigration hielten wir schriftlichen Kontakt, und man versuchte, ihm finanziell zu helfen, solange er postalisch erreichbar, noch nicht in Frankreich untergetaucht war. Nach 1945 wurde die Verbindung intensiver; teilweise ging die Korrespondenz mit den Genossen in Kuba (Heinrich Brandler und August Thalheimer) über ihn. Er blieb jedoch als Verbindungsmann in Frankreich.

11.1.1886-14.12.1951

Als wir in der britischen Zone Anfang 1947 eine erste Zusammenkunft der Gruppen ehemaliger KPD-O-Genossen vorbereiteten, luden wir Waldemar ein, aus Paris zu uns zu kommen. Reisen waren im zerbombten Restdeutschland nicht einfach; aber Waldemar nahm trotz seines Alters die Schwierigkeiten auf sich und kam im Frühjahr 1947 zur Rieseberg-Konferenz. Dort wollten wir überlegen, ob wir nach der längeren Diskussion über politische Gemeinsamkeiten wieder enger zusammenarbeiten könnten. Seit diesem relativ kurzen Besuch in der britischen Zone wurde mein freundschaftlicher Kontakt mit ihm immer enger.

Waldemar referierte auf der Konferenz der etwa 30 Genossen und Genossinnen über die Lage der Weltpolitik. Über diese Analyse bestand weitgehend Übereinstimmung. Kontroverser war die Debatte um die aktuellen Probleme im geteilten Deutschland. Unsere bessere Kenntnis der Verhältnisse konnte ihn überzeugen, dass wir die Möglichkeiten der kritischen Mitarbeit in den (noch nicht ganz) freien Gewerkschaften nützen sollten. Wir forderten ihn auf, möglichst bald aus Paris zurückzukommen.

Waldemar kam Anfang 1949 zurück und begann, jüngeren Genossen zu helfen. Dank der Hilfe unseres Genossen Erich Söchtig, der dort Betriebsratsvorsitzender war, fand er Arbeit als Modellschreiner in der Gießerei der Hütte in Salzgitter. Er bezog ein kleines Zimmer in der Nähe des Bahnhofs von Salzgitter-Bad. Seine Ansprüche waren minimal. Er ging schon etwas gebeugt; er war mager, fast schmächtig, aber voller Energie und mit einem freundlichen, offenen Blick. Er rauchte viel, meist die dunklen französischen Gauloises, was seiner Lunge wohl nicht gut tat.

Wir hatten nach der Währungsreform sofort angefangen, wieder die Zeitschrift »Arbeiterpolitik« herauszugeben. Er lieferte pünktlich seine Beiträge, übernahm Referate in den Orten, in denen die Gruppe Arbeiterpolitik tätig war. So besuchte er auch Stuttgart und teilte mit uns unsere Einzimmerwohnung. Er hatte nur noch einen Verwandten, seinen Sohn, der jenseits der Zonengrenze in Magdeburg lebte, den er daher nicht besuchen konnte. (Seine Frau war schon vor 1933 verstorben.)

Bei seinen Arbeitskollegen war er dank seiner offenen, kameradschaftlichen Art bald sehr beliebt und von seinen Genossen politisch anerkannt. In die Probleme der Gewerkschaftsarbeit hatte er sich schnell hineingefunden, sodass auch Erich Söchtig seinen Rat suchte.

In unseren Gesprächen in Stuttgart, oft mit Erich Söchtig und Hermann Jahn, bereiteten wir den Inhalt der Zeitschrift vor und verteilten die Arbeit. Kurz nach ihm konnte auch Heinrich Brandler in die britische Zone einreisen. Nun hatten wir eine Redaktion, die eine gute Zeitschrift herausgeben konnte. Die beiden alten Genossen verstanden sich gut und konnten einander kritisieren; denn sie hatten eine jahrzehntelange Erfahrung gemeinsamer Arbeit und einige Jahre gemeinsamen Exils in Frankreich.

Waldemar war trotz seiner körperlichen Schwäche unermüdlich, wollte sich keine Ruhe und keinen Urlaub gönnen. Einmal war er mit Erich Söchtig zu einer Leitungssitzung nach Stuttgart gekommen. Wir hatten mit Erich verabredet, dass er ihn nicht in seinem Auto zurücknehmen sollte, damit Waldemar sich einige Tage bei uns ausruhen konnte. Gretel wollte ihre besten Kochkünste nutzen. Aber er ließ sich nicht halten, war fast ärgerlich, dass wir ihn »hintergangen« hatten. Mit dem nächsten Zug fuhr er nach Salzgitter zurück.

Außer seinen regelmäßigen Beiträgen in der Zeitschrift *Arbeiterpolitik* schrieb er einige längere Arbeiten, u.a. *Offene Worte an Kommunisten, Revolutionäre oder konterrevolutionäre Kritik an der Sowjetunion* und eine längere Arbeit zur Gewerkschaftspolitik.

1949 und 1950 konnte er auf den Jahreskonferenzen der GAP mit Referaten zur Gewerkschaftsarbeit beitragen. Aber seine physische Kraft ließ sichtlich nach; die Proletarierkrankheit Tuberkulose zehrte an ihm. Im November 1951 kam er ins Krankenhaus in Salzgitter-Bad. Dort konnte ich ihn besuchen. Seine wichtigste Frage, die er ansprach, war die geordnete Herausgabe der Zeitschrift, die seit dem August 1950 in größerem Format 14-tägig und in einer modernen Druckerei im Maschinensatz erschien. Er starb im Krankenhaus am 14. Dezember 1951.

Als er ins Krankenhaus gegangen war, hatte er sein Zimmer genau aufgeräumt und überall auf Zetteln Anweisungen gegeben, was mit den wenigen Dingen geschehen sollte, die er hinterließ. Es war wenig Materielles; seine Taschenuhr war seinem einzigen Sohn in Magdeburg zu übergeben, den er nicht mehr wiedergesehen hatte. Der Rest waren wichtige Zeitungsausschnitte und ein paar Notizbücher mit politischen Zitaten und Wirtschaftszahlen. Er hat kein Kapital gebildet und kein Vermögen hinterlassen, aber eine bleibende Erinnerung bei seinen Genossen und seinen Arbeitskollegen.

■■■■■■■ Lebensdaten: *Waldemar Bolze* wurde am 11. Januar 1886 in Buk, Posen (damals Preußen) geboren. Er wurde Schreiner und trat mit 18 Jahren dem Holzarbeiterverband bei. 1906 wurde er SPD-Mitglied. Er ging auf Wanderschaft, kam nach Berlin. Bald wurde er Funktionär in Gewerkschaft und Partei. 1914 verließ er die SPD wegen ihrer Kriegsbefürwortung. Er wurde Soldat. 1917 trat er in die USPD ein, 1919 in die KPD. 1920 wurde er Redakteur der *Roten Fahne*, des Zentralorgans der KPD. 1921 kam er in die Gewerkschaftsabteilung der KPD-Zentrale. 1924 gehörte er zu den »Rechten«, die ihre Funktion verloren, weil sie sich der Spaltung der Gewerkschaften widersetzten. 1926 wurde er wieder in die Gewerkschaftsabteilung berufen. Da er gegen den RGO-Kurs opponierte, wurde er Anfang 1929 aus der KPD ausgeschlossen. Er wurde Mitglied der KPD-O, ihrer Reichsleitung und Redakteur der *Arbeiterpolitik*. 1933 musste er emigrieren. In Paris lebte er von seiner Schreinerarbeit.

Im November 1936 ging er mit dem Genossen Karl Breuning nach Spanien und arbeitete in einer Flugzeugfabrik der Republikaner. Politisch unterstützte er die POUM. Im Mai 1937 wurde er von der GPU als »Faschist« verhaftet und ohne Prozess und ohne Urteil eingesperrt. Anfang 1939 liefen die stalinistischen Gefängniswärter vor den siegreichen Franco-Truppen weg. Nun konnten die Gefangenen ihre Zellen verlassen und über die Pyrenäen nach Frankreich flüchten. Er schleppte den entkräfteten Genossen Karl Breuning im Fußmarsch über die Berge. 1939 ging er weiter nach Belgien, kehrte 1940 nach Frankreich zurück. Nach seiner Flucht aus dem Lager ging er in den Untergrund und konnte überleben.

Nach einem ersten Besuch der britischen Zone 1947 kehrte er 1949 endgültig zurück. Er fand Arbeit als Modellschreiner in der Gießerei der Reichswerke Salzgitter. Er wurde Mitglied der Leitung der Gruppe Arbeiterpolitik, nahm an ihren Jahreskonferenzen teil, schrieb als Redakteur regelmäßig für die *Arbeiterpolitik*, hielt Vorträge in Versammlungen der GAP. Am 14. Dezember 1951 starb er in Salzgitter nach kurzer Krankheit an Tuberkulose.

Mogens und Ester Boserup

Die beiden dänischen Ökonomen waren mir als politische Freunde der KPD-O bekannt; ich wusste, dass sie unsere führenden Genossen in der Emigration unterstützten. Ein persönlicher Kontakt wurde erst nach dem Ende des deutschen Faschismus möglich. Den Kontakt nahm ich

Mogens Boserup (28.8.1910-12.1.1978) und Ester, geb. Børgesen (18.5.1910-24.9.1999)

im Frühsommer 1945 von Schweden aus auf, als ich unsere Rückkehr nach Deutschland vorbereitete. Mein Bruder Josef und ich mussten bis zum April 1946 warten, bis der Allied combined travel board, die Reisekontrollbehörde der (noch kooperierenden) vier Siegermächte, unsere Rückkehr genehmigte. Mogens Boserup konnte in dänischer Militäruniform als »Kriegskorrespondent« viel früher reisen. Er wollte uns helfen, im kriegszerstörten Deutschland unsere politischen Freunde zu finden. Er bekam die wenigen Adressen von uns und suchte dann weitere auf seiner schwierigen Reise.

Als ich im April 1946 in Lübeck landete, konnte ich schon von der Vorarbeit von Mogens Boserup profitieren. Er kam nochmals im Frühsommer 1946, und wir konnten in Hamburg Erfahrungen austauschen und seine weitere politische und organisatorische Hilfe besprechen. Mogens brachte die ersten politischen Arbeiten von Heinrich Brandler und August Thalheimer schon in einer gedruckten kleinen Auflage mit, die wir an unsere wiedergefundenen Genossen weitergaben. Eine intensive politische Debatte wurde so angestoßen, die im Sommer 1947 zur Rieseberger Konferenz führte, auf der eine politische Zusammenarbeit (als Gruppe Arbeiterpolitik) beschlossen wurde. Wir wollten für eine Klassenpolitik der deutschen Werktätigen arbeiten, die unabhängig von allen vier Besatzungsmächten und der deutschen Bourgeoisie für eine sozialistische Lösung der »deutschen Frage« eintrat.

Mogens Boserup und Ester halfen uns in vielfältiger Hinsicht. Sie unterstützten unsere Genossen in Havanna, vermittelten die Korrespondenz, solange sie aus dem besetzten Rest-Deutschland noch nicht möglich war. In Kopenhagen wurde die wichtige Broschüre »Grundlinien und Grundbegriffe der Weltpolitik nach dem Zweiten Weltkrieg« zum ersten Mal gedruckt und nach Deutschland gebracht. In dieser wurde im Wesentlichen die politische Plattform unserer Arbeit geschaffen, die internationalistisch war und dabei die berechtigten »nationalen« Interessen der deutschen Werktätigen verteidigte. Die Boserups halfen nebenbei auch mit Lebensmittelsendungen und bemühten sich vor allem, die Rückkehr der Genossen aus Kuba zu erleichtern. Auf seiner zweiten Reise versuchte Mogens Boserup, meinen Bruder Josef aus dem nun vom englischen Militär geführten ehemaligen KZ Neuengamme herauszuholen – leider vergeblich. Die Militärbürokratie hatte keine Eile, die unsinnige Denunziation zu überprüfen, er sei ein Komintern-Agent.

Die Boserups übersiedelten 1947 nach Genf, wo sie bei der Economic Commission for Europe (ECE) der UNO arbeiteten. Als wir 1949 unsere erste Auslandsreise unternahmen, nahmen sie uns in ihrer Wohnung im Vorort Petit Saconnex auf. Wir berichteten über unsere deutschen Freunde, über unsere Erfahrungen, unsere Kritik an allen vier Besatzungsmächten, über unsere neue Zeitschrift, über den allmählichen Wiederaufbau und die Restauration und Konsolidierung des Kapitalismus – nach diesem zivilisatorischen Niedergang und der historischen Niederlage. Mogens gab uns die uns fehlenden Informationen über die Welt jenseits unserer Grenzen.

Mogens Boserup hat 1946 in Dänemark das Buch *Tyskland efter sammenbruddet* veröffentlicht, das für eine internationalistische Position zur Deutschlandfrage plädierte. Er widersprach der Verallgemeinerung von der Kollektivschuld aller Deutschen. Damit vertrat er eine Position, die derjenigen der Labour-Linken in England sehr ähnlich war.

Bei unseren Skandinavienreisen konnten wir die Boserups einige Male in Kopenhagen besuchen. Sie gingen dann mit der Ökonomengruppe um Gunnar Myrdal 1958-1960 nach Indien, wo sie an dem Standardwerk *The Asian drama* arbeiteten, das die Entwicklungsprobleme Südasiens umfassend analysierte. Sie waren wieder zurück in Kopenhagen, als ich unsere erste Forschungsreise nach Südasien plante. Die beiden konnten uns viele Informationen und Hinweise auf wichtige Fachliteratur geben. Mogens lehrte politische Ökonomie an der Universität in Kopenhagen.

Ihre wissenschaftlichen Publikationen zeigten oft historischen Optimismus; apokalyptischen Szenarien widersprachen sie, indem sie Alternativen aufzeigten, die oft das kapitalistische System in Frage stellten. Manche Arbeiten waren Pionierarbeiten, die gängige Glaubenssätze widerlegten, so das Werk *The conditions of agricultural growth. The economics of agrarian change under population pressure* (1965), von Ester Boserup, die die berühmte These von Malthus widerlegte, die den unvermeidlichen Welthunger prognostizierte. Oder die Arbeit von Mogens Boserup, die sich gegen das

berühmte Buch *Limits of growth* (1972) wendet. Mit ihrem Buch *Die öko-nomische Rolle der Frau in Afrika, Asien, Lateinamerika* (1982) hat Ester Boserup auch auf dem Gebiet der Frauenforschung bahnbrechend gewirkt
    Als Mogens starb, zog Ester nach Nevedone, oberhalb von Brissago, dem schweizerischen Grenzdorf zu Italien am Lago Maggiore. Sie ließ ein kleines Weinbergshäuschen in herrlicher Lage modernisieren. Sie wollte in der Nähe ihrer Tochter Berta sein, die in Ascona lebt. Dort waren Gretel und ich oft zu Gast und konnten in ihrem Haus unseren Urlaub verleben. Einige Male überließ sie uns das ganze Häuschen, wenn sie zu internationalen Ta-gungen eingeladen war. Dann konnte ich in ihrem Arbeitszimmer mit Blick auf den See und die Berge am anderen Seeufer schreiben.
    Oft gab es intensive Diskussionen, z.B. über den Feminismus; diesen hinterfragte ich und bezweifelte, dass Fabrikarbeiterinnen und Millionärs-frauen für gemeinsame Ziele kämpfen könnten. Sie bezweifelte die Mög-lichkeit einer Revolution in unserer durchorganisierten Gesellschaft. Manch-mal war Ester vielleicht advocata diaboli. Diese Debatten standen unserer Freundschaft nicht im Wege.
    Ein paar Jahre vor ihrem Tode zog Ester zu ihrer Tochter nach Ascona. Auch dort traf ich sie noch jedes Jahr einmal; wir setzten unsere Debat-ten fort, u.a. über die Entwicklung in China, die sie anders sah als ich. Sie starb im September 1999.

■■■■■■■■■■■**Lebensdaten:** *Mogens Boserup* wurde am 28. August 1910 in Kopenhagen als Sohn eines Kaufmanns geboren. Nach dem Gymnasium studierte er in Kopenhagen Nationalökonomie. Seit Ende der 1920er Jahre war er Mitglied der sozialistischen Studentenorganisation *Monde*, in der mehrere Strömungen kooperierten. Mit der Verschärfung des ultralinken Kurses kam es zur Spaltung. Boserup und seine Freunde näherten sich den Positionen der KPD-O an, unterstützten später auch die KPD-O-Emigranten und gaben die Zeitschrift *Information* heraus. Ab 1936 erschien die Intel-lektuellen-Zeitschrift *Clarté*, an der Mogens Boserup als Redakteur mitar-beitete. Er war im Widerstand tätig und gab die Zeitschrift *Vejen frem* von 1943-45 heraus, nach 1945 unterstützte er seine deutschen Freunde und ver-suchte, Brandler und Thalheimer zur Rückkehr zu verhelfen.
    Die Boserups gingen 1947 zur UNO nach Genf, arbeiteten 1958-1960 mit Gunnar Myrdal in Indien an der großen sozialökonomischen Studie *The Asian drama*. Sie kehrten 1960 nach Dänemark zurück. Mogens wurde 1966 Dozent, vier Jahre später Professor für Nationalökonomie in Kopenhagen. Zeitweise war er für die Regierung als Fachmann für Entwicklungshilfe tä-tig, besonders für Grönland. Er starb im Kopenhagen am 12. Januar 1978.

Lebensdaten: *Ester Boserup* wurde am 18. Mai 1910 in Kopenhagen geboren; sie studierte Nationalökonomie und arbeitete eng mit ihrem Mann Mogens Boserup in der sozialistischen Studentenbewegung zusammen, ebenso nach 1945 bei der UNO in Genf und in der Myrdal-Gruppe in Indien. Aus ihren Ostafrika-Studien entstand eines ihrer wichtigsten Bücher: *The conditions of agricultural growth* (1965). Später war sie nicht mehr politisch aktiv. Sie verfasste wichtige Bücher zur Nationalökonomie, zur Frauenforschung, war Beraterin bei UN-Konferenzen, hielt Fachvorträge. Sie starb am 24. September 1999 in Ascona.

Heinrich Brandler

Brandlers Heimat – die deutsche Arbeiterbewegung; seine Hoffnung – ihr Erfolg im Klassenkampf.

Wahrscheinlich im Frühjahr 1929 sah ich Heinrich Brandler zum ersten Mal, als ich begann, im Junius-Verlag, Wilhelmstraße 135, Berlin W, mit kleineren Arbeiten auszuhelfen. Ich war 13, Brandler 48. Mein erster Eindruck: Ein großer, freundlich blickender Kopf sitzt fast direkt auf einem schweren Körper mit einem deutlichen Schnitzbuckel. Seit einem frühen Unfall auf dem Bau war er etwas »verunstaltet«. Die Wirbelsäule war beschädigt worden, und er litt unter ständigen

3.7.1881-26.9.1967

Rückenschmerzen. Aber er klagte nicht, sondern versuchte, durch Gymnastik und Schwimmen die Schmerzen zu lindern.

Anfangs hatten wir nicht viel miteinander zu reden; ich hatte eher zuzuhören. Manchmal hörte ich ihn auf den politischen Versammlungen der KPD-O oder auf den Jahreskonferenzen. Kurz nach dem 30. Januar 1933 mussten wir emigrieren; Brandlers Weg ging von Straßburg nach Paris, dann nach Südfrankreich zu Philipp Pless in die kleine Industriestadt Fumel, dann nach Havanna, 1947 nach London und endlich am 9. Mai 1949 in die britische Besatzungszone von Rest-Deutschland. Meine Emigration ging durch drei Länder: Palästina, Tschechoslowakei, Schweden und am 1. April 1946 endlich nach Lübeck in die britische Zone. Wann immer Postverkehr stattfand, hielten wir Kontakt; oft war dieser durch die Kriegsfronten zu Wasser und zu Lande unterbrochen. Unsere wenigen Emigranten sammelten für die materielle Unterstützung des Auslandskomitees und überwiesen diese kleine Hilfe. Bis 1939 enthielt die Korrespondenz viele Stellungnahmen zu den weltpolitischen Entwicklungen, Diskussionsmaterial zu diesen, aber auch über den politischen Streit unter unseren Emigranten-Genossen in Paris.

Nach Kriegsende wurde der Postverkehr allmählich normalisiert, aber alliierte Kontrollen blieben. Nun wurde die schriftliche politische Debatte intensiviert. Wir berichteten den Genossen in Kuba über unsere Erlebnisse und Beobachtungen, über die wiedergefundenen KPD-O-Mitglieder, über die umstrittenen Probleme. Brandler und Thalheimer reagierten mit drei gemeinsamen Dokumenten und mit Briefen an die Fragesteller.

Brandler hatte viele Hürden für seine Rückkehr zu überwinden und musste einen Zwischenaufenthalt in London einlegen. Als es ihm endlich gelang, zu seinen deutschen Genossen zurückzukehren, war deren Freude groß, und ich begann eine intensive Zusammenarbeit mit ihm. Im Winter lebte er in Hamburg, liebevoll betreut in der Wohnung der Genossen Fritz und Frieda Ruhnau. Im Sommer kam er nach Stuttgart, wo ihm die Genossin Bertha Thalheimer eines ihrer zwei Mansarden-Zimmer überließ. Wegen seines Rückenleidens ging er fast jeden Tag zum Schwimmen ins Mineralbad Berg.

Wir hatten gleich nach der Währungsreform, als man endlich Papier frei kaufen konnte, mit der Herausgabe der *Arbeiterpolitik* begonnen. Heinrich Brandler begann seine regelmäßige Mitarbeit. Zu dem von mir genannten Termin lieferte er eine weltpolitische Übersicht, die die wichtigsten Ereignisse analysierte und beschrieb. Dafür las er deutsche, spanische und englische Zeitungen. Meine Korrekturwünsche konnte ich ohne Schwierigkeiten vortragen; manchmal betrafen sie inhaltliche Fragen, manchmal die Reihenfolge der Themen und die Begründungen. Hatten wir seinen Entwurf diskutiert und inhaltlich fertiggestellt, hatte meine Genossin Gretel sein Manuskript auf der Maschine druckfertig zu machen.

Neben dieser Mitarbeit an der Zeitschrift, die er pünktlich und termingerecht betrieb – auch von Hamburg aus –, reiste er ab und an durch die britische und amerikanische Zone, referierte in den Versammlungen der Gruppe Arbeiterpolitik und besuchte alte Genossen und Genossinnen.

Brandler fühlte sich politisch und menschlich wohl – endlich wieder unter den politischen Freunden. Aber er hatte zwei – ich möchte sagen – Schicksalsschläge erlebt: den Tod seines besten, jahrzehntelangen Kampfgefährten August Thalheimer und im Dezember 1951 den Tod des Genossen Waldemar Bolze. Das war der letzte seiner engen Mitarbeiter aus der Vor-Hitlerzeit. Mit diesen hatte er auf gleicher Augenhöhe diskutiert und zu neuen Fragen einen gemeinsamen Standpunkt erarbeitet. Manche alte

Genossen, die viele Jahre Haft während der nationalsozialistischen Herrschaft hinter sich hatten oder von den neuen Entwicklungen isoliert waren, konnten ihm keine Anregungen geben.

Bei den wenigen aus der jüngeren Generation gab es einen Unterschied; die einen spielten gerne Skat mit ihm und nutzten manchmal die Gelegenheit, ihn ein wenig aufzuziehen. Einige andere kritisierten ihn höflich; aber der Altersabstand war zu groß. Hätte er noch Freunde aus seiner Generation gehabt, hätte er manches anders dargestellt oder vorsichtiger formuliert. So aber konnte es z.b. scheinen, als akzeptierte er die mörderische Brutalität der Stalin-Ära fast als unausweichliche historische Notwendigkeit. Er fürchtete den ersten großen Reformversuch der jugoslawischen Kommunisten, obwohl dieser im Grunde dem früh formulierten Wunsch der KPD-O entsprach, die kommunistische Weltbewegung »an Kopf und Gliedern zu reformieren« und den einzelnen Parteien ihre Souveränität zurückzugeben.

1953 wollten einige Genossen zum ersten Mal bei den Bundestagswahlen für die SPD werben und stimmen; das hieß er gut, wenn auch wohl mit Bauchschmerzen. An diesen Fragen zerstörte sich die Gruppe. Viele der älteren Genossen zogen sich zurück, aber man hatte nicht mehr die Energie, dem alten und verehrten Heinrich Brandler zu widersprechen; nur wenige gingen den Weg zur SPD.

Im Herbst 1956 hatten wir beide wieder feste Arbeit in Hannover – Gretel beim (damals noch linken) Hauptvorstand der IG Chemie-Papier-Keramik, ich bei der Landwirtschaftskammer Hannover. Heinrich Brandler war aus der Wohnung der Ruhnaus (3. Stock, aber kein Aufzug) in eine Einzimmerwohnung (Kuhmühle 22) umgezogen; dort gab es einen Aufzug. Wir nahmen den Kontakt wieder auf, besuchten ihn in der neuen Wohnung, nahmen ihn im Mietauto hinaus nach den Landungsbrücken, wo wir gemeinsam aßen und die vorbeiziehenden Schiffe beobachten konnten. Wir diskutierten mehr über Erinnerungen, mieden weitgehend politische Streitfragen. Ich berichtete über die alten Genossen und Genossinnen, mit denen wir noch Kontakt hielten.

Einladungen von Genossen zum Besuch der DDR hatte er abgelehnt. Aber er freute sich über ein Telegramm von Robert Siewert, Paul Böttcher und einigen weiteren alten Genossen aus der DDR zu seinem 85. Geburtstag. Und er meinte, dieser Geburtstagsgruß sei nur mit Walter Ulbrichts Genehmigung möglich gewesen; diese impliziere, dass man ihn wieder als Kommunisten anerkenne, ihn nicht mehr als Renegaten betrachte.

Die Aufgabe, die er sich seit seiner Rückkehr 1949 gestellt hatte – erneut Kader für eine erneuerte kommunistische Partei zu bilden und zu schulen –, war angesichts der Restauration des deutschen Kapitalismus nicht zu lösen.

Das erkannte er wohl, aber er blieb trotz aller Beschimpfungen und Verleumdungen und trotz seiner allmählichen Vereinsamung ein Kommunist.

Gretel und ich verließen 1965 Hannover und siedelten uns wieder in Stuttgart an, wo ich nun Arbeit in Forschung und Lehre an der Universität Hohenheim bekam. So sahen wir unseren Freund nicht mehr bis zu seinem Tode am 26. September 1967. Er war noch kurz in einem Krankenhaus gewesen, wollte aber unbedingt wieder nach Hause, wo ihn eine alte Genossin bestens versorgte und umsorgte. Sein Urnengrab befindet sich auf dem großen Friedhof in Hamburg-Ohlsdorf in dem Gräberfeld der Widerstandskämpfer, das von der Geschwister-Scholl-Stiftung eingerichtet wurde.

Für die kommunistische Bewegung bemerkenswert war Brandlers enge Freundschaft mit August Thalheimer; sie begann am Ende des Ersten Weltkriegs und endete mit Thalheimers zu frühem Tod 1948. Sie waren von Herkunft, Bildungsweg und in vielen anderen Aspekten sehr unterschiedlich, aber sie ergänzten sich hervorragend. Wenn neue Fragen auftauchten, mögen sie anfangs verschieden geantwortet haben, und es hat bestimmt manche lange Debatten der beiden gegeben, aber sie haben immer zu einem gemeinsamen Standpunkt gefunden. Alle Versuche, sie auseinander zu dividieren, scheiterten an ihrem vollen Vertrauen zueinander, ihrer Solidarität, ihrer gemeinsamen Aufgabe. Die Chance des »normalen« Bildungsweges, die Thalheimer gehabt und genutzt hatte, war Brandler nicht geboten. Aber wie viele Arbeiterfunktionäre jener Zeit wurde er durch intensivste Selbstschulung zu einem »organischen Intellektuellen« und von einem Lernenden zu einem Lehrer, der seine Hörer und Hörerinnen zum Weiterlernen begeistern konnte.

In seiner Lebensführung blieb er immer bescheiden und einfach; auch in der größten materiellen Not klagte er nicht und vergaß nicht die Not seiner Freunde. Manchmal gab es auch menschliche Enttäuschungen, so bei Josef Eisenberger. Dieser gab sich in Moskau als Anhänger der Rechten aus und erschlich sich so 1924 die Teilnahme an den politischen Gesprächen von Brandler und Thalheimer, die im Hotel Lux wohnten. Als dann im Jahre 1925 das Parteiverfahren gegen die Kritiker begann, die ja Mitglieder der KPdSU hatten werden müssen, trat er als Kronzeuge auf und berichtete über alle Gespräche. Am Ende einer Sitzung des Parteigerichts gab ihm Thalheimer die Antwort: eine kräftige Ohrfeige, die Eisenberger in einem Beschwerdebrief aktenkundig machte.

Brandler hat Höhen und Tiefen erlebt und überlebt. Die führende Funktion, als die KPD zur Massenpartei wurde, hat ihn nicht hochfahrend gemacht; sein Ausschluss aus der offiziellen KPD machte ihn nicht depressiv. Er blieb sich gleich – überzeugter Kommunist bis zum Tode.

Lebensdaten: *Heinrich Brandler* wurde am 3. Juli 1881 in der nordböhmischen Stadt Warnsdorf (damals Österreich-Ungarn) geboren. Nach der Volksschule wurde er Maurer und Fliesenleger. 1897 trat er der Gewerkschaft der Bauhandwerker bei, 1900 dem Baugewerksbund. Er ging auf Wanderschaft und wurde 1901 in Hamburg Mitglied der SPD und des Arbeiterbildungsvereins. 1904 wurde er aus Hamburg wegen seiner politischen Aktivität ausgewiesen, arbeitete dann bis 1908 in der SPD und der Arbeiterbildung in Bremen. Von dort ging er in die Schweiz, wo er im Sommer auf dem Bau arbeitete und im Winter als Wanderlehrer in der Arbeiterbildung tätig war. Dort traf er russische Emigranten, auch Lenin in Zürich. Auf zwei Parteitagen der SPS vertrat er die dort arbeitenden deutschen Bauarbeiter. Er arbeitete und wohnte zusammen mit Robert Siewert und Albert Callam. 1914 kehrte er nach Deutschland zurück und wurde im Bauarbeiterverband in Chemnitz Sekretär zusammen mit Fritz Heckert. Er war Gegner der Kriegspolitik des SPD-Vorstands und organisierte zusammen mit Heckert den Spartakusbund in Chemnitz und in benachbarten Städten. 1916 nahm er an der Gründungskonferenz der Gruppe Internationale (später Spartakusbund) teil. Er wurde ausgewiesen, kehrte aber nach einiger Zeit aus Österreich nach Deutschland zurück.

1919 wird Brandler Mitglied des Zentralausschusses, der engeren Leitung der KPD. Es beginnt eine Zusammenarbeit mit August Thalheimer, die zu einer lebenslangen politischen und persönlichen Freundschaft wird. 1921 wird er Co-Vorsitzender der KPD. Nach einer Verhaftung flieht er in die Sowjetunion, wo er erneut mit Lenin zusammentrifft, und kehrt 1922 von dort zurück. Er wird Sekretär des Politbüros der KPD. Im Sommer 1923 wird er nach Moskau gerufen; den von der KPdSU geplanten Aufstand lehnt er ab, unterwirft sich aber der Disziplin und der Weisheit der »siegerprobten« Bolschewiki. Nach der Rückkehr wird er Staatssekretär im sächsischen Innenministerium unter dem linkssozialdemokratischen Ministerpräsidenten Dr. Wilhelm Zeigner, der eine Koalitionsregierung aus SPD und KPD leitet. Seine Aufgabe ist es, die Arbeiter zu bewaffnen; aber die Polizeiarsenale sind leer. Auf einem Reichsbetriebsrätekongress erleiden die Kommunisten eine Niederlage mit ihrem Vorschlag; daher sagt Brandler den Aufstandsversuch ab, der ohne breite Massenunterstützung nur zu einem blutigen Aderlass an der Arbeiterklasse geworden wäre.

Anfang 1924 wird er dafür zum Sündenbock gemacht, zusammen mit August Thalheimer abgesetzt und nach Moskau gerufen; da polizeilich nach ihm gefahndet wird, geht er nach Moskau. August Thalheimer und Brandler werden in einem vierjährigen Ehrenexil »kominterniert«. Brandler wird Mitglied der KPdSU und mit Ehrenämtern überhäuft, um ihn von der KPD und seinen Genossen zu isolieren. Er arbeitet im Obersten Volkswirtschaftsrat, in der Roten Gewerkschaftsinternationale, wird zum Ehrenoberst der Roten Armee ernannt. Er lebt im Komintern-Hotel Lux und empfängt dort die Moskau besuchenden deutschen Freunde; das wird von den Kontrolleuren als Fraktionsarbeit angesehen und untersagt. In einem Parteiverfahren wird ihm jede »Einmischung« in die Angelegenheiten der KPD verboten. Unter großen Schwierigkeiten kann er im Oktober 1928 die UdSSR verlassen. Die KPD und Stalin wollten seine Rückkehr nach Deutschland verhindern. Brandler wird Mitbegründer der KPD-O am Jahresende 1928 und damit aus KPD und KPdSU ausgeschlossen. Er wird Mitglied der Reichsleitung und ab 1931 ihr Sekretär. Auf vielen Reisen hält er in den Ortsgruppen Vorträge und Schulungen. Seine Artikel in *Gegen den Strom* und *Arbeiterpolitik* befassen sich mit der faschistischen Gefahr, mit der Einheitsfront, dem gewerkschaftlichen Kampf, dem Aktionsprogramm, mit der Verbindung der Tageskämpfe mit dem revolutionären Endziel. In der zweiten Hälfte des Jahres 1931 lehnt er eine organisatorische Verschmelzung mit der SAP ab, die von der Minderheit gefordert wird.

Nach der Machtübergabe an die NSDAP muss er fliehen und geht erst nach Straßburg, dann bald nach Paris. Dort ist er Sekretär des Auslandskomitees der KPD-O und der IVKO, organisiert die Unterstützung der illegalen Arbeit und nimmt an den Debatten über die neuen politischen Entwicklungen teil. Die »Verhandlungen« über eine Wiedervereinigung mit der KPD vor dem VII. Weltkongress enden sehr schnell an der Forderung, die KPD-O müsse ihre Fehler und ihr »parteischädigendes Verhalten« seit 1928 bekennen.

Im Sommer 1939 löst sich die IVKO auf; das AK spaltet sich. Einige KPD-O-Emigranten verbünden sich mit den amerikanischen Ex-Genossen. Bei Kriegsausbruch 1939 wird Brandler interniert, aber wegen seines Rückenleidens wie die anderen verdächtigen Ausländer bald freigelassen. Vor der deutschen Besetzung von Paris kann er noch nach dem Süden fliehen und findet Aufnahme bei seinen KPD-O-Genossen Philip und Toni Pless im noch unbesetzten Südfrankreich. Rechtzeitig vor der Besetzung Südfrankreichs kann er nach Kuba emigrieren. Solange Postverkehr möglich ist, hält er Kontakt mit den wenigen Emigranten in den neutralen Staaten Europas, den er nach dem Mai 1945 sofort wieder aufnimmt. Bald beginnt auch der politische Gedanken- und Materialaustausch mit den Freunden im besetzten Restdeutschland.

Die sofortige Rückkehr wird von der Alliierten Reisekontrollbehörde blockiert. Mit Mühe gelingt Brandler 1947 die Rückkehr nach London. Dort lernt er Isaac und Tamara Deutscher kennen. Es entwickelt sich eine enge

Freundschaft und ein intensiver Gedankenaustausch, der bis zu Deutschers Tod andauert. Diese Beziehung fand ihren Niederschlag in einem regen Briefwechsel, in dem vor allem die Geschichte und Probleme der kommunistischen Bewegung diskutiert wurden (vgl. Weber 1981).

Heinrich Brandler, Toni Pless, August Thalheimer

Am 9. Mai 1949 kann er endlich nach Hamburg zurückkehren. Sofort nimmt er die politische Arbeit in der Gruppe Arbeiterpolitik auf – bis zum Jahre 1956. Er unternimmt Vortragsreisen, analysiert in der *Arbeiterpolitik* regelmäßig die Entwicklung der Weltpolitik und nimmt an allen Jahreskonferenzen teil. 1956 tritt eine Pause in dieser Arbeit ein. Ab 1959 arbeitet er wieder an den *Briefen der GAP* mit. Er leitet politische Schulungen in Hamburg und arbeitet an einer Analyse der sowjetischen Entwicklung. – Nach längerer Krankheit stirbt er am 26. September 1967 in Hamburg. Seine Asche wird auf dem Gräberfeld der Geschwister-Scholl-Stiftung auf dem Friedhof in Hamburg-Ohlsdorf beigesetzt.

20 Jahre nach seinem Tode wird in einem Beitrag der Zeitschrift *Sozialismus* (9/1987) an ihn erinnert. Darin heißt es u.a.:

»Heinrich Brandler hat bewiesen, dass man die sowjetische Politik kritisieren, aus der KPD ausgeschlossen sein und dennoch Kommunist bleiben kann. Dieser revolutionären Überzeugung blieb er in allen Rückschlägen und politischen Krisen treu. Für ihn war proletarische Politik kein Beruf, sondern eine Berufung, in der Überzeugen anderer die Hauptsache war. Für seine Überzeugung nahm er die größten materiellen Opfer auf sich – und manches Mal hat er bittere Not gelitten und große Gefahren durchgestanden, ohne je zu klagen. Auch in diesen extremen Situationen hat er seine Solidarität mit seinen Genossen unter Beweis gestellt. Er war ein Arbeiterfunktionär des alten Typs, der die besten Traditionen der Bewegung fortsetzte und damit Beispiel und Vorbild war – ein Kommunist auch ohne Parteibuch. Der deutsche Revolutionär und Internationalist war ein harter Arbeiter, ein Autodidakt, der nie aufhörte zu lernen und zu lesen, zudem ein solidarischer Mensch, für den die politischen Mitkämpfer auch als Menschen wichtig waren, die der Hilfe und Fürsorge bedurften.«

Fenner Archibald Brockway

Fenner Brodway habe ich nur zweimal in meinem Leben getroffen; aber diese kurzen Begegnungen sind mir fest im Gedächtnis haften geblieben. Es war der 1. Mai 1946, der erste Maifeiertag nach meiner Rückkehr in die britisch besetzte Zone des nach der Niederlage der nationalsozialistischen Diktatur zerstörten und in vier Zonen aufgeteilten Restdeutschland. Am 1. April 1946 waren mein Bruder Josef und ich mit 28 Sozialisten auf einem schwedischen Schiff nach Lübeck gekommen und wurden in ein Durchgangslager eingewiesen. Nach wenigen Tagen war ich überprüft

1.11.1888-28.4.1988

und hatte das Lager verlassen dürfen. Bei meinem Bruder seien aber einige Punkte zu überprüfen – so die alliierten Kontrolleure. Nach wenigen Tagen wurde er abgeführt und kam ins Lübecker Gefängnis, wie ich bald herausfand. Natürlich war ich erschrocken, besorgt und noch hilflos. Ich besuchte meine Genossen im nahen Hamburg, die genauso hilflos waren, wenn sie auch über unsere Rückkehr sehr erfreut waren. (Wir waren die ersten der wenigen KPD-O-Mitglieder, die den Weg zurück nahmen.)

Nach einigen Tagen bekam ich »Fensterkontakt« mit meinem Bruder, der auch nicht wusste, welche Gründe für seine Haft vorlagen, denn er erhielt keine Auskunft. Am 30. April ging ich wieder ins Gefängnis und begehrte ein Gespräch mit ihm. Ein (offenbar österreichischer) englischer Soldat fragte nach meinem Wunsch. Ich erklärte, als Sozialist wolle ich meinem Bruder zum 1. Mai etwas Gutes und einen Gruß bringen (ein paar Zigaretten und etwas Schokolade). Außerdem möchte ich die Gründe für seine Haft wissen. Der Soldat kannte diese auch nicht, war erstaunt, dass ein Sozialist im von den Nazis befreiten Deutschland eingesperrt sein konnte. Er ging weg und brachte nach einigen Minuten ein englisches Schreiben. Es besagte, dass vermutet werde, Josef Bergmann sei ein Komintern-Agent – eine absurde Verdächtigung, deren Quelle er natürlich nicht nennen konnte.

Am frühen Morgen des 1. Mai fuhr ich auf einem offenen Lastwagen, auf dem wir dicht gedrängt standen, nach Hamburg, um an der Mai-Demonstration teilzunehmen. Die Zerstörungen in Lübeck hatten mich erschreckt; aber sie waren nichts gegen das, was ich in Hamburg sah. Ganze Straßenzüge bestanden nur noch aus Trümmern; an einigen Stellen standen noch die Fassaden von Eckhäusern. An den Straßenbahnen hingen »Fahrgäste« wie Trauben.

Die Maifeier fand in den Grünanlagen von Planten un Blomen nahe dem Bahnhof Dammtor statt. Tausende Arbeiter und Arbeiterinnen waren gekommen, mager, abgearbeitete Gesichter, viele noch in abgewetzten Militärklamotten. An der Rednertribüne stand mein früherer Mitschüler Wolfgang Nelki, in englischer Uniform, als Begleiter und Übersetzer von Fenner Brockway, der nur Englisch sprach. Wolfgang Nelki übersetzte Satz für Satz die Solidaritätsadresse des alten Internationalisten. Dieser sprach nicht von Kollektivschuld, wie es die Konservativen taten, sondern vom illegalen sozialistischen Widerstand, dann von der Notwendigkeit, gemeinsam eine sozialistische Welt aufzubauen, ausgehend von einem demokratisch-sozialistischen Europa. Diese Worte kamen aus dem Herzen eines alten unabhängigen Sozialisten, einem der Führer der Independent Labour Party, und er erreichte die Herzen der Demonstranten, erfüllte sie mit neuem Mut, weil man sie nicht in einen Topf mit den anderen Deutschen warf.

Die Kundgebung dauerte nicht sehr lange; am Ende sprach ich Wolfgang Nelki an und berichtete ihm von meiner großen Sorge, der Verhaftung meines Bruders. Wolfgang freute sich, mich nach 13-14 Jahren wiederzusehen, war empört und vereinbarte sofort mit Fenner Brockway ein Treffen für den Nachmittag. Pünktlich um 15 Uhr war ich bei dem sozialistischen Arzt Dr. Ulrich Hecht, dem Gastgeber des Engländers. Fenner, der sicher ein volles Programm hatte, nahm sich Zeit, sich die ganze Angelegenheit erklären zu lassen, und machte sich intensiv Notizen. Da er meine Freunde aus der KPD-O von vielen Sitzungen in Paris gut kannte und mit den Nelkis politisch zusammenarbeitete und persönlich befreundet war, gab es kein Misstrauen. Nach meinem Anliegen unterhielten wir uns kurz über Politik; er fragte nach Brandler und Thalheimer. In seinem Reisetagebuch *German diary* berichtete er detailliert über unser Gespräch.

Fenner Brockway verfolgte den Fall Josef Bergmann intensiv. Jedoch hatten die konservativen englischen Besatzungsbehörden keine Eile. Sie ließen alle meine Angaben genauestens überprüfen, recherchierten u.a. in Palästina, ob tatsächlich meine Verwandten dort lebten, befragten den Hausbesitzer Wolf Hiller in Rehovot, bei dem ich gewohnt hatte. Es dauerte fast ein halbes Jahr, bis mein Bruder mit dem Ausdruck des Bedauerns aus dem KZ Neuengamme entlassen wurde, in dem der Kommunist zusammen mit Nazis gesessen hatte.

Der gute Wille eines berühmten englischen Sozialisten, auch Parlamentariers, konnte die Furcht britischer Militärbehörden vor dem Kommunismus nicht überwinden. Aber Fenner Brockways schnelle Hilfsbereitschaft bleibt in meiner Erinnerung. Er hat seine Solidarität oft bewiesen, u.a. bei der Befreiung einiger meiner Freunde aus den Gefängnissen von Barcelona noch vor dem Sieg Francos. In meiner Ohnmacht als »Deutscher« gegen die Besatzungsmacht hat mich dieser Freundschaftsdienst ermuntert.

Lebensdaten: *Fenner Brockway* wurde am 1. November 1888 in Calcutta geboren. Sein Vater war ein nonkonformistischer Missionar, ebenso sein Großvater, der in Afrika und auf Madagaskar missionierte. Auch weitere Verwandte waren in kirchlichen Diensten. Die Mutter kam von einer größeren Farm. Er besuchte eine Schule für Söhne von Missionaren; dann wurde er Journalist. Anfangs unterstützte er die Liberalen und Lloyd George und protestierte gegen den Krieg gegen die Buren in Südafrika (1899-1902). Ein Interview mit dem radikalen Sozialisten Keir Hardie überzeugte ihn vom Sozialismus. Nach längerer Mitgliedschaft in der Social Democratic Federation trat er 1907 der Independent Labour Party bei. Er stand dem religiösen Sozialismus näher als dem Marxismus und war anfangs Pazifist (auch im Ersten Weltkrieg). Erste Kandidaturen für das Unterhaus waren erfolglos. 1914 wurde er Redakteur unter Keir Hardie und war Antimilitarist. Dafür wurde er bis April 1919 inhaftiert. Im Gefängnis gab er eine illegale Gefängniszeitung heraus. Ab 1919 war er Sekretär des britischen Komitees des Indian National Congress, 1920 Sekretär des Komitees zur Untersuchung der Gefängnisverhältnisse, 1923 der Internationale der Kriegsgegner. 1920 hatte er auf dem Kongress der französischen Sozialisten in Tours Ho Chi Minh getroffen.

In den 1920er Jahren war Fenner Brockway führend in der ILP, die der Zweiten Internationale angehörte; 1929 wurde er ins Unterhaus gewählt. Als die Labour Party 1931 eine »nationale Koalitionsregierung« bildete, trennte sich die ILP von der LP. Er war aktiv in der Unterstützung der Sozialisten in den britischen Kolonien, die nach Unabhängigkeit strebten; 1927 wurde er Vorsitzender der neu gegründeten Liga gegen Imperialismus. Als der Faschismus stärker wurde, nahm er intensiv Anteil am antifaschistischen Kampf und war zur Zusammenarbeit mit Kommunisten bereit. Indes: Die Moskauer Schauprozesse und die stalinistische Politik im Spanischen Bürgerkrieg führten zu seiner Distanzierung. Er versuchte, die Zusammenarbeit der Linkssozialisten zu fördern, vor allem mit der Internationalen Front der Werktätigen gegen den Krieg. Angesichts der inneren Brutalität und der weltpolitischen Aggressivität der faschistischen Mächte und der Erfahrung des Spanischen Bürgerkriegs wandelte er sich vom Pazifisten zum Antimilitaristen. Aber er war Gegner der nationalen Koalitionsregierung unter Winston Churchill. 1945 verließ er die ILP, die ihm unter James Maxton zu pazifistisch erschien. Er warb für Solidarität mit den deutschen Werktätigen.

Fenner trat etwa 1949 wieder der LP bei und wurde 1950 erneut Abgeordneter. Er engagierte sich für die Unabhängigkeitskämpfe der Dritten Welt und war 1954 Mitbegründer und Vorsitzender der Bewegung für die Befreiung der Kolonialvölker. 1964 verlor er sein Parlamentsmandat und akzeptierte im Alter von 76 Jahren seine Ernennung zum Lord mit Sitz im House of Lords. Er wandte sich gegen den Vietnam-Krieg der USA und war Mitbegründer der Kampagnen für Weltabrüstung und für nukleare Abrüstung. Er starb am 16. Juni 1988, ein halbes Jahr vor seinem 100. Geburtstag.

Quelle: Memorial brochure (1989).

Franz Cerny

Franz Cerny lernte ich Anfang 1929 kennen. Meine Genossen von der Jugend-Opposition empfahlen mir, wenn ich turnen und Sport treiben wollte, die Freie Sportvereinigung Fichte (FSF). Ihr Vorsitzender war der Kürschner Franz Cerny. Der Verein hatte den von der KPD beherrschten Arbeitersportverein Fichte verlassen müssen, als die KPD begann, nach den freien Gewerkschaften auch den überparteilichen Arbeiter-Turn- und Sportbund (ATuSB) zu spalten. Die FSF blieb Mitgliedsverein im ATuSB.

31.1.1906-9.7.1943

Die FSF war faktisch auf den Berliner Arbeiterbezirk Kreuzberg beschränkt; manche Mitglieder waren 1929 schon arbeitslos. Da der Verein im ATuSB geblieben war, durften wir die städtische Turnhalle am Marheinekeplatz benutzen, wo an zwei Abenden in der Woche geturnt wurde. Der Verein hatte ein Grundstück in Körbiskrug bei Königswusterhausen, zu dem ein kleiner See gehörte, der früher eine Tongrube gewesen war. An den Wochenenden konnte man dort zelten und baden; wer wollte, auch unbekleidet. Einige arbeitslose Vereinsmitglieder zelteten auch längere Zeit dort. Das Gelände und seine Umgebung boten einen Ausgleich für die engen und schlechten Wohnungen, in denen die meisten lebten. Die alkoholfreie Gaststätte am Marheinekeplatz war unser Vereinslokal. Dort fanden die notwendigen Sitzungen und die wichtigen Bildungsveranstaltungen statt. Der Verein wollte – wie viele proletarische Kulturorganisationen – die Werktätigen nicht nur für ein gesundes Leben erziehen; man wollte auch zur politischen Bildung der Mitglieder beitragen. Also gab es an vielen Winterabenden Vorträge über Politik, meist von KPD-O-Funktionären, über Literatur, Geschichte und natürlich auch von sozialistischen Ärzten über sexuelle Aufklärung sowie Familienplanung.

Franz, groß, schlank, sportlich, war uns jungen Menschen ein Vorbild und daher ein guter Erzieher. Er lebte einfach, war überzeugter Kommunist. Als der ultralinke Kurs in der KPD begann, ging er zur KPD-O, und – wie erwähnt – lehnten seine Freunde im ASV Fichte die Spaltung ab. Er hatte eine Wohnung und Werkstatt in der Markgrafenstraße, nahe dem Halleschen Tor. Und wenn ich mal aus irgendeinem Grunde nicht nach Hause gehen wollte, fand ich immer ein einfaches Lager in seiner Werkstatt und natürlich etwas zu essen. Auch in seiner Wohnung und Werkstatt wurden die politischen Debatten fortgesetzt, die an den Wochenenden im Sommer auf dem Gelände in Körbiskrug stattfanden.

Gertrud (Lamlé-)Cerny, seine Frau, war auch Arbeitersportlerin und arbeitete mit in der Arbeiter-Theater-Gruppe »Rote Raketen«, die oft für die KPD-O auftrat. Sie arbeitete als Damen-Schneiderin.

Das Wesen von Franz beeinflusste die Vereinsmitglieder: Politische Aufklärung, Gegnerschaft gegen den anschwellenden faschistischen Terror, der ständige Versuch, die Werktätigen aller sozialistischen Richtungen gegen die Nationalsozialisten zu einigen. Es ist daher kein Zufall, dass viele Mitglieder aktiv im illegalen Widerstand wurden und einige wichtige Funktionen in Widerstandsgruppen hatten.

Nach 1933 habe ich Franz Cerny nicht mehr wiedergesehen. In seiner Werkstatt fanden Sitzungen illegaler KPD-O-Gruppen statt. 1934 wurde er verhaftet, verurteilt, als tschechoslowakischer Bürger nach Verbüßung der Strafe ausgewiesen. In Prag musste er seinen dortigen Wehrdienst nachholen. Bald aber holte ihn der deutsche Faschismus auch in Prag ein. Der tschechische Staatsteil wurde nach dem deutschen Einmarsch am 15. März 1939 zum Protektorat Böhmen und Mähren. Zur deutschen Wehrmacht eingezogen, wurde Franz auf dem Heuberg gedrillt und kam als Politischer zu den 999ern, zu den »Bewährungsbataillonen«, in die die Wehrmacht absichtsvoll auch Kriminelle eingliederte. Im besetzten Griechenland plante er die Desertion zu den Partisanen. In der Gruppe gleichgesinnter sozialistischer Sträflinge sammelte er Kameraden, die mit ihm desertieren wollten. Ein eingeschleuster Spitzel verriet sie. Franz deckte seine Freunde, nahm die ganze Verantwortung für den Plan auf sich. Er kam vor das Kriegsgericht, wurde zum Tode verurteilt und in Griechenland hingerichtet. Seine Frau und ihr Sohn haben Franz nicht mehr gesehen. Er war vielen jungen Arbeitern und Arbeiterinnen ein Vorbild. Solche Kommunisten sollten nicht vergessen werden.

Lebensdaten: *Franz Cerny* wurde am 31. Januar 1906 in Berlin geboren. Seine Eltern kamen aus dem damals zu Österreich gehörenden Böhmen. Nach der Schule lernte er den Kürschnerberuf. In der großen Wirtschaftskrise machte er sich 1931 selbständig; seine Werkstatt und Wohnung lag am Halleschen Tor im Arbeiterbezirk Kreuzberg. Seit etwa 1930 war er Jugendleiter im Arbeiter-Turn- und Sportverein Fichte, der in Berlin von KPD-Anhängern geführt wurde; der Verein gehörte zum Arbeiter-Turn- und Sportbund (ATuSB), in dem die SPD dominierte. Mit dem verschärften ultralinken Kurs spaltete die KPD außer den freien Gewerkschaften auch alle proletarischen Kulturorganisationen.

Seit etwa 1926 war Franz Cerny Mitglied der KPD, aus der er Ende 1928 ausgeschlossen wurde. Cerny widersetzte sich der Spaltung des überparteilichen Arbeitersports und gründete mit seinen Genossen die Freie Sportvereinigung Fichte (FSF), die im Bezirk Kreuzberg ein wichtiger Arbeiterverein mit etwa 250 aktiven Sportlern blieb und neben Turnen, Wandern und Sport ihren Mitgliedern politische Bildungsarbeit anbot.

Als 1931 von ausgeschlossenen linken Sozialdemokraten die SAP gegründet wurde, kam es in der KPD-O zu einer intensiven Debatte, in der eine Minderheit für den Beitritt zur SAP warb. Franz Cerny blieb bei der Mehrheit. 1933 wurde er aktiv im illegalen Widerstand der KPD-O. Im Sommer 1934 wurde er verhaftet und im April 1935 zu 2½ Jahren Zuchthaus verurteilt, die er in Brandenburg-Göhrden verbüßte. Danach wurde er als Tschechoslowake in seiner Väter Ursprungsland ausgewiesen. In der ČSR kam er zuerst für sechs Wochen ins Gefängnis, weil er keinen Militärdienst geleistet hatte, und wurde dann als Rekrut eingezogen. Nach der deutschen Okkupation wurde er zu den »Bewährungsbataillonen« (999er) eingezogen und an die griechische Front geschickt.

Bei den 999ern arbeitete er weiter gegen den Faschismus und sammelte eine Gruppe von Antifaschisten, die den Übergang zu den griechischen Partisanen vorbereiteten. Ein eingeschleuster Spitzel denunzierte die Gruppe. Franz Cerny nahm alle Verantwortung auf sich und schützte damit seine Genossen. Nach einem Schnellverfahren vor dem deutschen Militärgericht wurde er am 19. Juli 1943 in Ano Manolas, Griechenland, hingerichtet.

Der Bataillonskommandeur berichtete über den Vorgang: »Fall Schtz. Cerny. Er hatte es verstanden, innerhalb der 8. Kompanie Leute zu gewinnen, die sich bereit erklärten, im Falle eines Angriffs die Waffen gegen die eigenen Vorgesetzten zu richten und überzulaufen. Hierbei handelte es sich um durchweg politisch Vorbestrafte. Ein Todesurteil und drei Zuchthausstrafen von je fünf Jahren mussten verhängt werden. Vier Freisprüche sind mangels Beweises erfolgt. Es ist als sicher anzunehmen, dass der Kreis

Cerny ein viel größerer war und auch heute noch ähnliche Kreise in anderen Kompanien bestehen. Cerny und seinen Mittätern gelang es, durch tadellose Führung, Diensteifer und gutes soldatisches Auftreten ihre Vorgesetzten so zu täuschen, dass sie besonderes Vertrauen genossen haben. C. war z.b. als Melder im Kompanie-Trupp verwendet, die anderen als Offz.-Burschen usw.«

Quelle: Klausch (1986), S. 135-136.

Tamara Deutscher

Ich bewunderte Isaac Deutscher, der wohl der bedeutendste marxistische Historiker des 20. Jahrhunderts war. Er starb zu früh (1967); ihn konnte ich nur noch durch seine großen Werke kennenlernen. Aber wenigstens seine Witwe wollten meine Frau und ich besuchen, weil sie als Herausgeberin einiger Essay-Sammlungen seinen politischen Nachlass kongenial verwaltete. Durch frühere Korrespondenz und über Heinrich Brandler wusste Tamara Deutscher von unserer Existenz und unserem politischen Engagement. Bei einem England-Besuch Mitte der 1970er Jahre genügte ein Telefonanruf, um einen Besuchstermin zu vereinbaren.

1.2.1913-7.8.1990

Sie lebte mit ihrem Sohn Martin in dem gemeinsamen Haus, Kidderpore Gardens 2A in Finchley, einem nördlichen Mittelstands-Viertel von London. Wir wurden freundlich aufgenommen in einem Haus voller Bücher; es war die Atmosphäre intensiver geistiger Arbeit. Denn Tamara war eine Frau im eigenen Recht, ihrem Mann war sie ebenbürtige Helferin gewesen. Und jetzt arbeitete sie weiter, gab nicht nur die Arbeiten ihres Mannes mit großem Verständnis heraus, sondern wirkte z.b. mit bei der Erarbeitung des großen Werkes von E. H. Carr über die russische Revolution. In ihrem Haus sammelten sich unabhängige sozialistische Intellektuelle.

Mit jüdischer Kochkunst hatte sie uns ein gutes Abendessen serviert. Und bald begann das Gespräch. Wir sprachen über die enge Freundschaft und geistige Nähe ihres Mannes zu Heinrich Brandler, wie zwei in ihrer Herkunft und ihrer Tätigkeit so verschiedene Revolutionäre zusammengefunden und einen intensiven Gedankenaustausch gepflegt hatten, der bis zu ihrem Tode anhielt und der die Arbeit beider befruchtet hatte. Natürlich diskutierten wir die Perspektiven der Entwicklung der Sowjetunion in einer Periode des innenpolitischen Rückschlags. Leonid Breschnew hatte als Generalsekretär Nikita Chruschtschow verdrängt, dessen Reformen den saturierten Bürokraten viel zu weit gegangen waren.

Wir besuchten Tamara noch einige Male, bei jeder unserer London-Reisen. Der letzte Besuch war am 15. Oktober 1987. Das Datum blieb in unserer Erinnerung; es war der letzte Abend unseres Aufenthalts. In der folgenden Nacht gab es einen Orkan, der in London Häuser abdeckte, Bäume entwurzelte und den U-Bahn-Verkehr großenteils lahmlegte. Wir hatten für den 16. Oktober 11 Uhr den Rückflug gebucht, verfehlten jedoch wegen des Verkehrschaos unser Flugzeug. Dann war der Orkan so stark geworden, dass bis zum späten Abend keine Flugzeuge starten durften. Mit Tausenden Passagieren saßen wir daher bis 21 Uhr auf dem überfüllten Flughafen.

Bei Tamara hatten wir vorher so offen und angeregt diskutiert wie immer. Nach dem Abendessen machten wir unsere tour d'horizon – die zwei Deutschländer (es war noch vor dem Zusammenbruch des Realsozialismus in Osteuropa), Israel, über dessen Politik sie besorgt war, Chinas ökonomische Reform unter Deng Xiaoping. Und natürlich kam dann die Reihe an die Sowjetunion. 1985 war Michail Gorbatschow Generalsekretär der KPdSU geworden und hatte Perestroika und Glasnost proklamiert, wirtschafts- und sozialpolitische Erneuerung, kulturelle und innenpolitische Offenheit, Ende des Wettrüstens, Versuch der weltpolitischen Entspannung und Koexistenz.

Ich war im Mai des Jahres 14 Tage in der Sowjetunion gewesen und berichtete über meine Gespräche, Beobachtungen und Eindrücke. Zwar beurteilte ich kritisch, dass Gorbatschow wenig Unterstützung von seiner Partei bekam, dass es ihm bis dahin nicht gelungen war, die KP zu reaktivieren. Aber ich hoffte doch, dass er die Erneuerung durchsetzen würde, obwohl die USA – noch unter dem kalten Krieger Ronald Reagan – alles taten, um die ökonomische Schwäche der SU durch weiteres Wettrüsten zu nutzen. Man wollte die SU »zu Tode rüsten«. Dabei hatte Reagan die volle Unterstützung der deutschen Bourgeoisie und der von Helmut Schmidt (SPD) geführten Bundesregierung.

Tamara monierte, dass Gorbatschow noch immer nicht Nikolai Bucharin rehabilitiert hatte. Ich versuchte in meinem vorsichtigen Optimismus eine Prophezeiung: In seiner Festrede zum Jahrestag der Oktoberrevolution würde Gorbatschow sicher Bucharins Rehabilitierung verkünden. Tamara, schon nicht mehr ganz gesund (sie starb am 7. August 1990) blieb skeptisch, war pessimistischer als ich. Sie wollte mit dem Lob warten bis nach Gorbatschows Rede. Meine Prophezeiung war ein wenig voreilig gewesen; Gorbatschow rehabilitierte ihn nicht in seiner Festrede, sondern drei Monate später im Februar 1988.

Das war unser letztes Thema gewesen. Wir haben Tamara nicht mehr wiedergesehen. Aber es bleibt eine lebendige Erinnerung an eine kluge, selbständige Kommunistin, mit der wir lebhafte Debatten geführt haben, deren durchdachte Meinung das eigene, selbstkritische Nachdenken provozierte.

Tamara Deutscher war von unserem Organisationskomitee zum wissenschaftlichen Trotzki-Symposion im März 1990 eingeladen worden. Sie bedauerte, ablehnen zu müssen. Im Februar 1990 schrieb sie mir u.a.:

»Ich bedauere sehr, dass ich nicht imstande sein werde, an Eurem geplanten Trotzki-Symposion teilzunehmen. Ich brauche nicht zu sagen, wie sehr ich von Eurer Initiative und der organisatorischen Energie beeindruckt bin. Das Bucharin-Symposion, das Ihr vor zwei Jahren organisiert habt, war ein großartiger Erfolg; es zog Forscher und Studenten aus einigen Kontinenten an und ist als Meilenstein auf dem Felde der ernsthaften Forschung über Bucharin und sein Denken anzusehen.

Ein Trotzki-Symposion ist vielleicht ein noch anspruchsvolleres Projekt. Die Teilnehmer werden mit ihren Beiträgen vor der ganzen Breite von Trotzkis Botschaft stehen, vor der Vielseitigkeit und dem Reichtum seiner Aktivitäten. Ein Bruchteil von diesen hätte das Leben einer außergewöhnlichen Persönlichkeit ausfüllen können: Trotzki, der marxistische Denker; der Literaturkritiker in der Tradition von Belinski oder Bakunin; der Führer in der Oktoberrevolution und zugleich ihr Historiker; der Gründer der Roten Armee; der Führer im Bürgerkrieg; der Führer der Opposition von 1923 bis 1929, die ein bedeutendes Kapitel in den Annalen des Bolschewismus und Kommunismus bildet; der konsequente und unnachgiebigste Kritiker von Stalins Politik, der bis zu seinem letzten Atemzug gegen die große Säuberung kämpfte.

Die Aufgabe des Trotzki-Symposions wird noch schwieriger, weil bis zum heutigen Tag Trotzki nicht ›rehabilitiert‹ worden ist – anders als die anderen Opfer von Stalins scheußlichen Verbrechen; bis zum heutigen Tag ist seine Ehre nicht wiederhergestellt, und sein Platz im Pantheon der bolschewistischen Revolutionäre bleibt leer. Mehr noch: Die Jahrzehnte der Beschimpfung und die große Menge Schlamm und Verleumdung, unter denen der Stalinismus Trotzki zu begraben versuchte, mussten natürlich ihre Wirkung haben. Eine blinde, gedankenlose Feindseligkeit gegen Trotzki hält sich noch in der Sowjetunion und hat eine Art von instinktivem Vorurteil angenommen. Manchmal mag es schmerzlicher sein, seine Vorurteile aufzugeben, als die eigenen Irrtümer zuzugeben.

Noch ein anderer Umstand behindert im gegenwärtigen historischen Augenblick (Konjunktur) die Forschung über Trotzki. Dieser scheint nicht in die vorherrschenden Trends in der Sowjetunion zu passen; sie stimmen nicht überein mit seiner Weltanschauung und dem ganzen Charakter dieser historischen Persönlichkeit. Die Sowjetunion blickt starr auf den kapitalistischen Westen. Die nicht-revolutionäre Staatsräson erfordert, dass Trotzki verdrängt wird.

Aus all diesen und noch vielen anderen Gründen hat das Trotzki-Symposion einen gewaltigen erzieherischen Wert. Es ist Euch gelungen, Forscher und Studenten aus allen Kontinenten zusammen zu führen, jeder von diesen von hoher intellektueller Kapazität und alle in der Absicht, *alle* Staatsräson zu ignorieren. Ihre kollektive Bemühung wird über alle Vorurteile hinweggehen und über alle Fälschungen, in die Trotzki noch immer eingehüllt ist.

Die Geschichte überwindet schon den folgenschweren Kampf zwischen Stalin und Trotzki und bewegt sich unerbittlich vorwärts. Um unsere Zukunft zu berechnen, müssen wir unsere Vergangenheit klären. Aus den intensiven Debatten des Symposions wird Trotzki in seiner wahren Bedeutung erstehen – mit all seinen unverzeihlichen Schwächen und in seiner ganzen titanischen Größe.

Ich wünsche Euch viel Erfolg.

Tamara Deutscher. London, Februar 1990.«

████████ Lebensdaten: *Tamara Lebenhaft* wurde am 1. Februar 1913 in Lodz geboren in einer Familie von Intellektuellen, die im Holocaust völlig vernichtet wurde. Sie besuchte die Schule in Lodz, die Universität in Belgien und kam nach der Niederlage Frankreichs 1940 nach England. Sie verband sich mit dem jungen Marxisten Isaac Deutscher, dessen kritische Assistentin sie bis zu seinem Tode blieb. Nach Ende des Krieges reiste sie mit ihrem Mann durch das zerstörte Deutschland. Nach seinem plötzlichen Tod im Jahre 1967 setzte sie ihre Arbeit fort. Sie assistierte dem Historiker E. H. Carr bei seinem Standardwerk zur Geschichte der russischen Revolution und arbeitete an der Herausgabe der Arbeiten ihres Mannes. Sie veröffentlichte einige Sammlungen seiner Essays.

Sie erlebte noch den Anfang der Selbstzerstörung des Realsozialismus in Europa; trotz aller Kritik trauerte sie über dieses Ende des ersten historischen Versuches. Aber sie blieb bis zu ihrem letzten Tag eine historische Optimistin mit der festen Überzeugung, dass die Zukunft der Menschheit im Sozialismus liegt. Sie starb am 7. August 1990 in London.

Quelle: Sozialismus 10-1990, S. 65.

Käte Dräger

Vor 1933 hatte ich Käte Dräger nur flüchtig gekannt. Auf einigen Vortragsveranstaltungen der
KPD-O hatte ich sie gesehen und ihre Einlas-
sungen gehört. Sie war Lehrerin an der damals
auf der Linken als sehr fortschrittlich bekannten
Rütli-Schule in Berlin-Neukölln, einer der wenigen »weltlichen« Schulen, in denen die Konfession der Schüler keine Rolle spielte. Mit zwei
Junglehrerinnen lebte sie in einer Wohngemein-
schaft in der Dunckerstraße im Prenzlauer Berg.

Während meiner Emigration sah ich sie mehrmals. Ab 1936 lebte ich in Tetschen, einer grenz-

9.6.1900-2.4.1974

nahen Stadt der Tschechoslowakei, und später in einem böhmischen Dorf.
Dort besuchte sie mich, um sich politisch zu informieren und die Genossen
des Auslandskomitees der KPD-O über die illegale Arbeit zu unterrichten.
Nach der großen Verhaftungswelle, in der das ganze Inlandskomitee 1937
in die Gefängnisse der NSDAP wanderte, hatte Käte mit drei Genossen die
politische Arbeit und die Kontakte im Reich weitergeführt, eine Arbeit, die
immer schwieriger und gefährlicher wurde. Der faschistische Kontrollapparat wurde immer größer und intensiver; und als der Krieg begann, verschärften sich die Kontrollen weiter. Dann kamen die kriegsbedingten Stö-
rungen und Zerstörungen dazu.

Nach 1938 lebte und arbeitete ich bei einem schwedischen Landwirt unweit Stockholms. Auch dort besuchte Käte mich mit dem gleichen Interesse
am Informations- und Gedankenaustausch. (Unser Auslandskomitee war inzwischen ins neue Exil nach Kuba gewandert, und die Kontakte waren anfangs nur sporadisch.) Mein Landwirt, ein wirklich frommer Christ, nahm
meinen Gast freundlich auf, sodass sie sich auch wieder einige Tage richtig satt essen konnte. Käte berichtete ausführlich über die Lage in Deutschland und die wachsenden Erschwernisse ihrer Arbeit. Wir waren überzeugt,
dass die Nationalsozialisten den Krieg verlieren würden, nachdem sich 1941
die große Kriegsallianz mit all ihren inneren Widersprüchen gebildet hatte,
aber mit dem gemeinsamen Ziel der militärischen Niederlage Hitlerdeutschlands. Allerdings hatten wir keine Vorstellung, ob und wie die deutschen
Werktätigen unter den Bedingungen von Terror, Krieg und Luftkrieg aktiv organisiert eingreifen und damit ihre Zukunft selbst gestalten konnten.
Später wurde Käte aus Berlin evakuiert und musste als Lehrerin im besetzten Osten arbeiten.

49

Bei Kriegsende war sie trotz aller Schwierigkeiten wieder in Berlin; sie fand eine »Wohnung« in der Gothaallee 45 im Stadtteil Westend. Bald nach meiner Rückkehr am 1. April 1946 besuchte ich sie dort. Es fehlte fast alles: Die Fenster waren mit Plastikfolien verhängt, es fehlten Bettdecken. Es herrschte Hunger, aber sie hatte wieder zu arbeiten angefangen, jetzt als Ausbilderin von Junglehrern am Ostberliner Fröbel-Seminar. Soweit ich konnte, organisierte ich materielle Hilfe; unser Freund Willy Sewekow beschaffte Glas und setzte Fenster ein, zwei Genossen aus den USA, die bei der US-Besatzungsmacht arbeiteten, brachten einige Lebensmittel; ich konnte eine warme Decke abgeben.

Neben ihrer Lehrertätigkeit hatte Käte bereits wieder die nicht evakuierten Freunde gesucht, und man hatte die zwei politischen Arbeiten von Thalheimer und Brandler diskutiert, die unser dänischer Freund Mogens Boserup mitgebracht hatte.[2] Die Berliner KPD-O-Genossen hatten über eine gemeinsame politische Orientierung diskutiert. Albert Schreiner hatte vorgeschlagen, nicht weiterhin politisch zusammenzubleiben, sondern diszipliniert in der KPD (später SED) mitzuarbeiten, die »KPDO-Kontakte aufzulösen.« Das wurde von den meisten Genossen abgelehnt; sie befanden die politische Linie von Thalheimer für richtig, wollten am sozialistischen Aufbau mitarbeiten, aber zugleich gegenüber der sowjetischen Besatzungspolitik die Interessen der deutschen Werktätigen vertreten.

Diese freiwillige und eigenständige Mitarbeit beim Aufbau dauerte nicht lange. Käte hatte einem ihrer Schüler eine Thalheimer-Broschüre ausgeliehen, der sie umgehend nach oben weiter gab. Sie wurde entlassen und aus der SED ausgeschlossen. Da der Kalte Krieg in der Frontstadt Berlin von beiden Seiten mit Gewaltmitteln angeheizt wurde, ist Käte seitdem nie mehr nach Ostberlin gegangen. Sie hat nunmehr versucht, die Gruppe Arbeiterpolitik in Berlin zusammenzuhalten.

Zusammen mit meiner Genossin Gretel habe ich sie oft besucht. Sie bezog dann eine ordentliche Wohnung in der Kirschenallee 1 A, in der sie ihre Mutter bis zuletzt betreute. Sie hatte sich zur Psychoanalytikerin ausgebildet und war, da sie völlig unbelastet von aller Zusammenarbeit mit dem Dritten Reich war, für den Wiederaufbau der Psychoanalyse sehr wichtig und spielte dort eine führende Rolle.

Sie hielt engen, sehr freundschaftlichen Kontakt mit Heinrich Brandler in Hamburg; nach dem Niedergang der Gruppe Arbeiterpolitik etwa ab 1953 war sie dort jedoch nicht mehr aktiv.

---

[2] Die Potsdamer Beschlüsse; Grundlinien und Grundbegriffe der Weltpolitik nach dem Zweiten Weltkrieg.

Wir trafen uns in Berlin und besuchten sie in ihrem Urlaub in Badenweiler. Ihr politisches Interesse und ihre Hoffnung blieben unverändert. Bei jedem Besuch diskutierten wir die politischen Entwicklungen und fanden in vielen Fragen einen Gleichklang. Wir berichteten von unseren Reisen, z.b. nach Jugoslawien (1949) und Polen (1957), wo wir die Selbstbefreiung vom Stalinismus und die Reformversuche kennenlernen wollten. Diese und die Zäsur der Geheimrede von Nikolai S. Chruschtschow 1956 gaben ihr neue Hoffnung, dass eine »Reform der kommunistischen Bewegung an Haupt und Gliedern« kommen könnte, wie die KPD-O ab Ende 1928 gefordert hatte. 1967, als sich die deutsche Linke nach dem unerwarteten Sieg der Israelis im Sechstagekrieg spaltete, teilte sie die Position von Ernst Bloch, Helmut Gollwitzer u.v.a. Sie unterstrich das Existenzrecht Israels, wünschte andererseits ein baldiges Ende der Okkupation und eine Verständigung zwischen den Arbeitenden der beiden Völker.

Nicht zu Unrecht fürchtete sie sich nach ihrer Entlassung aus dem Junglehrer-Seminar und dem Ausschluss aus der SED vor Besuchen in Ostberlin. So waren dann meine Genossin Gretel und ich ihre lebende Verbindung zu ihren Freundinnen und Freunden im Osten der geteilten Stadt.

Käte war eine gute und gütige Pädagogin, hat als Lehrerin manche ihrer Schüler und Schülerinnen aus schwierigen Verhältnissen stabilisiert. Das gleiche kann von ihrer kleinen Privatpraxis als Psychoanalytikerin gesagt werden, die sie neben ihrer weiteren Lehr- und Vortragtätigkeit betrieb. Nachdem ihr Lebenspartner an der Front gefallen war, blieb sie allein. Ihr Mut in der Illegalität war bewundernswert. Vielen hat sie in materieller Not geholfen. Käte war innerlich ausgeglichen und freundlich; ihre kommunistische Überzeugung blieb trotz aller Rückschläge und Niederlagen. Ihre Bescheidenheit behielt sie bis zuletzt.

▆▆▆▆▆▆▆ Lebensdaten: *Käte Dräger* wurde am 9. Juni 1900 in Berlin geboren. Nach dem Besuch des Gymnasiums in Berlin-Tempelhof studierte sie am Lehrerseminar und wurde Volksschullehrerin. Als politisch verdächtig bekam sie längere Zeit keine Arbeit und ging als Hauslehrerin von 1922 bis 1925 zu einem Gutsbesitzer in Mecklenburg. 1925 kehrte sie nach Berlin zurück, trat der Lehrergewerkschaft bei und näherte sich der KPD. 1926 begann sie an der weltlichen Schule (Rütli-Schule) im Berliner Arbeiterbezirk Neukölln als Lehrerin. (An den wenigen weltlichen Schulen fand kein Religionsunterricht statt.) 1929 trat sie der KPD-O bei. Nach 1933 war sie aktiv in der illegalen Arbeit; sie verbreitete die illegalen Publikationen, arbeitete in der Redaktion, reiste als Kurierin im Reich und hielt auch die Verbindung ins Ausland, half den Familien der Inhaftierten. Als 1937 das Berliner Komitee verhaftet wurde, bildete sie zusammen mit drei Genossen ein neues BK und führte die zentrale Arbeit unter immer schwierigeren Bedingungen fort. Sie wurde mehrmals ausgebombt und 1942 nach dem Osten evakuiert.

Kurz vor Kriegsende kehrte sie in das zerbombte Berlin zurück. Sie war aktiv bei der Reorganisation des Schulwesens und beim Aufbau einer modernen nichtnazistischen Psychoanalyse. 1946 trat sie der SED bei und arbeitete als Dozentin an der Fröbel-Akademie in Ost-Berlin bei der Ausbildung von Lehrern. 1947 wurde sie dort entlassen und aus der SED ausgeschlossen. Sie hatte einem Studenten eine neue Thalheimer-Broschüre geliehen, der das der Partei meldete.

Seitdem arbeitete sie nur in West-Berlin. Sie war Mit-Herausgeberin der wichtigsten Fachzeitschrift für Psychoanalyse und unterstützte aktiv die Gruppe Arbeiterpolitik. Am 2. April 1974 starb sie. Ihre Urne wurde auf einem Friedhof der Namenlosen beigesetzt.

Tilla Durieux

Wir hatten Tilla Durieuxs Autobiografie gelesen, und gerade zu dieser Zeit trat die alte große Dame des Berliner Theaters der Vor-Hitler-Zeit in Hannover wieder auf. Das machte uns neugierig und weckte Erinnerungen. Also beschlossen wir, beim nächsten Berlin-Aufenthalt zu versuchen, sie zu einem persönlichen Gespräch zu treffen.

Tilla Durieux, so ihr Künstlername (eigentlich hieß sie Ottilie Godeffroy), war von Wien über die schlesische Provinz nach Berlin gekommen und hatte zu den großen Schauspielern gehört. Ich meine mich zu erinnern, dass sie auch in der

18.8.1880-21.2.1971

Jugend-Volksbühne auftrat. Dort konnten wir in jeder Saison fünf Theaterstücke sehen; für je 75 Pfennig hatte man die Chance der besten Plätze in dem herrlichen, dunkel getäfelten Theater am Bülowplatz, das den Arbeitern gehörte. Aber auch die Plätze im dritten Rang waren gut, erlaubten den vollen Genuss des Geschehens auf der Bühne. Auf dem Programm standen radikale Dramen, so *§ 218*, *Die Matrosen von Cattaro*, beide von Friedrich Wolf, Gerhard Hauptmanns *Weber*, Frank Wedekinds *Frühlingserwachen*. Dort traten auch die großen SchauspielerInnen auf – Alexander Granach, Alexander Moissi und eben Tilla Durieux.

Sie war wohl eine Schönheit und hatte ihre Affären; in Erinnerung blieb mir der »Skandal« des Selbstmordes des Kunsthändlers Paul Cassirer, der die Trennung von ihr nicht ertragen konnte. Als Jüdin und als Linke musste sie 1933 auswandern. Sie ging mit ihrem Mann Dr. Ludwig Katzenellenbogen nach Jugoslawien. Als die Wehrmacht 1940 große Teile des Landes besetzte, wurde ihr Mann von den Nazis gefangen und umgebracht; sie konnte sich zu den Partisanen retten und so unter schwierigen Bedingungen überleben.

Nach 1945 kehrte sie zurück nach Berlin und schaffte ohne jede Protektion ein Comeback. Wir erlebten sie also irgendwann nach 1956 in dem nicht allzu großen Theater im Stadtzentrum von Hannover. Sie war 76 Jahre alt, hatte Arthritis und bewegte sich mit einiger Mühe. In dem Theaterstück *Langusten* war sie die einzige Akteurin, es bestand aus einem Monolog. In gut 1 ¾ Stunden hielt sie allein das Publikum in Atem. Eine alte Arbeiterin feiert ihren Geburtstag und bestellt sich Langusten, eine teure Delikatesse; und während sie alleine feiert und diniert, sinniert sie über ihr schweres Leben. Sie genießt es nun, dass sie als kleine »Wiedergutmachung« nach allen Erniedrigungen durch ihre vornehmen »Arbeitgeberinnen« sich wenigstens das gleich gute Essen leisten kann. Und so streckt sie im Geiste ihren Aufsehern die Zunge hinaus. Nur durch ihren Monolog und ihre lebendige Mimik fesselte sie bis zum Ende, bis zur letzten Minute das Publikum.

Beim nächsten Berlin-Besuch fassten wir uns ein Herz und baten telefonisch um ein Gespräch. Das war für Tilla Durieux kein Problem, obwohl wir ihr unbekannt waren, uns nur als linke Sozialisten vorstellten, die ihre Autobiografie gelesen hatten. Sie wohnte im Erdgeschoss eines Miethauses in der Nähe des Lietzensees im Berliner Westen. Im großen Wohnzimmer gab es viele Bücherregale und Fotos, die wir nicht so genau anschauten. Tilla Durieux erzählte noch etwas mehr über ihr Leben. Sie hatte Rosa Luxemburg gut gekannt und war schon vor dem Ersten Weltkrieg in der Arbeiterbildungsarbeit aktiv gewesen. Von Rosa Luxemburg war sie tief beeindruckt. Sie hatte die Münchner Räterepublik erlebt und einige Kämpfer vor dem weißen Terror geschützt. Auch in der Zeit ihrer großen Theatererfolge war sie eine Linke geblieben. Im jugoslawischen Exil war es nicht einfach gewesen; für die Solidarität der Tito-Partisanen hatte sie nur Lob und Gefühle der Dankbarkeit.

Nun wieder in der neuen Bundesrepublik hatte sie es auch nicht leicht gehabt; aber sie hatte sich dank ihrer hohen Schauspielkunst und ihrer Energie durchgesetzt. Ihre Schwierigkeiten beim Gehen waren deutlich; aber sie klagte nicht. Gut, dass sie eine Erdgeschosswohnung hatte.

Wir berichteten von unseren Studienreisen durch Jugoslawien (1949 und 1953). Sie teilte unsere Hoffnung, dass dieses neue Modell sozialistischer Entwicklung sich behaupten würde. Nach zwei Stunden intensiven Gedankenaustausches verließen wir Tilla Durieux. Es bleibt eine lebendige Erinnerung an einen Menschen, der vor keiner Schwierigkeit zurückschreckte und immer noch Optimismus ausstrahlte.

Lebensdaten: *Tilla Durieux (Ottilie Godeffroy)* wurde am 18. August 1880 in Wien geboren. Der Vater war Professor der Chemie, die Mutter Pianistin. Sie wurde in Wien zur Schauspielerin ausgebildet. Ihr erster Auftritt war in Olmütz (heute Olomouc, Nordmähren), sie ging von dort nach Breslau und 1903 zum Deutschen Theater in Berlin. 1911 wechselte sie zum Lessingtheater, 1914 zum Königlichen Schauspielhaus, 1919 zum Staatstheater. Sie hatte enge Kontakte zur Linken, trat u.a. in der Arbeiterbildung auf und war mit Rosa Luxemburg befreundet. Sie spielte in der Volksbühne am Bülowplatz, heute Rosa-Luxemburg-Platz, trat auch in der »Freien Volksbühne« auf unter der Regie von Erwin Piscator, dessen Theatergründung sie mitfinanzierte. Ihr erster Ehemann Paul Cassirer war verstorben, ihr zweiter Mann Dr. Ludwig Katzenellenbogen war Jude. Daher verließen sie 1933 das Deutsche Reich; sie trat im Theater in der Josefstadt in Wien und in Prag auf. Während des Zweiten Weltkriegs überlebte sie bei den jugoslawischen Partisanen, nachdem ihr Mann von den deutschen Besatzern gefasst und umgebracht worden war.

1952 kehrte sie nach Deutschland zurück und trat an mehreren norddeutschen Bühnen auf (Berlin, Hamburg, Münster, Hannover). Sie starb am 21. Februar 1971 an einer Blutvergiftung in einem Berliner Krankenhaus.

Quellen: u.a. http://de.wikipedia.org/wiki/Tilla_Durieux; Durieux (1954).

Israel Epstein und Wanbi Huang Epstein

Auf meiner zweiten Studienreise in die VR China im Jahre 1980 wohnte unsere Gruppe in Beijing im Friendship Hotel. Dieses ist eine große Anlage, gebaut in der Hochzeit der sowjetisch-chinesischen Freundschaft Mitte der 1950er Jahre. Damals arbeiteten etwa 1.500 sowjetische Ingenieure aller Fachrichtungen an 150 Großprojekten des sozialistischen Aufbaus. Das Hotel bildete das Frontgebäude an einer Durchgangsstraße und war der »Riegel« vor einer großzügigen Anlage mit Wohnungen, Schwimmbad, Tennisplatz, Postamt, Geschäften, Grünanlagen, von Straßen und Bürgersteigen durchzogen, an drei Seiten eingezäunt, gegen die Hauptstraße offen. Die Architektur des (etwas abgewohnten) Hotels war ein Kompromiss zwischen Stalins Zuckerbäckerstil und chinesischer Tradition.

Man sagte mir, dass hinten in der Anlage ein Israel Epstein wohne. Ich erfragte seine Telefonnummer, und um meine plötzliche Neugier zu befriedigen, griff ich zum Telefon, stellte mich als deutschen kritischen Kommunisten vor und bat um einen Besuch bei ihm. Sofortige Zustimmung.

20.4.1915-26.5.2005

In einem dreistöckigen Haus einer Häuserzeile der großen Wohnanlage im obersten Stockwerk bewohnte er zwei kleine Wohneinheiten. Große Stöße chinesischer und englischsprachiger Tageszeitungen, Periodika, große Bücherschränke, einige Blumen, an den Wänden etwas chinesische Kunst.

Israel Epstein bewegte sich schon damals im Rollstuhl. Eine kleine, gedrungene Gestalt, funkelnde Augen, Brille, kahler Kopf mit einigen Seitenhaaren quer über dem Schädel. Seine Frau Wanbi spricht etwas Englisch, aber unter sich sprechen die beiden nur Chinesisch. Wanbi bringt einen Tee und etwas Gebäck. Sie ist etwas jünger als ihr Mann, etwa meine Größe, schon graues Haar, freundlich, hört aufmerksam zu, spricht aber noch wenig.

Gleich beginnt das Gespräch. Ich stelle mich vor, nenne die wichtigsten Personalien, erkläre mein intensives Interesse an den Reformern und Reformen im Kommunismus und an der Entwicklung Chinas und erwähne unsere Reisegruppe, in der ich politischer Außenseiter bin – jetzt »Linksabweichler«, nachdem ich 1978 »Rechtsabweichler« gewesen war. Ich erkläre kurz, wie sich diese Akademiker-Gruppe seit dem Beginn der Reformen politisch gewandelt hat – 1978 begeisterte Maoisten, 1980 zutiefst enttäuscht von dem (angeblichen) Weg in den Kapitalismus. – Epstein stellt sich kurz vor als alten Kommunisten.

Wir diskutieren den Weg der Reformen, die er für notwendig und richtig hält: Die Kapitalisten investieren nur, wenn sie auch genügend Profit machen, aber wir Kommunisten kontrollieren sie. Die neue Politik, die gerade noch diskutiert und mit der noch experimentiert wird, muss aus der Stagnation hinaus führen. Erste Erfolge seien sichtbar. Er erwähnt kurz die »große proletarische Kulturrevolution«, die ein großer Fehler gewesen sei. Auch er habe sie am Anfang nicht durchschaut, habe Zeit und die Erfahrung am eigenen Leib gebraucht, um sie als Irrweg zu verstehen. Ein wenig nimmt er

Mao in Schutz, der den tatsächlichen Weg dieses Exzesses nicht vorausgesehen und nicht gewollt habe. Die Viererbande sei allein schuldig. Darüber konnten wir uns nicht einigen; ich sprach von der Fünferbande, zu der auch Mao gehörte. Aber im Unterschied zu vielen anderen Opfern der »Kulturrevolution« scheute er sich nicht, offen mit mir darüber zu reden.

Epstein bedauerte seine frühere, zu große »Linientreue«. Bei seiner Englandreise Ende der 1950er Jahre habe er es abgelehnt, Isaac Deutscher zu treffen, den er damals für einen gefährlichen Abweichler gehalten habe. Jetzt möchte er gerne seine kritischen Bücher lesen. Ob ich sie ihm beschaffen könne; er wolle und müsse die vielen kommunistischen Kritiker genauer kennenlernen – Trotzki und die anderen. Jetzt seien ihm die Irrtümer und Verbrechen der früheren Periode klar; man diskutiere in der KP Chinas darüber.

Nach meinen vielen Fragen zur chinesischen Entwicklung stellte Epstein Fragen zu meiner Position im Kommunismus, zur deutschen Arbeiterbewegung, was ich aus den Bewegungen der Nachbarländer wisse und über den Neonazismus. Er fragte nach den ökonomischen und politischen Problemen Israels, nach dem Zustand der Kibbuzim. Ich versprach, die Entwicklung in China zu verfolgen und wiederzukommen.

Seit diesem Treffen im Jahre 1980 bin ich noch oft in der VR China gewesen (1984, 1989, 1991, 1994, 1999, 2003, 2004, 2006, 2009), jedes Mal mit einer Gruppe von sehr interessierten und kritischen Teilnehmern. Einen Abend in Beijing war er dann bei jeder dieser Gruppen zu Gast. Er kam mit dem Taxi, begleitet von Wanbi. Man musste ihm über die Stufen helfen, ihn fast schon hinauftragen. Nach kurzer Begrüßung gab er einen konzentrierten Bericht über Entwicklung und Probleme seines Landes, und er beantwortete dann – klar und kritisch – alle unsere Fragen. Nach seinen bitteren Erfahrungen in der Kulturrevolution, in der auch seine inzwischen verstorbene Frau Elsie viele Jahre eingesperrt war, blieb er überzeugter Kommunist, betonte die Kompetenz der neuen kommunistischen Führung, erklärte geduldig die noch ungelösten Probleme, wies auf die ungewöhnliche, einmalige Dimension einer jeden Aufgabe hin. Unsere Reiseteilnehmer sparten nicht mit heiklen Fragen; Epstein wich ihnen nicht aus. Er war überzeugt, dass der neue Weg der Reformen ein Weg zum Sozialismus sei; die Kapitalisten würden vom Staat kontrolliert.

So ging es bei allen unseren späteren Reisegruppen. Einmal – es war wohl im Jahre 2006 – die Epsteins hatten von der KP eine neue, geräumigere Wohnung in einem Neubau mit Aufzug bekommen. Unsere ganze Gruppe war eingeladen. Es gab etwas zu essen. Eine chinesische Bauerntochter (2. Kind!), die in Beijing studierte, war mit uns gegangen. Sie fragte den alten

Mann ohne Scheu nach der Korruption und dem Kampf dagegen. Der alte Mann antwortete geduldig, bestritt die Tatsache nicht, erklärte den Unterschied zum Kapitalismus: Der intensive Kampf von KP und Regierung, die harten Strafen; und das wichtigste: Nichts von diesen Missständen kann die Regierung und ihre Maßnahmen beeinflussen. Dann befragte er die Studentin über die Einstellung der Studenten zur KP Chinas.

So oft es mir möglich war, besuchte ich die beiden dann auch allein, sodass wir seine und meine Fragen intensiv diskutieren konnten. Mir ging es um die Entwicklungsprobleme seines Landes, um die Arbeit der KP; er fragte nach der europäischen Arbeiterbewegung, nach reaktionären und faschistischen Tendenzen. Er bat um englische Bücher über Nikolai Bucharin, Leo Trotzki und Rosa Luxemburg. Einmal waren wir zusammen vor der Internationalen Rosa-Luxemburg-Konferenz in Guangzhou im Jahre 2006; er wollte die Konferenzpapiere und einen Bericht. Nach der Tagung kam ich nach Beijing zurück und konnte seinen Wunsch erfüllen. Ebenso konnte ich manchen seiner Bücherwünsche befriedigen.

Bis in seine letzten Tage schrieb er an Büchern. Wir diskutierten die Fragen, die er in seiner Autobiografie behandeln wollte. Er spürte wohl, dass ihm nicht mehr viel Zeit bleiben würde: »Ich muss manche Fragen auslassen.« Man meint, an den letzten Kapiteln dieses sehr aufschlussreichen Buchs die Eile zu erkennen, in der sie geschrieben wurden.

Einmal brachte ich zwei jüngere Israelis zu ihm. Es wurde ein langes, intensives Gespräch, das seine Kenntnisse, sein Interesse und seine solidarische Sorge um die Zukunft Israels deutlich machte.

Lebensdaten: *Israel Epstein* (chinesischer Name: *Yisiléi'ér Àipositan)*, geboren am 20. April 1915 in Warschau, war Journalist und Autor.

1945 endlich gelang es ihm, über alle Kriegshindernisse hinweg nach Yan'an zu gelangen, wo er die Führer der Kommunisten kennenlernte, aber auch das einfache Leben aller Soldaten ohne Unterschied der Ränge. Später ging Epstein als Journalist in die USA, kehrte aber 1951 zurück, wurde Mitglied der Kommunistischen Partei Chinas, Herausgeber des Magazins *China reconstructs*, später umbenannt in *China today*. 1957 erwarb er die chinesische Staatsbürgerschaft.

Während der »Großen Proletarischen Kulturrevolution« 1966-76 war er viele Jahre im Gefängnis, ebenso seine aus England stammende Frau Elsie Fairfax-Cholmeley, die bald danach starb. Dann war er wieder bis 1985 Chef des Magazins. Trotz der Verfolgung blieb er Kommunist.

Epstein hat einige wichtige Bücher zur modernen Geschichte Chinas verfasst, alle in Englisch, manche ins Chinesische übertragen, nur wenige ins

Deutsche. Die wichtigsten sind im Literaturverzeichnis aufgeführt. 2004 erschien Epsteins Autobiografie auf Chinesisch; eine englische Ausgabe war in Vorbereitung, als er starb.

Epstein hatte einige offizielle Funktionen; u.a. war er Mitglied des höchsten Gremiums der Politischen Konsultativkonferenz des chinesischen Volkes, des Ständigen Ausschusses von dessen Nationalkomitee. (Diese Konferenz ist das beratende Nebenparlament.)

Epstein war als Journalist ein guter Vermittler der revolutionären Entwicklung Chinas für ein interessiertes Publikum im Westen. Er war einer der zahlreichen Internationalisten, die Solidarität mit der chinesischen Revolution geübt haben. Sozialisten und Kommunisten aus vielen Ländern waren Ende der 1930er Jahre den Chinesen zu Hilfe geeilt: Inder, Deutsche, Österreicher, Tschechen, Polen, Kanadier, US-Amerikaner, Libanesen, ein Neuseeländer, zahlreiche jüdische Revolutionäre; manche kamen nach der Niederlage der Republikaner aus Spanien. Eine Geschichte dieser Freiwilligen ist vor kurzem erschienen (siehe Bergmann 2009).

Nach dem Irrweg der Verfolgungen in der »Kulturrevolution« haben die chinesischen Kommunisten ihre alte politische Kultur wieder aufgenommen. Anlässlich des Internationalen Frauentages gab die Regierung am 8. März 1973 einen Empfang für ausländische Intellektuelle in der Großen Halle des Volkes, unter ihnen vor allem solche, die gerade aus politischer Haft entlassen worden waren. Zhou Enlai entschuldigte sich in seiner Rede bei den Ausländern.

Nach der Kulturrevolution war er in seine führenden Funktionen wieder eingesetzt worden und war aktiv in diesen. In der Politischen Konsultativkonferenz schlug er z.B. die Schaffung eines Museums moderner europäischer Kunst vor, das bis dahin in Beijing fehlte. Er war öffentlich rehabilitiert und wurde mehrfach geehrt; zu seinen Geburtstagen kamen die führenden KP-Funktionäre, die auch alle zu der Trauerfeier nach seinem Tode kamen. Alle diese Ehrungen beeinflussten sein Verhalten überhaupt nicht; er war und blieb einfach, ansprechbar, offen. So war auch seine Witwe Wanbi, die ich nach seinem Tode wieder besuchte und die mir Material und Hinweise für meine Arbeit über die Freiwilligen gab, die aus vielen Ländern 1939 nach China eilten, um den Kommunisten im Krieg gegen Japan und im Bürgerkrieg gegen die Guomindang zu helfen.

Israel Epstein, schon im Rollstuhl, liebevoll umsorgt von seiner Frau Wanbi und einer Helferin, bekam eine größere Wohnung in einem Haus mit Fahrstuhl. Ministerpräsident Wen Jiabao und Präsident Hu Jintao besuchten ihn noch zu seinem 90. Geburtstag in seiner Wohnung. Sein Grab ist auf dem Friedhof der Revolutionäre Babaoshan in Beijing.

Das Paar war gastfreundlich, die Gespräche waren offen. Bis zuletzt blieb Israel Epstein kritisch, selbstkritisch, humorvoll, konzentriert, neugierig auf die Ereignisse in der internationalen Arbeiterbewegung, freimütig im politischen Gespräch. Er sprach, las und schrieb Chinesisch, Englisch, Russisch und Jiddisch. Wer Gelegenheit hatte, ihn kennenzulernen, wird ihn als einen chinesisch-jüdischen Internationalisten und Kommunisten in Erinnerung behalten.

Nachruf auf einen Internationalisten

Am 26. Mai 2006 verstarb in Beijing Israel Epstein kurz nach seinem 90. Geburtstag. Er war ein Zeitzeuge für den traditionellen Internationalismus der Arbeiterbewegung. Epstein, in China oft Eppy genannt, wurde am 20. April 1915 in Warschau geboren als Sohn eines aktiven Bundisten aus Wilna. Der Vater wurde im zaristischen Russland inhaftiert, die

Zentralkomitee der China Defence League in Hongkong 1938. Israel Epstein, Deng Wenzhao, Liao Mengxing, Song Qingling, Hilda Selwyn-Clarke, Norman France und Liao Chengzhi.

Mutter einmal nach Sibirien verbannt. 1916 wanderte die Familie nach Japan aus und ging von dort 1920 nach China; dort wuchs der Junge auf. Hier, so Epstein, »wurden die Juden nicht mit Vorurteilen empfangen«. Hier sah er auch Armut und koloniale Ausbeutung, sodass er bald die Überzeugung des Vaters annahm, der ihm gesagt hatte: »Wir Juden werden diskriminiert; wir sollten kein anderes Volk diskriminieren.« Schon als junger Mensch begann er, als Journalist für eine englischsprachige chinesische Zeitung zu schreiben. Edgar Snow führte ihn bei den chinesischen Kommunisten ein. Mit 20 nahm er an der Studentenbewegung des 9. Dezember teil, die einer der Vorläufer der chinesischen Revolution war. Von 1937 an berichtete er über den Kampf der Roten Armeen gegen die japanische Invasion, manchmal an der Front unter Lebensgefahr. Zuerst in Shanghai, dann in Guangzhou (Kanton) arbeitete er mit Song Qingling zusammen, der Witwe von Sun Yatsen, die dafür sorgte, dass die Roten Armeen wenigstens einen Teil der US-Hilfslieferungen bekamen.

Walter Fabian

Zum ersten Mal traf ich Walter Fabian 1963; zum 100. Jahrestag des Erscheinens des *Kapital Band 1* hatte Irving Fetscher eine wissenschaftliche Konferenz in Frankfurt organisiert. Mein Referat befasste sich mit der marxistischen Agrarpolitik damals und heute. Offenbar hatte mein Referat Walter Fabian

Walter Fabian (24.8.1902-15.2.1992) mit Delegierten des Gewerkschaftstages der IG Druck und Papier 1971 in Nürnberg (links stehend)

gefallen; daher sprach er mich an und forderte mich auf, mal für die *Gewerkschaftlichen Monatshefte* zu schreiben, deren Chefredakteur er war. Wir fanden gemeinsame Interessen; er war einer der Initiatoren der Hilfsaktion Vietnam, die wir regelmäßig unterstützten. Die Vietnamhilfe finanzierte u.a. ein Krankenhaus in Vietnam.

Er trat für eine Aussöhnung mit dem von Kommunisten regierten Polen ein – im Gegensatz zur Bonner Politik, die noch immer die Ergebnisse des Zweiten Weltkrieges nicht anerkennen wollte. Also konnte ich über die polnischen Reformkommunisten berichten und über mein Fachgebiet Entwicklungspolitik aus marxistischer Sicht. Gelegentlich besuchte ich ihn in Köln-Mülheim; wir diskutierten über deutsche Innen- und Außenpolitik. Schon in der ersten Republik hatte er sich in Wort und Schrift gegen den deutschen Militarismus und Imperialismus gewandt und gegen seine verlogene Propaganda angeschrieben.

Der Sieg der Israelis im Sechstagekrieg 1967 spaltete die deutsche Linke: Ein großer Teil der Studenten wendete sich schnell von der bisherigen bedingungslosen Sympathie und Solidarität mit den Überlebenden des Holocaust zu einer ebenso bedingungslosen Solidarität mit den besiegten Palästinensern.

Walter Fabian gehörte zur anderen Strömung, die Israels Existenzrecht weiterhin anerkannte, das Überleben des jungen Staates in der existenzgefährdenden Auseinandersetzung begrüßte und auf eine schnelle Rückgabe der nun besetzten Gebiete hoffte. Diese Hoffnung hatte auch Israels politische Führung nach dem Sieg ausgesprochen.

In einem Leitartikel in den *Gewerkschaftlichen Monatsheften* durfte ich meine internationalistische Position erläutern. Diese gipfelte in einem Appell an die Sozialisten, besonders die in beiden deutschen Staaten, nicht Öl ins Feuer zu gießen, sondern nach Möglichkeit Brücken zwischen den Werktätigen beider Völker zu bauen.

Der DGB-Vorstand geriet in Schwierigkeiten, weil er der israelischen Schwesterorganisation zwei Millionen DM schenken wollte; dagegen wandte sich eine lautstarke Opposition. Da kam dem DGB-Vorsitzenden Ludwig Rosenberg mein Artikel sehr zu pass; er bestellte 2.000 Sonderdrucke, die er an Gewerkschaftsfunktionäre verteilen ließ.

Im Prager Frühling 1968 fanden wir auch eine gemeinsame Position. Walter Fabian protestierte gegen den Einmarsch der Armeen der sozialistischen Nachbarländer. Unser kleines Stuttgarter Komitee lud ihn daher als Redner zu unserer großen Protestveranstaltung im Auditorium maximum der Universität ein. Fabians Referat wandte sich gegen den Einmarsch, der eine große Hoffnung niederwalzte und damit der Entwicklung der sozialistischen Länder und dem Ansehen der kommunistischen Bewegung schade.

Wenn ich nach Norden fuhr, besuchte ich ihn immer wieder in Köln zu einem intensiven Gedankenaustausch, für den ein undogmatischer Marxismus die gemeinsame Grundlage bildete.

▣▣▣▣▣▣ **Lebensdaten:** *Walter Fabian* wurde am 24. August 1902 in Berlin geboren. 1920 begann er ein vielseitiges Studium (Philosophie, Ökonomie, Geschichte und Pädagogik) an mehreren Universitäten. 1924 wurde er zum Dr. phil. promoviert. Bereits als Student begann er, für die SPD-Presse zu schreiben. 1924 trat er der SPD bei. 1925 wurde er Redakteur der SPD-Zeitung *Volksstimme* in Chemnitz und gehörte zum Bezirksvorstand der Partei. Fabian war ein radikaler Pazifist und Gegner der Koalitionspolitik der SPD und gehörte zu ihrem linken Flügel. Schon 1924 hatte er eine wichtige Broschüre über die Kriegsschuld der deutschen Regierung veröffentlicht. Er gab u.a. die *Sozialistische Information* heraus, in der er die Politik des Parteivorstandes kritisierte. Da er sich weigerte, seine Publikation einzustellen, um die sich viele junge Sozialdemokraten sammelten, wurde er im September 1931 aus der SPD ausgeschlossen – in der Ausschlusswelle gegen 15 Abgeordnete, die gegen die Rüstungspolitik ihrer Partei opponierten (Kurt Rosenfeld, Max Seydewitz, Heinrich Ströbel u.a.). Seine Anhänger, der größte Teil der ostsächsischen SAJ, gingen mit ihm zur neugegründeten SAP, in der er in führende Funktionen gewählt wurde. Er wurde Bezirksvorsitzender in Ostsachsen, einer Hochburg der Partei, im März 1932 Mitglied des Parteivorstands, dann Redakteur der zentralen Tageszeitung *Sozialistische Arbeiterzeitung.*

Auf dem bereits illegalen Parteitag im März 1933 wurde er wieder in den Vorstand gewählt. Seit dem Reichstagsbrand (27. Februar 1933) lebte er illegal, wurde Kopf der Reichsleitung bis zu seiner Flucht nach Prag im Januar 1935. Von dort ging er nach Paris und wurde Mitglied der SAP-Führung im Exil. Fabian und seine Freunde wandten sich etwa ab 1937 aufgrund der spanischen Erfahrungen gegen die von Jacob Walcher betriebene Mitarbeit in der Volksfront und dessen fast unkritische Haltung gegenüber der Stalin-Politik. Er und seine Freunde kritisierten auch die Moskauer Prozesse und wurden 1937 aus der SAP ausgeschlossen.

Nach Kriegsbeginn war Fabian zuerst interniert, musste sich dann der Fremdenlegion anschließen, um der Auslieferung an Hitlerdeutschland zu entgehen, wurde aber bald demobilisiert und konnte von Südfrankreich in die Schweiz fliehen. Aus einem Flüchtlingslager entlassen, wurde er wieder journalistisch und als Übersetzer tätig. Nach Kriegsende begann er, für deutsche Zeitungen zu schreiben. 1957 kehrte er in die BRD zurück und wurde Chefredakteur der *Gewerkschaftlichen Monatshefte*, die vom DGB-Vorstand herausgegeben wurden. Da er sich gegen jede Bevormundung wehrte, kam es zum Konflikt: 1970 schied er aus der Redaktion aus. Während viele ehemalige SAP-Mitglieder sich der reformistischen Politik der Führung von SPD und Gewerkschaften anschlossen, blieb Walter Fabian linker Sozialist und der SPD fern. Er unterstützte die Friedensbewegung, opponierte gegen den Vietnam-Krieg und gegen die revanchistische Ostpolitik der Bundesregierung. Er organisierte Solidaritätshilfe für Vietnam und warb für Verständigung mit dem sozialistischen Polen. Er war ferner aktiv in der Deutschen Journalisten-Union (in der IG Druck und Papier) und in der Humanistischen Union. Er sympathisierte mit den kommunistischen Reformern in Prag. Seit 1966 lehrte er als Professor für Pädagogik (insbesondere Erwachsenenbildung) an der Universität Frankfurt. Nach dem Sechstagekrieg 1967 wandte er sich gegen die israelfeindliche Position des SDS und anderer linker Organisationen und warb für kritische Solidarität mit Israel. In seinen letzten Lebensjahren arbeitete er journalistisch, auch für den Rundfunk.

Er war verheiratet mit der Journalistin Dr. Annemarie Fabian und starb am 15. Februar 1992 in Köln.

Quellen: u.a. http://de.wikipedia.org/wiki/Walter_Fabian

Helmut und Brigitte Gollwitzer

Zusammen mit meinen Freunden an der Universität Hohenheim hatten wir einen Arbeitskreis Politische Bildung organisiert. Dazu gehörten Helmut Arnold, wohl der Initiator, Hartmut Albrecht, Ekkehard Henschke, G. Scherhorn, zeitweise auch Frau L. Blosser-Reissen und Uschi Eid. Wir wollten als Kontrast zum überaus konformistischen (staatsbraven) Studium Generale den StudentInnen wichtige politische Themen nahe bringen. Wir hörten Vorträge von Prof. Dr. Helga Grebing, Prof. Dr. Wippermann, Prof. Dr. Helmut

29.12.1908-17.-19.1993

Gollwitzer u.a. Der Vortrag von Helmut Gollwitzer war sicher ein Höhepunkt unserer Aktivität, die vom Unipräsidenten Prof. George Turner sehr genau beobachtet und offensichtlich gar nicht geschätzt wurde.

Der große Hörsaal im Biogebäude war überfüllt; viele saßen auf den Stufen oder standen an den Wänden. Meine Freunde hatten mich beauftragt, den Abend zu moderieren. Ich stellte den Referenten des Abends vor; er bedankte sich und bemerkte eingangs, dass er zwar im Gegensatz zu Theodor Bergmann gläubig sei; ansonsten sei er aber diesem sehr nahe und »beinahe auch Marxist«. In seinem klaren Vortrag begründete er, warum er Sozialist sei. Es folgten viele Fragen, die der alte Mann geduldig und tolerant beantwortete. Nach über zwei Stunden schlossen wir die Veranstaltung. Anschließend aßen wir eine Kleinigkeit in der »Garbe«. Einige StudentInnen waren mit uns gegangen, weil sie noch weitere Fragen hatten.

Als alle Fragen erschöpft waren, ging es um die Übernachtung. Helmut Gollwitzer wollte uns die Hotelkosten ersparen und den Betrag für die Vietnam- oder Kubahilfe spenden, wenn wir für ihn und seine Frau ein einfaches Privatquartier hätten. Ich lud die beiden in unsere Dreizimmerwohnung ein, wo sie ein Zimmer bekämen; meine Frau würde sich freuen, sie kennenzulernen. Ein Kollege brachte uns in den Asemwald. Es wurde eine lange Nacht – bis um halb drei morgens. Der Inhalt des Gesprächs und die Eindrücke blieben unvergesslich. Zwei hellwache freundliche Gesichter, er wohl etwas älter als sie; beide über 60; er ein kahler Kopf, sie noch dunkles Haar. Wir tranken Tee; es gab etwas Obst.

Helmut und Brigitte Gollwitzer (geb. Freudenberg, 1922-1986) sprachen zuerst über das gefährdete Israel. Das Land und alle seine Bewohner brauchten den Frieden und die Sicherheit, dass nach Auschwitz niemand mehr das Existenzrecht bestreite. Dann sollte die Okkupation möglichst bald beendet und ein Staat der Palästinenser gegründet werden. Einen solchen Weg sollten Sozialisten unterstützen. – In dieser Frage gab es keine Meinungsverschiedenheiten. Ich erinnere mich seiner mutigen Stellungnahme von 1967, als die deutsche Linke sich spaltete und viele, besonders in dem von uns unterstützten SDS, eine einseitige anti-israelische Position bezogen und manche gar Israel als faschistisch oder imperialistisch bezeichneten.

Dann ging es um die Linke in Deutschland, um die 68er-Bewegung, um Rudi Dutschke und um die RAF. Gollwitzer hatte die Studentenrevolte kritisch unterstützt, auch die Hausbesetzungen jener Zeit. Als Rudi Dutschke an den Spätfolgen seiner schweren Verletzung starb, hat er ein Grab auf dem Friedhof seiner Gemeinde in Berlin-Dahlem durchgesetzt. Die Gemeinde wollte das nicht, weil das Grab wohl von niemandem gepflegt würde. Jetzt aber kämen regelmäßig junge Menschen und es sei das gepflegteste Grab. (Beim Begräbnis waren meine Frau und ich in Berlin und nahmen an der Beisetzung und der religiösen Zeremonie teil. Horst Mahler, damals noch kein NPD-Anwalt, kam für einen Tag aus der Haft frei, um an der Beisetzung teilzunehmen. Zwei Polizisten begleiteten ihn.)

Über die RAF sprach Gollwitzer sehr kritisch. Die einzige wirklich Politische in der Gruppe sei Ulrike Meinhof gewesen; sie sei eher aus falsch verstandener Solidarität in die RAF hineingeraten und mitgefangen worden. Über Andreas Baader konnte er kein lobendes Wort finden; er sei politisch nicht klug gewesen und auch in der Gruppe intolerant, kein geistig und menschlich führender, kein überlegener und überlegender Kopf. Im Hochsicherheitsgefängnis in Stuttgart-Stammheim habe er sich gegen Ulrike Meinhof sehr unsolidarisch verhalten; sie habe wohl deshalb vor den anderen vier Häftlingen Selbstmord gegangen.

Mir lag am Herzen, Gollwitzers Meinung zu erfahren, ob der Tod von drei der vier Stammheim-Häftlinge Selbstmord war oder von Staats wegen ausgeführt worden ist. Er war nach allen Indizien und nach dem zeitlichen Ablauf der Ereignisse von Selbstmord überzeugt. Er missbilligte die verschärfte Haltung der Bundesregierung und die von dem damaligen Innenminister Dietrich Genscher organisierte Hysterie, aber ebenso sah er den individuellen Terror der RAF als politisch kontraproduktiv. Diese habe sich von den Versuchen, sie zur Vernunft zurückzuführen, nicht beeindrucken und nicht überzeugen lassen; sie hatten nicht mehr zugehört, als Dr. Gustav Heinemann sie ansprechen wollte, als der alte, fast blinde Jean-Paul Sartre nach Stammheim kam und als Renate Riemeck zur Besinnung raten wollte. Und die Rechtsanwälte, die damals so radikal redeten und sich nachher total wandelten, wie Otto Schily, hätten ihre Fürsorge- und Beratungspflicht für die isolierten Häftlinge nicht wahrgenommen.

Wir richteten unseren lieben Gästen die Nachtlager. Nach einigen Stunden guten Schlafs und einem gemeinsamen Frühstück nahmen sie Abschied. Wir hätten sie gern noch einmal gesehen.

Gollwitzer hatte in allen gesellschaftskritischen Positionen und Aktivitäten seine eigene Note. Er arbeitete in der Bekennenden Kirche gegen die nationalsozialistische Herrschaft, lehnte aber ihren Antijudaismus ab. Für ihn bedurften Juden des gleichen Schutzes wie konvertierte Juden. – Er unterstützte die radikalen Studenten, lehnte aber manche ihrer Handlungen ab. Jedoch wurde seine Kapitalismuskritik immer radikaler und näherte sich marxistischen Positionen an.

Lebensdaten: *Helmut Gollwitzer* wurde am 29. Dezember 1908 in Pappenheim (Bayern) geboren. Der Vater Wilhelm G. war evangelischer Pfarrer. Helmut war eines von sechs Kindern. Nach dem Abitur 1928 studierte er evangelische Theologie und Philosophie in München, Erlangen, Jena und Bonn (hier bei dem sozialkritischen Theologen Karl Barth). 1932 wird er Vikar in Bayern und arbeitet an der Dissertation.

1934-36 ist er Schlossprediger und Erzieher bei Prinz Heinrich Reuss, Anhänger der Bekennenden Kirche (die den Faschismus ablehnt im Gegensatz zur offiziellen protestantischen Kirche, die den Faschismus aktiv unterstützt). 1936 beginnt er, kritische Theologen in Thüringen auszubilden, wird aber von der Gestapo ausgewiesen. 1937 wird er in Basel bei Karl Barth promoviert. Er wird Pfarrer der Bekennenden Kirche in Berlin-Dahlem als Vertreter des verhafteten Martin Niemöller. 1938 wird er ferner Dozent der Hochschule der Bekennenden Kirche und gründet zusammen mit Heinrich Grüber ein Büro zur Betreuung »nichtarischer« Protestanten.

1940 lernt er die »nichtarische« evangelische Schauspielerin Eva Bildt kennen und verlobt sich mit ihr. Er erhält Redeverbot für das Deutsche Reich, wird aus Berlin ausgewiesen und zur Wehrmacht einberufen, erst als Infanterist und dann, da er den Dienst mit der Waffe ablehnt, als Sanitäter. Er dient an der West- und an der Ostfront. Auch als Soldat bleibt Gollwitzer bemüht, seine Gemeinde und seine Braut zu betreuen und aufzumuntern. Ein Versuch der Bildt-Familie, in die Schweiz überzusiedeln, scheitert. Nach dem Tod von Mutter Bildt stirbt Eva Bildt 1945 beim Suizidversuch, der Vater überlebt.

1949 kehrt Gollwitzer aus russischer Kriegsgefangenschaft zurück und erfährt zum ersten Mal von Eva Bildts Freitod. Von 1950 bis 1957 ist er Theologieprofessor in Bonn. 1950 beginnt eine enge Freundschaft mit Dr. Gustav Heinemann; sie kämpfen gegen Remilitarisierung, Notstandsgesetze und Vietnamkrieg. 1951 heiratet er die »Nichtarierin« Brigitte Freudenberg aus dem Kreis der Bekennenden Kirche. 1957-75 ist er Professor an der FU Berlin und an der Kirchlichen Hochschule. 1958 reist er zum ersten Mal nach Israel und gründet 1960 die Arbeitsgemeinschaft »Christen und Juden« beim Evangelischen Kirchentag. Die Schweizer Behörden verhindern 1961 seine Berufung als Nachfolger von Karl Barth in Basel – wegen seiner »unklaren« Einstellung zum Kommunismus. 1967 ist er beteiligt an der Solidaritätsaktion marxistischer Intellektueller für das gefährdete Israel (zusammen mit Ernst Bloch, Rolf Rendtorff, Walter Fabian u.a.). 1968 unterstützt Gollwitzer die Studentenproteste gegen den Schah-Besuch und später die Hausbesetzer, bleibt aber kritisch gegenüber ihren »Kampfformen«. 1976 hält er die Trauerreden für Ulrike Meinhof und Dr. Gustav Heinemann, 1979 für Rudi Dutschke, der auf dem Dahlemer Friedhof begraben wird. In den 1980er Jahren ist er aktiv in der Friedensbewegung, nimmt an der Blockade in Mutlangen teil und wird dafür verurteilt.

Am 1. Oktober 1986 stirbt seine Frau Brigitte, am 17. Oktober 1993 stirbt Helmut Gollwitzer. Er wird in Dahlem beigesetzt. Gollwitzer erhielt zahlreiche Auszeichnungen, u.a. die Buber-Rosenzweig-Medaille, die Carl-von-Ossietzky-Medaille und die Ernst-Reuter-Plakette.

(Nach einer Zusammenstellung von Ekkehard Henschke)

Helmut Gollwitzer über seine Motivation:

Als Antwort an alle Gratulanten zu seinem 75. Geburtstag am 29. Dezember 1983 schrieb Gollwitzer am 22. Januar 1984 u.a.:

»Was hebt sich im Rückblick heraus? Was treibt mich um, heute wie gestern? Manche wird es verwundern, manche nicht. ›Auschwitz‹, d.h. alles, was mit diesem Worte angedeutet ist. Buchstäblich kein Tag ist in diesen Jahrzehnten vergangen, in die Ängste, Qualen und Erniedrigungen der Juden durch unser Volk nicht vor Augen getreten sind. Dass ich die überlebte, die nicht überlebt haben, das lag nicht nur an göttlicher Bewahrung bei dem, was ich getan habe, sondern auch an dem, was ich nicht getan habe. Die Juden waren in diesen Jahren real das kreuztragende Gottesvolk, und wir, die kreuzpredigende Gottesgemeinde, waren zugleich die kreuzvermeidende Gemeinde. Dieser Widerspruch trieb mich ins theologische Nachdenken und in die praktische Solidarität mit Israel.

Dazu tritt Hiroshima: kein Tag, an dem das nicht als immer bedrohlicher werdende Gegenwart bewusst wird. Und dazu die global weiterrasende kapitalistische Revolution, die die Lebensbedingungen von Millionen Menschen zerstört und uns ›Global 2000‹ immer näher bringt.

Das wurde mir der Horizont für Kirche und Theologie. Unverständlich ein Christ sein und eine Theologie in Absehung davon, eine Theologie de luxe.

Eine Christenheit, die sich den Lemmingen und ihren Führungen, die jede Zeitung uns zumeist tief unter dem Niveau der Forderung des Tages zeigt, entgegenstellt – daran wollte und will ich mitarbeiten. Heute, on the Day Before, damit the Day After nicht Wirklichkeit werde. Dass so viel Jüngere in der gleichen Richtung aufgebrochen sind, das erleichtert ungemein den Vorblick auf die Grenze des Mitwirkenkönnens und des eigenen Lebens.«

Eduard Goldstücker

Eduard Goldstücker gehörte schon vor dem Zweiten Weltkrieg zur kommunistischen Bewegung der Tschechoslowakei; er musste am eigenen Leib die Höhen und Tiefen der kommunistischen Bewegung erleben; als geistiger Wegbereiter und Sprecher der Reformkommunisten hat er eine führende Rolle im Prager Frühling 1968 gespielt. Und nach allen bitteren Erfahrungen, zweimaligem Exil und dem Ende des Stalinismus in Prag blieb er Sozialist bis zum letzten Tag.

30.5.1913-23.10.2000

Mein Prager Cousin sprach öfter von Goldstücker, von dem er annahm, dass eine etwas entfernte Verwandtschaft bestünde. Goldstücker musste 1968 zum zweiten Mal das Land verlassen, nachdem der hoffnungsvolle Prager Frühling von der Roten Armee und ihren Verbündeten niedergewalzt worden war. Mein Cousin, hoch dekorierter Offizier der von Ludvik Svoboda geführten tschechoslowakischen Armee im Zweiten Weltkrieg, konnte in Prag bleiben, wenn auch als Arbeitsloser. Er gab mir Goldstückers Adresse für den Fall, dass ich einmal nach England kommen sollte.

Anfang der 1970er Jahre – der Jahreszahl bin ich nicht mehr sicher – war ich zu einem Vortrag über agrarische Entwicklungspolitik an der Universität Brighton eingeladen, an der Goldstücker als Gastprofessor lehrte. Diese Gelegenheit ließ ich mir nicht entgehen, den berühmten Mann kennenzulernen. Über sein Gastland und seine Atmosphäre der Toleranz hatte er nur Gutes zu sagen; ohne große bürokratische Hindernisse war er wieder aufgenommen worden, hatte gute Arbeitsbedingungen. Ein paar Witze galten dem ewigen Regenwetter. Es schmerzte ihn, dass die große Chance, die im kommunistischen Reformversuch von 1968 gelegen hatte, durch eine engstirnige Führung in Moskau vertan worden war; dem Ansehen und der Zukunft des sozialistischen Aufbaus war schwerer Schaden zugefügt worden.

Es schmerzte ihn auch, dass es zu seinen zwei Töchtern in Prag keine Verbindung gab. Über die BRD sprach er nicht viel; es wurde mehr ein Rundgang durch die Weltpolitik und den Zustand der zerstrittenen kommunistischen Weltbewegung. Trotz aller Rückschläge – politisch und persönlich – war ihm sein Humor geblieben.

Nach dem Ende der sozialistischen Bevormundung und dem Zusammenbruch des Realsozialismus in der ČSSR 1989 konnte er bald zurückkehren. Er wurde wieder Professor für Literatur an der Prager Karls-Universität, wurde aber nicht mehr politisch aktiv; er konnte sich nicht dafür begeistern, dass auch viele »Reformer« der bürgerlichen Restauration den Weg bereiteten. Wie andere führende Reformkommunisten von 1968 blieb er am Rande der politischen Entwicklung. Die Führung übernahmen jetzt Menschen, die 1968 keine Aktivisten der sozialistischen Reform gewesen waren und jetzt zum Kapitalismus zurück wollten.

Nun konnte ich ohne Schwierigkeiten nach Prag reisen und Verwandte und Freunde treffen. Eduard Goldstücker hatte eine Wohnung in einem Neubau im neuen Stadtteil Novy Barandov bekommen, wo ich ihn besuchen konnte. Auch im hohen Alter war er nicht gebeugt, das Haar schon etwas schütter, ein freundlicher, offener Blick. Er sprach konzentriert, in jeder ihm geläufigen Sprache fehlerfrei. Seine Frau Martha war gestorben. Die zwei Töchter – beide in Prag – waren in ständigem Kontakt mit ihm.

Die Wohnung war voller Bücher, auch in den Ecken stapelten sie sich. Dort wurde wieder über unsere Perspektiven diskutiert. Er meinte, nachdem die Chance von 1968 vertan war, dass es nun eine ganze Weile dauern würde bis zur nächsten Chance. Er las viel, ging in Antiquariate, gab ab und zu Interviews, wollte seine Erinnerungen für eine Neuauflage überarbeiten. Die erste Fassung war auch in der BRD erschienen (Goldstücker 1989). Bis zuletzt war er damit beschäftigt; aber seine Kräfte ließen nach; diese Arbeit musste eine seiner zwei Töchter vollenden.

Er war ein aufmerksamer Gastgeber: In einem Prager Antiquariat hatte er eine Broschüre mit Heinrich Brandlers Rede auf dem Reichsbetriebsrätekongress 1920 gefunden. Diese erwarb er und schenkte sie mir.

Einige Male trafen wir uns in dem alten Prager Restaurant U Valentina; da war auch Lenka Reinerova (1916-2008), die letzte aus dem Kreise der Prager linken Schriftsteller, die zweisprachig dachten und schrieben. Auch dieses Stück der deutschen und der Weltkultur hat der deutsche Faschismus mit seinen Stiefeln und seinen Lagern zerstört. Goldstücker und Reinerova waren wohl die letzten dieser schreibenden Intellektuellen.

1999 hatte ich eine Studienfahrt nach China gemacht; von dort hatte ich auch an Goldstücker eine Ansichtskarte gesandt. Kurz danach war ich wieder in Prag und fragte am Telefon, wann ich ihn besuchen dürfte. »Ich danke für die Karte. Kommen Sie bitte nicht; es geht mir schlecht. Ihre Arbeit ist wichtig; machen Sie weiter!« Das war unser letztes Gespräch. Zwei Tage später starb er.

Ein Leben für den Sozialismus war in aller Stille zu Ende gegangen. Er war eine beeindruckende Persönlichkeit in der tschechoslowakischen sozialistischen Bewegung, aufrecht in allen Widrigkeiten, deren er genügend erlebt hatte in der wechselvollen Geschichte seines Landes und seiner Partei. Diese Triumphe und Abstürze zeigen sich in seinem persönlichen Schicksal: Wichtige staatliche und berufliche Funktionen, die manches bewirkt haben in der Außenpolitik und im akademischen Bereich, immer wieder Versuche der Öffnung, Prinzipienfestigkeit, sozialistische Überzeugung und zugleich Toleranz und Aufgeschlossenheit gegenüber den kulturellen Leistungen bürgerlicher Intellektueller. Auch fünf Jahre Zwangsarbeit im Uranbergbau bei Jáchymow haben seine sozialistische Überzeugung und seine Hoffnung auf eine Überwindung der Fehler der kommunistischen Bewegung nicht erschüttern können. Aber er sagte, das würde er nicht mehr erleben.

In einem Interview im Jahre 1997 urteilte er abgewogen über den Realsozialismus und übte harte Kritik an der Entwicklung nach 1989. Auf die Frage, ob er für einen »Dritten Weg« eintrete, antwortete er: »Es ist egal, wie sie das benennen. Ich denke, die, die in den Kampf mit der Losung einer Marktwirtschaft gezogen sind, sollten der Gesellschaft Zeit geben, Atem zu schöpfen, damit es überhaupt möglich ist, irgendein Kapital zu sammeln und nicht das wenige, das wir hatten, stehlen zu lassen. Einen armen Staat transformieren heißt im wesentlichen, diesen zu liquidieren. Was ist in den letzten acht Jahren geschehen? Alles, was im Kommunismus entstanden ist, wurde als schlecht bezeichnet. Die Geschichte wurde gefälscht, in einen Sack wurden alle Kommunisten, Typen wie Bilak und Dubček, geworfen, das System der Sozialfürsorge wurde abgebaut, das System der unentgeltlichen Gesundheitsfürsorge, der Wohnungsbau usw. Die Moral, die von der Klausregierung den Bürgern angeboten wurde, kann in einen Satz zusammengefasst werden: Nehmt auf niemanden Rücksicht und bereichert euch auf eigene Faust! Einst hörte ich in England Frau Thatcher praktisch dasselbe sagen. Sie ließ sich damals auf einen Jahrestag der schottischen Kirche einladen und hat dort ihre Philosophie vorgetragen. Wort für Wort merke ich mir, was sie gesagt hat: ›Es existiert keine Gesellschaft. Es existieren nur einzelne Persönlichkeiten. Und Aufgabe dieser Persönlichkeiten ist Reichtum zu schaffen. Wenn sie viel schaffen, kann ein Teil davon an die Nächsten verteilt werden, die ungenügend erfolgreich waren.‹ Mit anderen Worten: Sozialfürsorge ist Unsinn, kehren wir zum mittelalterlichen

Almosengeld zurück. Und das ist die Philosophie, die Klaus mit Freuden übernommen hat.« (aus: *Pravo*, 29. Dezember 1997)

██████████ **Lebensdaten:** *Eduard Goldstücker* wurde am 30. Mai 1913 in dem slowakischen Karpatendorf Podbiel geboren. Nach dem Schulbesuch studierte er in Prag deutsche Sprache und Literatur. 1936 trat er der KPC bei. Von 1936-38 war er Sekretär der Liga für Menschenrechte. 1939 musste er die ČSR verlassen und floh mit seiner Frau Martha über Polen und Schweden nach England. Dort gab er die Zeitschrift *Mladé Ceskoslovensko* heraus. 1943-1944 arbeitete er im Außenministerium der tschechoslowakischen Exilregierung in London. 1944-1945 war er Kulturattaché der ČSR-Botschaft in Paris. Im Mai 1945 konnte er in die ČSR zurückkehren und arbeitete im Prager Außenministerium von Juni 1945 bis Juni 1947. Danach war er bis August 1949 Attaché in London. Vom August 1949 bis März 1951 war er Gesandter in Israel, danach vier Monate Gesandter in Schweden.

Er wurde abgesetzt, zur Rückkehr gerufen, im Dezember 1951 verhaftet, nach 18 Monaten Isolationshaft »wegen trotzkistisch-zionistischer Verschwörung« im Mai 1953 im Slánský-Prozess zu lebenslänglichem Zuchthaus verurteilt; zeitweise leistete er Zwangsarbeit im Uranbergbau in Jáchymov (Joachimstal, Nordböhmen). 1955 wurde er befreit. Ab Januar 1956 war er Dozent für Germanistik an der Prager Karls-Universität und von 1963-1969 Ordinarius, ab 1966 auch Prorektor der Universität. Im Mai 1963 initiierte er die Konferenz über Franz Kafka in Liblice. 1968 war er einer der führenden Sprecher des Prager Frühlings, des tschechoslowakischen kommunistischen Reformversuchs. Im Januar 1968 wurde er zum Präsidenten des Schriftstellerverbandes gewählt und war Abgeordneter der Nationalversammlung. Nach dem Einmarsch der Armeen der fünf Bruderländer am 21. August 1968 musste er erneut sein Land verlassen; er ging mit seiner Frau über Wien nach England.

In seinem zweiten britischen Exil wurde er 1969 Gastprofessor der University of Sussex in Brighton, 1971-78 Professor bis zur Emeritierung.

In der ČSSR wurde ihm im November 1969 sein Abgeordnetenmandat aberkannt, im April 1970 wurde er aus der KPC ausgeschlossen. 1974 wurde er ausgebürgert. 1991 kehrte er als Rentner nach Prag zurück. Er veröffentlichte seine Erinnerungen auf Deutsch, schrieb Artikel, hielt Vorträge in der ČSR und im Ausland. Kurz vor seinem Tode gab er ein Interview im Deutschlandfunk. Am Ende wünschte er sich das von Maurice Ravel vertonte Kaddisch, das hebräische Totengebet, für seine im Holocaust ermordeten Verwandten und fügte – mit einer Vorahnung – hinzu »ein wenig auch für uns«. Er starb am 15. Oktober 2000.

Swetlana Nikolajewna Gurvich-Bucharina

Meine Freunde und ich planten zum 100. Geburtstag und 50. Jahrestag der Ermordung von Nikolai
I. Bucharin eine internationale wissenschaftliche
Konferenz, die vom 10. bis 13. Oktober 1988 in
Wuppertal stattfand.
Wir hatten Bucharins Witwe Anna M. Larina
und seine Tochter Swetlana eingeladen. Anna Larina fühlte sich zu alt (und meinte vielleicht auch,
auf einer solchen Konferenz fehl am Platze zu
sein). Swetlana kam und brachte einen interessanten historischen Beitrag über ihren Vater mit.
Ihr Thema war Bucharins politisches Vermächt-

24.6.1924-10.4.2003

nis, sein Vortrag in Paris im Jahre 1936. Sie trug ihr Referat auf Französisch vor. Sie war zurückhaltend, leise, machte nichts aus sich.

So lernte ich sie kennen, und bei meinen zwei späteren Moskau-Aufent-
halten 1989 und 2002 konnte ich sie besuchen. Mein Freund Alexander Vat-
lin hielt den Kontakt mit ihr (wie mit einigen anderen aus der alten Garde)
und war mein Dolmetscher. Sie bevorzugte nun Russisch, das ich nicht be-
herrsche. Sie lebte in einer kleinen Wohnung von zwei Zimmern in einem
höheren Mietshaus. An den Wänden und auf den Kommoden sah ich einige
Erinnerungsstücke an ihren Vater.

Swetlana war noch stiller geworden als in Wuppertal. Aber auf mein vor-
sichtiges Drängen erzählte sie doch – etwas zögernd – von dem schweren
Leben, das sie und ihre Mutter Esfir Gurvich-Bucharina bis zu deren Tode
geteilt hatten. Als Verwandte Bucharins die Repression zu überleben, war
eine harte Erfahrung. Sie wurde mit der Mutter verbannt.

In der Zeit nach dem XX. Parteitag kamen beide frei, und Swetlana
konnte Geschichte studieren. Sie fand auch eine Arbeit als Historikerin
in dem Historischen Institut der Akademie der Wissenschaften in Moskau. Swetlana befasste sich mit der neuesten Geschichte und sah es als die
ihr gemäße Aufgabe an, zur Rehabilitierung Bucharins als Wissenschaftler beizutragen.

Nach dem Tode ihrer Mutter im Jahre 1996 schien sie mir bei unserem
letzten Treffen vereinsamt, lebte zurückgezogen, aber freute sich über meinen Besuch. Sie starb am 10. April 2003.

■■■■■■ Lebensdaten: *Swetlana Nikolajewna Gurvich* wurde am 24. Juni 1924 in Bucharins zweiter Ehe mit Esfir Issajewa Gurvich in Moskau geboren. Ihre Mutter war Teilnehmerin der Oktoberrevolution. 1932 kam Swetlana in die Schule. 1941 wurde sie zusammen mit ihrer Mutter nach Taschkent evakuiert – zusammen mit dem Institut für Weltwirtschaft und Weltpolitik, in dem die Mutter arbeitete. Nach der Schule begann Swetlana ein Studium am Moskauer Institut für Architektur, das gleichfalls nach Taschkent evakuiert war. 1943 konnte das Institut nach Moskau zurückkehren. Swetlana folgte mit ihrer Mutter im gleichen Jahr. 1944 immatrikulierte sie sich an der Historischen Fakultät der Lomonossow-Universität; dort studierte sie zusammen mit Stalins Tochter. Swetlana wurde 1947 zusammen mit Zoria Serebrjakowa, Tochter des hingerichteten linken Bolschewisten Leonid Serebrjakow, relegiert, durfte aber ein Fernstudium fortsetzen. Sie konnte ihre Diplomarbeit schreiben, es war ihr aber verwehrt, das Staatsexamen abzulegen. Sie wurde in der Nacht vor dem Examen verhaftet und kam in die Lubjanka: »Sie sei ausreichend belastet, da sie die Tochter Bucharins« sei. 1949 wurde sie für fünf Jahre in das Dorf Picktowka im Nowosibirsker Gebiet verbannt. 1952/53 arbeitete sie als Krankenschwester in einem Dorf. Im Herbst 1953 wurde sie amnestiert, aber erst 1956 rehabilitiert.

Swetlanas Mutter wurde 1949 zu zehn Jahren schwerer Lagerhaft verurteilt, die sie im Gebiet Irkutsk verbrachte. Swetlana zog nach ihrer Amnestierung in ihre Nähe – nach Tomsk. Esfir wurde erst 1956 nach dem XX. Parteitag aus dem Lager entlassen.

Swetlana legte ihr Staatsexamen im Sommer 1954 in Gorki ab und erhielt das Diplom als Historikerin. Ihr wurde eine Stelle als Geschichtslehrerin in Tscheljabinsk zugewiesen; später unterrichtete sie in Karbaly an der Grenze zu Kasachstan.

Esfir kehrte 1956 nach Moskau zurück und lebte dort bis zu ihrem Tode 1989. Swetlana bekam Arbeit am Institut für Geschichte der Wissenschaftsakademie. Dort blieb sie von 1960 bis zur Pensionierung 1985. Sie war Autorin einiger wissenschaftlicher Bücher. In den letzten Jahren befasste sie sich überwiegend mit den von ihrem Vater nachgelassenen Schriften.

Quelle: Wladislaw Hedeler, persönliche Mitteilung April 2010.

Erich und Elisabeth Hausen

Die Krisen und großen Niederlagen der deutschen Arbeiterbewegung wirken natürlich auf ihre Anhänger und ihre Funktionäre. Aber die Reaktionen konnten sehr unterschiedlich ausfallen; sie gingen von totalem Pessimismus über zeitweilige Resignation bis

5.2.1900-19.12.1973   *25.12.1906-3.2.2005*

zum »Trotz alledem« nach einer kritischen oder selbstkritischen Analyse der Ursachen und der Perspektiven. Denn: Geschichte ist offen nach rückwärts und vorwärts; es hätte bei klügerer Strategie auch ganz anders kommen können, und es kann (und wird) wieder Siege im Klassenkampf geben.

Erich Hausen hatte die Höhen und Tiefen der kommunistischen Bewegung sehr aktiv miterlebt; er war gelernter Elektriker, KPD-Angestellter, Kandidat des Exekutivkomitees der Komintern, nach 1928 arbeitslos, wieder Elektriker und zum Schluss selbständiger Handwerker gewesen.

Ich kannte ihn; er war mit meinem Bruder Alfred in der Emigration befreundet gewesen. Aber wir kamen uns erst näher, als er wieder aus den USA mit Elisabeth Europareisen unternehmen konnte. Seine politische Zugehörigkeit zur kommunistischen Bewegung in Deutschland war trotz aller Krisen geblieben. Ende 1938 hatte er sich in einem nur psychologisch zu erklärenden Streit in der Pariser Emigration von der KPD-O getrennt. Aber in den USA ging er nicht den antikommunistischen Weg von Jay Lovestone; vielmehr enthielt er sich aktiver politischer Stellungnahmen, wurde wieder Elektriker, jetzt als kleiner selbständiger »Unternehmer« in der Quäker-Gemeinde Swarthmore bei Philadelphia, Pennsylvania.

Es zog ihn immer wieder nach Deutschland, wo er in Breslau, Berlin und Stuttgart politisch gearbeitet hat. Gretel kannte die beiden noch von dieser Zeit – vor 1933, als er politischer Leiter der KPD-O in Württemberg gewesen war. Die beiden wohnten bei uns – wir hatten schon unsere Dreizimmerwohnung bezogen. Es gab ein freudiges Wiedersehen mit den alten Genossen; man erinnerte sich gemeinsamer Arbeit. Erich erzählte ein wenig von seiner gefährlichen illegalen Arbeit nach 1933, von manchen gefährlichen Augenblicken, bei denen man kühlen Kopf bewahren musste. Die in

Deutschland gebliebenen und die emigrierten Genossen hatten ihre Schwierigkeiten, die einen: Haft und Schlimmeres, danach Luftkrieg und Hunger, die anderen: Einwanderungshindernisse, Kampf um Aufenthalts- und Arbeitserlaubnis. Nach allen Mühen hatten Erich und Elisabeth ein Einfamilienhaus erwerben können.

Die beiden hatten Verwandte, er in Weißwasser, Lausitz, sie in Jena, Thüringen. Diese waren nicht vergessen; sie wurden bei jeder Deutschlandreise besucht. Und als es den Hausens in den USA einigermaßen gut ging, unterstützten sie den hiesigen Verwandten recht großzügig. Einigen Verwandten, die nach Nordamerika auswandern wollten, hatten sie geholfen.

Die erste Europareise fiel schon in die Breschnew-Ära, der Reformer Nikita Chruschtschow war abgesetzt, und es ging rückwärts mit den Reformen in der UdSSR. Wir diskutierten die dortige Entwicklung, Erich pessimistisch, ich etwas optimistischer. Die Weltpolitik der USA sahen beide sehr kritisch; aber für eine aktive Rückkehr in die BRD fühlten beide sich zu alt.

Erich starb am 19. Dezember 1975; Elisabeth brachte die Urne zum Begräbnis in seine Geburtsstadt Weißwasser – das war sein Wunsch gewesen. Auf unserer USA-Reise im Jahre 1990 besuchten wir Elisabeth; sie war stark sehbehindert, aber stolz, dass sie ihr Haus noch selbst in bester Ordnung halten und uns aufnehmen konnte. Gretel übernahm ihre Vertrauensaufträge und verteilte alljährlich zum Jahresende ihre »Wiedergutmachungs-Rente« an ihre Verwandten.

Allmählich erblindete sie völlig und musste in ein Altersheim. Eine befreundete jugoslawische Familie sorgte für sie. Solange Elisabeth noch hören konnte, telefonierte ich mit ihr, berichtete auch schriftlich über meine Arbeit und meine Studienreisen. In ihren letzten Lebenswochen ging das nicht mehr. Sie starb am 3. Februar 2005.

Lebensdaten: *Erich Hausen* wurde am 5. Februar 1900 in Muskau (Oberlausitz) geboren. Der Vater Hartmut war Schlosser und Elektriker; Erich wurde Elektromonteur. Im Ersten Weltkrieg musste er als Soldat dienen. Im Januar 1919 kehrte er nach Weißwasser (Lausitz) zurück. Er trat der USPD bei, wurde Ortsvorsitzender, dann Unterbezirksleiter der USP in Weißwasser. Mit der Parteilinken ging er 1920 zur KPD. 1921 wurde er Lokalredakteur der KPD-Zeitung in Cottbus. Auf dem Jenaer Parteitag 1921 wurde er in den ZA gewählt, war Mitglied der BL Lausitz, ab Ende 1922 Polleiter. Auf dem 8. Parteitag 1923 wurde er wieder in den ZA gewählt. Während des Parteiverbots wurde er am 7. Dezember 1923 verhaftet und vom Staatsgerichtshof in Leipzig zu drei Jahren Gefängnis verurteilt. Am 26. August 1925 wurde er entlassen und kehrte nach Weißwasser zurück. Er wurde Sekretär der RHD für Thüringen, 1926 KPD-Polleiter in Schlesien. Auf dem Essener Parteitag 1927 vertrat er zusammen mit Heinrich Galm und Albert Bassüner die Auffassung der »Rechten«, wurde aber noch ZK-Kandidat. 1928 wurde er wegen Aufdeckung der Korruptionsaffäre Thälmann-Wittorf als Polleiter in Schlesien abgesetzt.

Ende November 1928 wurde er vor das EKKI in Moskau geladen und zur Kapitulation aufgefordert; das lehnte er ab. Daher wurde er im Dezember zusammen mit 14 Genossen aus der KPD ausgeschlossen. Bereits am 17. November hatte er die Zeitschrift »Gegen den Strom« gegründet, die ab Januar 1929 zur theoretischen Zeitschrift der KPD-O wurde. 1929 übersiedelte er nach Stuttgart, wurde dort Sekretär der BL der KPD-O für Württemberg und Mitglied der RL. Von Stuttgart aus hielt er Kontakt zu den KPD-O-Gruppen in Schaffhausen und Straßburg.

1931 ging er mit der KPD-O-Mehrheit und lehnte die Verschmelzung mit der SAP ab. Er war aktiver Gewerkschafter und zusammen mit Jacob Walcher und Alfred Albrecht Sprecher der Kommunisten auf den DMV-Kongressen. Am 7. Februar 1933 musste er Stuttgart verlassen und ging über Frankreich nach Berlin; er wurde Polleiter des illegalen BK. Bei einer Auslandsreise wurde er im Sommer 1933 an der thüringischen Grenze verhaftet, jedoch wegen seines französischen Passes abgeschoben. In der Emigration lebte er zuerst in Straßburg, ab 1936 in Troyes, ab 1938 in Vincennes. Bei den Auseinandersetzungen in der Pariser KPD-O-Emigration stellte er sich gegen die Mehrheit und verließ die KPD-O. Bei Kriegsbeginn interniert, wanderte er durch mehrere Lager.

1941 konnte er dank amerikanischer Hilfe in die USA auswandern. Erst nach Ermittlungen, die elf Jahre dauerten, wurde er als Flüchtling anerkannt. Mit seinen politischen Freunden aus der Pariser Minderheitsgruppe beschloss er, jede politische Aktivität einzustellen. Er ging mit Hilfe der Quäker nach Swarthmore, Pennsylvania, und wurde selbständiger Elektromonteur. Hausen hielt Kontakt mit seinen früheren Genossen in Deutschland und besuchte Ost- und Westdeutschland einige Male. Am 19. Dezember 1973 starb er in den USA. Seine Urne wurde nach Europa überführt und in Weißwasser beigesetzt.

▬▬▬▬▬▬ **Lebensdaten:** *Elisabeth Herold* wurde am 25. Dezember 1906 in Jena geboren. Nach der Volksschule besuchte sie 1920-1922 die Fröbelsche Kinderpflegeschule und wurde Kinderpflegerin und Gymnastiklehrerin; danach machte sie in München eine Ausbildung in Gesundheitsgymnastik. 1923 wurde sie Leiterin eines Kinderheimes in Pössneck. 1924 ging sie nach Breslau und arbeitete dort in der Schulkinderpflege. Wegen ihrer Mitgliedschaft im KJVD wurde sie jedoch bald entlassen. Von 1924 bis 1927 arbeitete sie in der KPD-Buchhandlung in Breslau. 1927 bis Anfang 1929 war sie Erzieherin im Arbeiterkinderheim MOPR in Elgersburg/Thüringen. Wieder wurde sie wegen Mitgliedschaft in der KPD-O entlassen. Sie ging nach Stuttgart und arbeitete bis 1933 in der Metallindustrie, danach in einer Steindruckerei in Berlin. 1934 emigrierte sie nach Frankreich, dort arbeitete sie trotz Arbeitsverbot als Putzfrau und Haushaltshilfe bis zur Internierung 1939. Sie konnte mit Erich Hausen in die USA emigrieren. Wieder ohne Arbeitserlaubnis, übernahm sie Gelegenheitsarbeiten in Kunsthandwerk, Kinder- und Krankenpflege, Hausputz, Elektroreparaturen sowie in einer Kleiderfabrik. Sie studierte sechs Abendsemester an der Akademie der schönen Künste im nahen Philadelphia. 1955 wurde sie Kunstlehrerin in Privatschulen. 1956-1965 arbeitete sie im Kindergarten in Swarthmore.

1923 trat sie dem ZdA bei, ging dann zum Gesamtverband der Arbeitnehmer der öffentlichen Betriebe, danach war sie bis 1933 Mitglied im DMV. Sie übernahm auch Gewerkschaftsfunktionen. In den USA war sie zwei Jahre in der Damenschneidergewerkschaft ILGWU.

Von 1921 bis zum Ausschluss Ende 1928 war sie Mitglied der RHD, von 1921 bis 1933 bei den Naturfreunden, seit 1921 im KJVD, in Breslau auch im RFMB. Sie hatte Funktionen im KJVD wie Referentin und Kassiererin bis Ende 1928 inne. Während des Ausnahmezustands in Thüringen nach dem Oktober 1923 war sie in Jena in Einzelhaft. 1928 war sie anfangs KPD-Kandidatin. Ende 1928 wurde sie aus RHD und KPD ausgeschlossen. Sie trat der KPD-O bei; sie war Zeitungskolporteurin und nahm an Agitprop-Arbeit teil.

1933 musste sie sich bis zum Umzug von Stuttgart nach Berlin täglich bei der Polizei melden. Sie emigrierte nach Paris. Bei Kriegsbeginn wurde sie im Vélodrome d'hiver interniert, danach sechs Monate in Gurs, Südfrankreich. 1941 konnte sie in die USA emigrieren. Sie nahm an Veranstaltungen der Sozialistischen Partei teil und wurde 1944 Mitglied der Internationalen Frauenliga für Frieden und Freiheit. 2001 lebte sie noch in ihrem Haus in Swarthmore, kam dann in ein Altenheim und starb im Jahre 2005.

Hanna und Wolf Hiller

Auf meiner Arbeitssuche als ungelernter Tagelöhner kam ich Anfang 1934 für einige Monate nach Rehovot, wo mein Bruder Felix seine Arbeit als Forscher vorbereitete. Er hatte bei den Hillers eines der 2 ½ Zimmer gemietet, weil die Hillers Schwierigkeiten hatten, ihren Baukredit zu finanzieren.

Mit ihren zwei Kindern versuchten sie, einige Jahre in den 1 ½ Zimmern zurecht zu kommen. Es waren keine reichen Zeiten. Die »reichen jüdischen Onkel aus Amerika« hatten Palästina noch nicht entdeckt. Zum Zimmer meines Bruders gehörte eine überdachte Terrasse, auf der ich meine Bleibe einrichten durfte – ohne weitere Bezahlung.

Hanna Hiller, geb. Herzog (22.2.1905-2.11.1997), und Wolf Hiller (14.4.1906-12.5.1982)

Wenn Wolf Hiller die Arbeit in »seiner« Zitruspflanzung allein nicht bewältigen konnte, bekam ich dort Arbeit – Bewässern, Unkraut bekämpfen mit der Hacke, Bewässerungsteller herstellen oder Erntetätigkeiten. Die qualifizierten Arbeiten (vor allem das Veredeln) machte er selbst. Manches über Bewässerung und Fragen der Züchtung konnte ich bei ihm lernen. Da er sich im Dorf gut auskannte, fand er gelegentlich weitere Arbeitsgelegenheiten für mich oder empfahl mich seinen Freunden.

In Fragen der tropischen Landwirtschaft war er als erfahrener Beobachter, der viel las, ein Autodidakt. An der landwirtschaftlichen Versuchsstation in Rehovot, zu der auch der Zuchtgarten gehörte, den er später leitete, lernte er selber mit seiner Arbeit.

Er war kein Parteimitglied, aber ein linker Sozialist mit großer Sympathie für die Sowjetunion. Diese verstärkte sich, als die Rote Armee im Zweiten Weltkrieg den ersten erfolgreichen Widerstand leistete, und mit der lebenswichtigen militärischen Hilfe im Unabhängigkeitskrieg Israels. Die Sympathie überdauerte die anti-israelische Diplomatie Stalins Anfang der 1950er Jahre; sie endete in Enttäuschung im Sechstagekrieg 1967, in dem die realsozialistischen Länder – außer Jugoslawien – die anti-israelische arabische Einheitsfront aktiv unterstützten.

1934 hatten wir wenig Gelegenheit und wenig Kraft zu intensiven politischen Debatten; das tägliche Leben forderte bei Wolf Hiller mehr Energie als bei mir. Aber wir verkehrten – auf engem Raum – sehr freundschaftlich miteinander; man half sich in allen Schwierigkeiten.

Bei meinem ersten Besuch nach dem Krieg war die Wiedersehensfreude groß. Wolfs erste Frage: »Theo, bist Du noch Kommunist?« Meine Antwort:

»Ja, immer noch ein kritischer Kommunist.« Jeder berichtete über die vergangenen Jahre. Dann gab es intensive politische Aussprachen. Bei jeder späteren Israel-Reise haben Gretel und ich die Hillers wieder besucht – bis zu ihrem Tode.

Wolf war ein großer Musikliebhaber und Schachspieler. Er hatte seinen Freundeskreis, unter ihnen viele deutsche Einwanderer, aber auch manche aus anderen Ländern, die nach und nach kamen. In allen materiellen und politischen Schwierigkeiten behielt er seinen Humor und Optimismus.

Lebensdaten: *Wolf Hiller* wurde am 14. April 1906 in Kolberg (damals Pommern) geboren. Seine Eltern waren streng religiös; sie starben noch vor dem Faschismus eines natürlichen Todes. In der Kleinstadt gab es vermutlich keine zionistische Organisation. Nach der Realschule ging er gegen den Rat des Vaters für zwei Jahre auf einen landwirtschaftlichen Betrieb zur Ausbildung. Nach dieser praktischen Arbeit wanderte er 1926 nach Palästina ein und ging in die damals kleine Siedlung Rehovot, südlich von Tel Aviv. 1927 heiratete er Hanna Herzog, die im gleichen Jahr nach Rehovot gekommen war. Sie wohnten in einer kleinen Baracke und bauten einen landwirtschaftlichen Kleinbetrieb auf mit Gemüse, einigen Obstbäumen, Hühnern und Kühen. 1933 kauften sie ein Grundstück am Ende der Hauptstraße, etwa 0,2 ha, auf dem sie ein Steinhaus mit 2 ½ Zimmern errichteten. Neben den Nutzpflanzen, die im Krieg wichtige Lebensmittel lieferten, hatte Wolf Hiller eine Kakteensammlung, die er fachmännisch pflegte. Er wurde Verwalter einer Zitruspflanzung von 1 ha, mitten in der Siedlung gelegen, die dem Immigranten Kurt Levy gehörte.

1948, nach der Staatsgründung, wurde er technischer Leiter einer staatlichen Anlage für die Züchtung von Zitrus- und anderen tropischen Obstbäumen. Die wissenschaftliche Leitung hatte Prof. Chanan Oppenheimer, der einige tropische Obstbäume einführte und damit den Obstanbau diversifizierte. Dort arbeite er bis zur Verrentung.

Wolf und Hanna hatten drei Töchter, geboren 1929, 1930 und 1941. Die Kinder wurden in sozialistischem Geist erzogen; Arbeit war ein großer Wert.

Wolf war parteiloser Zionist und Abonnent der Tageszeitung der linkssozialistischen MAPAM. Er war Mitglied der Liga für jüdisch-arabische Zusammenarbeit. Er war kein Soldat, aber während der großen arabischen Unruhen 1936 arbeitete er als Wächter; im Befreiungskrieg 1947/48 baute er Schützengraben und ähnliche Verteidigungsanlagen.

Er starb am 12. Mai 1982.

■■■■■■■ Lebensdaten: *Hanna Herzog* wurde am 22. Februar 1905 in Berlin geboren. Sie war einige Jahre Mitglied der zionistischen Jugendorganisation Blau-Weiss und lernte an einer Kunstschule Malen und Kunsthandwerk. 1926 wanderte sie nach Palästina ein und arbeitete als Haushilfe und Kinderpflegerin in Tel Aviv. 1927 kam sie nach Rehovot, wo sie Wolf Hiller kennenlernte, den sie 1927 heiratete. Sie hatte dann den gleichen Lebensweg wie ihr Mann: schwere körperliche Arbeit, anfangs (bis in die späten 1950er Jahre) technisch primitive Bedingungen, Unsicherheit während der arabischen Unruhen (1936) und während des Krieges, Knappheit und Armut.

Hanna war musisch begabt, zeichnete und malte, war immer gastfreundlich. Sie unterstützte Wolf, dachte ähnlich wie er in der Politik, war aber nicht aktiv. Als Wolf gestorben war und ihre Kinder längst selbständig waren, wurde das Häuschen mit dem nun wertvoll gewordenen Grundstück verkauft. Darauf steht jetzt ein mehrstöckiges Mietshaus. Die wenigen letzten Jahre lebte Hanna in einem Altersheim, malte und strickte und empfing ihre Gäste. Sie starb am 2. November 1997.

Hanna und Wolf Hiller gehörten zu den frühen Pionieren, die den Platz für die Masseneinwanderung vorbereiteten, die nach 1933 ständig zunahm.

Karl Joel Reinhold Jansson

Fast die ganze Zeit meines Aufenthalts im Exil in Schweden war ich Arbeiter bei dem Landwirt K. J. R. Jansson. Er war der bemerkenswerteste meiner »Arbeitgeber« in der Landwirtschaft: Fachlich hervorragend, auf dem höchsten aktuellen Niveau der Landtechnik, ein guter Pflanzen- und Tierzüchter, ein wirklich frommer Mensch, aber ohne jede Vorstellung vom Weltgeschehen und den Verbrechen des Faschismus, bis diese Verbrechen an den Grenzen seines Landes geschahen.

Kurz nach dem Nazi-Einmarsch in die Tschechoslowakei erreichte ich auf meiner etwas abenteuerlichen Reise Stockholm. Mein Versuch, an der Landwirtschaftlichen Hochschule in einem Vorort von Oslo mein Studium fortzusetzen und abzuschließen, scheiterte. Daher kehrte ich bald nach Stockholm zurück. Das Arbeitsamt vermittelte mir eine Arbeit als Melker bei dem Landwirt Karl Joel Reinhold Jansson im Weiler Åckelsta der Gemeinde Skepptuna, 50 km nördlich von Stockholm, 30 km südöstlich von Upsala in der fruchtbaren Landschaft Roslagen. Die Arbeit des Melkers war wenig beliebt bei den schwedischen Landarbeitern, weil man früh aufstehen und auch an Wochenenden arbeiten musste. Daher hatte ich als Ausländer bald eine Chance, Arbeit zu finden.

Nach einigen Tagen, an denen ich erst bei Fritz Rück und dann bei Richard Janus wohnte, konnte ich meine wenigen Sachen packen und mit dem Bus zu meiner neuen Arbeitsstelle fahren, die für viele Jahre fast bis zum Kriegsende mein Aufenthaltsort wurde. Der Busunternehmer Sandén war wohl von meinem »Arbeitgeber« informiert worden, dass er den ortsunkundigen Deutschen am Tor zu seinem Gehöft absetzen sollte. Daher verabschiedete er mich dort mit einem lauten »Heil Hitler«; er vermutete, alle Deutschen seien Nazis, und ihm selbst war Sympathie für die Nazis nicht fremd, wie auch vielen »guten Bürgern« des demokratischen Landes.

Herr Jansson begrüßte mich freundlich; aber wir redeten wenig, weil meine schwedischen Sprachkenntnisse noch minimal waren. Er zeigte mir meine zukünftige Arbeit mit den Händen; ich erklärte, das Melken erst noch lernen zu müssen und zu wollen. Das störte ihn nicht, weil – wie erwähnt – der Kuhstall kein beliebter Arbeitsplatz war.

Als ich kam, waren gerade Modernisierungsmaßnahmen im Gang; das Gehöft wurde an die Elektrizität angeschlossen, die Kabel wurden in den Boden verlegt. Die Arbeitszeit war geregelt; es gab freie Tage, an denen der Landwirt und sein Sohn den Stall versorgten. Dieser war etwas vernachlässigt, nicht sehr modern; man melkte noch mit der Hand. 35 Stück Großvieh waren zu füttern und zu putzen; 20-22 Kühe waren zweimal täglich zu melken. Bis Melkmaschinen angeschafft wurden – der erste Schritt nach der Elektrifizierung – kamen morgens und abends Sohn und Tochter des Bauern zum Melken. Während dieser zwei Stunden täglich lehrten sie mich auch Schwedisch, das ich bald sprechen und fehlerfrei schreiben konnte. Es dauerte nicht lange, bis ich den Stall und die Tiere sauber hatte. Das beeindruckte den alten Mann.

Jansson war ein Mittsechziger, groß gewachsen, hager, immer freundlich, ruhig und besonnen auch in bei schwierigem Wetter. Technisch war er sehr beschlagen und mechanisierte seinen Hof, der 50 ha Ackerland umfasste. Als Landwirt war er modern, vorbildlich in Ackerbau und Viehhaltung. Seine Herde gehörte zum Herdbuch, hatte hohe Leistungen; einmal monatlich kam der Milchkontrolleur Petterson. Jansson hatte die Landwirtschafts- und Volkshochschule besucht und war nie im Ausland gewesen. Die Familie war sehr fromm; man ging regelmäßig in die Kirche, feierte alle Feste, auch mit gutem Essen, und gehörte gleichzeitig einer frommen Sekte an, in der er der Ortsvorsteher war, dem Missionsförbundet.

Jeden Tag kamen mit der Post zwei Tageszeitungen, die ich mitlesen durfte, eine fromme und eine säkulare. Es gab einen Radioapparat, der im kleinen Büro hinter der Wohnküche stand. Meine Arbeitszeiten richtete ich so ein, dass ich wenigstens morgens um 7 Uhr nach dem ausgiebigen Frühstück und um 19 Uhr nach dem Abendessen die schwedischen Nachrichten hören konnte.

Die große Politik war Herrn Jansson fremd und schwer verständlich. Er war keineswegs hitlerfreundlich, aber die Erzählungen eines Emigranten über die Verbrechen des deutschen Faschismus, über Konzentrationslager, über das Münchener Abkommen, über die Kriegsgefahr, die Verfolgung der Juden schienen eher unglaublich. Hitlerdeutschland marschierte von Erfolg zu Erfolg. Dass ein Deutscher sich über die Erfolge und Siege nicht freute, schien merkwürdig; man nannte mich einen »schlechten Deutschen« (en vrång tysk). – Umgekehrt dachte der reaktionäre Pfarrer. Das Häuschen, in dem ich wohnte, hatte ein Fenster zur Straße. Die Flugroute der deutschen Wehrmacht von Oslo nach Helsinki ging über unser Dorf. Mein abends beleuchtetes Fenster war – so der Pfarrer – Wegweiser des deutschen Spions Bergmann für die Nazi-Piloten. Das war meinem Bauern doch zu dumm. Da ich bald fließend Schwedisch konnte – ohne Akzent, begannen die politischen Debatten nach jeder Nachrichtensendung.

Ich war trotz aller ersten »leichten« Blitzsiege überzeugt, dass Hitlerdeutschland den Krieg verlieren würde; das aber schien dem Bauern unvorstellbar. – Am 22. Juni 1941 morgens hatte mein Bruder mich telefonisch alarmiert: Die Wehrmacht marschiert gegen die Sowjetunion. Um 7 Uhr nach dem Frühstück die aufregenden Nachrichten. Am Tisch beginnt eine heftige Debatte. Der fromme Bauer ist erschüttert; aber der Milchkontrolleur ist euphorisch: »Wir gewinnen den Krieg.« Darauf ich: »Seien Sie froh, Herr Petterson, dass Sie Schwede sind. Hitler verliert den Krieg.« Petterson war nicht zu überzeugen. Der brutale Terror der siegreichen Wehrmacht, die am 10. September 1941 in Oslo und Kopenhagen je zehn proletarische Widerstandskämpfer verhaften ließ, brachte die ersten Hinweise, dass ich doch nicht ganz Unrecht hatte. Einige führende Funktionäre wurden hingerichtet, die anderen zu langen Zuchthausstrafen verurteilt. Die Wehrmacht wollte angesichts des »überhandnehmenden« Widerstands der Roten Armee die Menschen in den besetzten Ländern einschüchtern.

Die nächsten Wochen brachten immer neue Siegesmeldungen der Wehrmacht; die Parole lautete: In vier Wochen nehmen wir Leningrad, in sechs Wochen Moskau. Allmählich ließen die riesigen Geländegewinne nach; die Offensiven gerieten ins Stocken. Leningrad und Moskau hielten Stand, und im September gelang es der Roten Armee, Rostow am Don der Wehrmacht vorübergehend zu entreißen. Die Abenddebatten gingen weiter. Am 18. Oktober 1941 wurden meine Aussagen glaubhaft. Das schwedische Radio berichtete: Der Sprecher des Führers sei gerade aus dem Hauptquartier im Osten zurückgekehrt und habe erklärt, dass westlich des Urals keine Rote

Armee mehr existiere. Ob die Russen östlich des Urals eine neue Armee aufstellen würden, darüber hätten sie noch nicht nachgedacht, die Rote Armee allerdings auch nicht. Es seien nur Säuberungsoperationen nötig.

Wir nahmen uns die Landkarte vor, und ich zeigte der Familie die Entfernungen und die Misserfolge der Wehrmacht; Leningrad und Moskau konnten sie nicht einnehmen; von Moskau zum Ural 2.000 km, und nach Wladiwostok nochmals 4.000 km – der Krieg war endgültig verloren; die »unbesiegbare Wehrmacht« habe sich übernommen und würde in den Weiten Russlands, in Schnee und Eis versinken. Nun war nicht nur der saubere Kuhstall mein Plus; die Bauern begannen, meine Geografie-Kenntnis und meine Kritik an Hitlers Größenwahn zu verstehen. Aber die Debatte hörte nicht auf; sie wurde intensiver, und man hörte mir mehr zu, wenn ich über den Naziterror im besetzten Europa, in den nordischen Nachbarländern und dann im Innern Deutschlands sprach. Die Stimmung änderte sich grundlegend.

Als die Niederlage besiegelt war, wollte ich gleich zurückkehren. Dass ein Deutscher nicht fahren durfte, sondern neun Monate auf die Genehmigung der Alliierten warten musste, war wieder schwer verständlich; also begannen die Janssons zu zweifeln, ob ich wirklich zurück wollte. Endlich, im März 1946, hatte die schwedische Innenbehörde (Socialstyrelsen) die Verhandlungen abgeschlossen, und ich begann, ernsthaft meine Sachen zu packen. Nun wollte der alte Mann mich vor dem Hungerland warnen; er bot an, einen Kredit zu beschaffen, mit dem ich eine eigene Landwirtschaft anfangen könnte.

1953 hatte ich eine Dissertation über die große schwedische Agrarreform von 1757 begonnen und besuchte einige schwedische Agrarinstitutionen, um neues Material über die Agrarpolitik zu sammeln und meine Thesen zu überprüfen. Noch einmal besuchte ich die Familie Jansson. Ich wurde sehr freundlich aufgenommen. Der alte Mann fragte, ob ich meinen damaligen Entschluss bereue. Das verneinte ich mit gutem Gewissen; denn ich hatte viele meiner Genossen wieder gefunden, die ich 1933 verlassen musste.

Menschen mit dieser echten Frömmigkeit habe ich in meinem langen Leben nur sehr wenige getroffen: Fachlich modern, wohlhabend, aber bescheiden, ohne jeden Prunk. Für die Unsteten, die »Landstreicher«, die der Wandertrieb beim ersten Frühlingstag überwältigte und auf die Landstraßen zwang, war Jansson wie ein Vater. Er nahm sie auf, sie aßen mit uns am gleichen Tisch; in kalten Nächten schliefen sie in der Küche. Er verlangte keine Arbeit von ihnen. Sie hatten ihr Netzwerk, und Neue gingen immer zu diesem Gehöft, nie zu einem der zwei Nachbarn.

Unsere Genossin Käte Dräger kam mitten im Krieg zu Besuch. Ohne ein Wort wurde sie freundlich aufgenommen, konnte sich richtig satt essen, und sie hatte Gelegenheit, mit den KPD-O-Emigranten Gedanken und Informationen auszutauschen.

Seinen wenigen Arbeitern – wir waren meist nur zwei – begegnete er mit Vertrauen; es gab keine Arbeitskontrolle oder Aufsicht. Wenn er konnte, packte er mit an; wenn nicht, ging er in seine Kammer und las die Zeitung. Eines Tages hatte ich meinen Kollegen, der 25 Jahre älter war als ich, überzeugt, dass er sich im Landarbeiterverband organisierte. Nun war er nicht mehr mit einem runden Lohn zufrieden, sondern wollte genau nach dem Tarif bezahlt werden, in dem jede Teilarbeit bewertet wurde. Darauf der Landwirt: »Das verstehe ich nicht. Sagen Sie, wie viel Sie haben wollen; das bekommen Sie.« Das hatte mein Kollege wohl an früheren Arbeitsplätzen noch nicht erlebt. Er war schon vorher ein guter Arbeiter, jetzt legte er vielleicht noch einen Zacken zu. Auch ich habe nie wieder einen Landwirt seinesgleichen gefunden.

Siegfried Kawerau

Mit gerade 13 Jahren bekam ich im Mommsen-Gymnasium den »Rat abzugehen«; ich musste die Schule zusammen mit meinem Bruder Josef verlassen, weil wir zu aufmüpfig gewesen waren. Die vier älteren Brüder hatten das gleiche Gymnasium absolviert, das früher einmal einen sehr guten Ruf gehabt hatte. Nach dem Ersten Weltkrieg waren viele neue Lehrer eingestellt worden, die 1914 begeistert in den Krieg gezogen, aber besiegt und z.T. schwer beschädigt zurückgekehrt waren. Als Offiziere hatten sie dann einen zweijährigen Schnellkurs besucht. Entsprechend waren ihre inhaltlichen und pädagogischen Kenntnisse und Einstellungen: Engstirniger Nationalismus und Revanchismus, manchmal Antisemitismus, strenge Disziplin, verbogene Darstellung der Geschichte.

Mein Bruder und ich mussten eine neue Schule finden. Unser Bruder Arthur, schon berufstätig, aktiver linker Sozialdemokrat, öffnete uns die Türen; er hatte bereits mit Dr. Siegfried Kawerau gesprochen, dem Rektor des Köllnischen Gymnasiums und der Kämpff-Oberrealschule, einer der drei

Stolperstein: Berlin, Bonhoefferufer 18

Titelblatt der Synoptischen Tabellen von Siegfried Kawerau (8.12.1886-17.12.1936)

Berliner Aufbauschulen, in denen Arbeiterjugend, die schon Arbeitserfahrung hatte, in sechs Jahren das lernte, was »normale« Gymnasien, früher in neun, zu meiner Zeit in zehn Jahren vermitteln sollten. Sie machten das gleiche Abitur und durften dann an die Universitäten.

Kawerau war auch Stadtverordneter. So besuchte ich ihn im Roten Rathaus nach einer Stadtverordnetensitzung, stellte mich vor und nannte mein Anliegen. Da er durch meinen älteren Bruder vorinformiert war und unser Rauswurf in fast allen Berliner Tageszeitungen behandelt worden war, hatte ich keine Schwierigkeiten. Er hörte mich freundlich an und erklärte mir die Umstände: Ich war der für mich entsprechenden Klasse weit voraus und sollte daher ein Jahr springen, worüber ich höchst erfreut war. Dafür sollte ich ein halbes Jahr auf einer »normalen« Oberschule parken. Danach ließe sich der Sprung administrativ rechtfertigen.

An der Aufbauschule herrschte in jeder Hinsicht ein anderes Klima, das von diesem Rektor maßgeblich beeinflusst war. Kawerau war Schulreformer und Historiker; er hatte die ersten synoptischen Geschichtstabellen entwickelt und in den Unterricht eingeführt. In diesen standen nicht mehr nur die Daten der Kriege und Siege der Dynastien, sondern in parallelen Kolumnen Wirtschaft, Kultur, Wissenschaft, Streiks, Innenpolitik.

Kawerau war mindestens einen Kopf größer als ich, hatte einen Kinnbart, ging in Kordhosen und blauem Kittel, wie ihn die Falken trugen. Er war jederzeit ansprechbar und meinen Bitten zugänglich. Oft war er unter den Schülern zu sehen und war unter uns recht beliebt. Es existierte eine »Schülerselbstverwaltung«: Auf Schülervollversammlungen wurden Probleme der Schüler und der Schule offen diskutiert. Schüler gaben eine Schülerzeitung heraus. Schüler und Lehrerschaft waren völlig anders als am Mommsen-Gymnasium. Meine Klassenkameraden waren wesentlich älter als ich; alle hatten schon Berufserfahrung, hatten eigenes Geld verdient, einer war bereits Familienvater. Viele, wohl die meisten, bekamen von der Stadt Berlin ein Wirtschaftsgeld (1930 80 RM/Monat). Die meisten waren Sozialisten, einige Kommunisten, fast alle politisch organisiert. Wir hatten einen Nazi in der Klasse; dieser kam Ende 1931 eines Tages in SA-Uniform in die Schule. Er bekam eine Tracht Prügel; die Klasse schickte ihn zum Kleiderwechsel nach Hause. Alle lernten fleißig und systematisch; man hatte klare Vorstellungen und wollte die einmalige Chance nutzen. Denn die Parole der sozialistischen Erzieher lautete: »Wissen ist Macht.«

Auch unsere Lehrer waren von einem anderen Schlag; ihr Unterricht entsprach dem Ernst und Lernwillen ihrer Schüler, und sie wollten diesen jungen Menschen so helfen, dass sie die Reifeprüfung bestehen konnten. Es gab keinerlei Disziplinprobleme; die Lehrer konnten sich ganz der Wissensvermittlung und der Beantwortung unserer Fragen widmen. Der Rektor hatte eine interessante und interessierte Lehrerschaft zusammengebracht. Drei von ihnen sind mir besonders im Gedächtnis geblieben.

Arthur Rosenberg war bis 1927 KPD-Abgeordneter im Reichstag gewesen, hatte sich vom ultralinken zum undogmatischen Marxisten entwickelt, konnte also an der Universität nicht Ordinarius werden, dozierte aber an der Humboldt-Universität und zugleich an unserer Aufbauschule. Des Weiteren unterrichtete bei uns *Fritz Ausländer* (24.11.1885-21.5.1943), Kulturreferent der KPD-Fraktion im Preußischen Landtag und dort Abgeordneter. Der dritte war *Hermann Borchardt* (14.6.1888-23.1.1951), ein bekennender Anarchist. Nicht alle, aber sehr viele Lehrer hatten einen »Linksdrall«.

So bestimmte der Sozialdemokrat Kawerau weitgehend das Klima dieser Schule – bis 1933, der Machtübergabe an die NSDAP. Weil ich ein Jahr überspringen durfte, habe ich am 2. März 1933 mein Abitur absolviert; später wäre es nicht mehr möglich gewesen. So war mein Rauswurf 1929 dank Dr. Kaweraus Entgegenkommen für mich zum Glücksfall geworden.

Die Schule wurde sehr bald gleichgeschaltet, die linken Lehrer laut einem »Gesetz zur Wiederherstellung (!) des Berufsbeamtentums« durch Nazis ersetzt. Über den weiteren Weg von Fritz Ausländer weiß ich nichts. Arthur Rosenberg und Hermann Borchardt konnten emigrieren und nach großen beruflichen und materiellen Schwierigkeiten in den USA ihr Auskommen finden. Rosenberg hat weitere wichtige Bücher zur neueren deutschen Geschichte geschrieben und starb recht jung in den Vereinigten Staaten.

Tragisch war das Schicksal unseres Rektors Kawerau, den fast alle Schüler verehrten. Er wurde verhaftet, schwer gefoltert und starb bald nach seiner Entlassung aus dem Konzentrationslager.

Die Schule, ein großer roter Klinkerbau wie viele Berliner Schulen, nahe dem Märkischen Museum, dem Fischer-Kiez, nahe auch dem Stammlokal von Heinrich Zille, wurde im Zweiten Weltkrieg total zerstört.

Dr. Siegfried Kawerau, Sozialdemokrat, Pionier der Schulreform, Förderer des zweiten Bildungswegs für Arbeiterkinder, gehörte zu einer Generation von Sozialdemokraten, die noch Sozialdemokraten waren. Nach dem totalen inneren Wandel der SPD muss an jene Periode und ihre prägenden Pioniere erinnert werden.

Lebensdaten: *Georg Siegfried Kawerau* wurde am 8. Dezember 1881 in Berlin als Sohn eines Domorganisten und Gesanglehrers geboren. Nach der Schule studierte er in Berlin und Breslau von 1904 bis 1909. 1910 wurde ihm die Lehrbefähigung für Deutsch, Geschichte und Latein attestiert. In Königsberg wurde er zum Dr. phil. promoviert. Ab 1911 unterrichtete er in Bukarest, ab 1913 in Landsberg/Warthe. 1914 zum Krieg einberufen, wurde er 1915 bei Verdun verletzt; er konnte dann in den Schuldienst nach Landsberg zurückkehren. In Schulfragen hatte er progressive Positionen, forderte Koedukation und interkonfessionelle Erziehung, politisch trat er für ein »soziales Kaisertum« ein. Ab Ostern 1919 unterrichtete er in Berlin. Er trat der SPD bei und 1919 dem Bund entschiedener Schulreformer. In seiner Enttäuschung über die Restauration verließ er bald die Arbeitsgemeinschaft sozialdemokratischer Lehrer, die Schulreformer und die evangelische Landeskirche. Kawerau ging 1921 in die Berliner Kommunalpolitik, war von 1925 bis 1930 Berliner Stadtverordneter. Er verfasste die ersten synoptischen Geschichtstabellen und Schriften zur Schulreform. 1927 wurde er Rektor des Köllnischen Gymnasiums in Berlin-Mitte. Im Februar 1933 wurde er verhaftet, nach mehreren Monaten entlassen, zum 1. September als Lehrer entlassen. An den Folgen der Haft starb er im Alter von 50 Jahren am 17. Dezember 1936.

Quelle: http://de.wikipedia.org/wiki/Siegfried_Kawerau

Eva Laufer-Eisenschitz

Eva Laufer gehörte zu den aktiven Mitgliedern der KJO und des anfangs überparteilichen Sozialistischen Schülerbundes. Bei den häufigen Bildungsvorträgen traf ich sie. 1933 emigrierte sie mit ihrem Partner Hans Sittig in die Niederlande; ich ging nach Palästina. Ich sah sie erst wieder

Eva Laufer (27.3.1912-18.9.1991) und Hans Sittig (23.10.1912-9.1.2008)

lange Jahre nach Kriegsende; eher durch einen Zufall erfuhr sie von meiner Existenz. Sie hatte schwierigere Zeiten durchgemacht: Freiwillig war sie als Krankenschwester nach Spanien gegangen, bald im Frauengefängnis Calle Molins in Barcelona von den Stalinisten eingesperrt worden. Nach 13 Monaten dank der Intervention von Fenner Brockway rechtzeitig vor der Niederlage entlassen, fand sie Zuflucht in Großbritannien.

Eva arbeitete u.a. als Übersetzerin für ein Institut der britischen Entwicklungspolitik. Dort entdeckte sie bei ihren Arbeiten – es muss wohl in den späten 1970er Jahren gewesen sein – einen Essay von mir, den sie übersetzen sollte. So erfuhr sie von meinem Überleben, fand meine Adresse, und der Kontakt wurde wieder aufgenommen. Sie freute sich, wieder Gesprächspartner in Deutschland gefunden zu haben und informierte mich kurz über ihren eigenen Weg. Durch die Niederlage der spanischen Republik und ihre Einwanderung nach England wurde sie von ihrem Partner Hans Sittig getrennt, der im Untergrund in den Niederlanden überlebt und seine Retterin geheiratet hatte. Sie verband sich 1948 mit dem ebenfalls aus Nazideutschland emigrierten jüdischen Chemieprofessor Robert Karl Eisenschitz (16.1.1898-15.7.1968). Sie hatten zwei Kinder.

Als wir 1984 in mehreren Veranstaltungen in Obersulm und Stuttgart des 100. Geburtstages von August Thalheimer gedachten, kam sie nach Stuttgart und wohnte auch bei uns. Ihr Interesse an der deutschen Arbeiterbewegung und ihre sozialistische Überzeugung waren unverändert geblieben; aber eine Rückkehr mit einer vierköpfigen Familie wäre sehr schwierig gewesen. Sie hatte interessante Arbeit und Aufgaben in London gefunden, u.a. als Sekretärin des linkssozialistischen Labour-Abgeordneten Jan Mikardo und später als Lehrerin. Eva Laufer hatte nach allen Schwierigkeiten und Verfolgungen Humor und Optimismus bewahrt. Wir diskutierten ihre spanische »Erfahrung«, die sie nicht missen mochte; denn sie hatte nicht nur das Gefängnis von innen gesehen, sondern als aktive Krankenschwester hinter der Front und im Gefängnis die frühe Begeisterung der republikanischen Kämpfer und die Solidarität erfahren. Auf mein Drängen schrieb sie einen sehr lebendigen Bericht über ihre spanische Zeit – trotz aller Schwierigkeiten ganz ohne Bitterkeit. Sie interessierte sich für meine Erlebnisse und Erfahrungen in der Emigration, für meine politische Arbeit in der BRD danach und für die Studienreisen in Entwicklungsländer.

1984 war schon wieder ein Reformkommunist, Juri W. Andropow, nach kurzer Zeit als Generalsekretär gestorben und der noch ältere Konstantin U. Tschernenko Generalsekretär der KPdSU geworden; aber auch er war schon krank, und der wirkliche zweite Reformversuch begann erst mit der Wahl von Michail Gorbatschow 1985, sodass wir beide noch meinten, in Moskau herrsche Stillstand, weil die führenden Funktionäre nicht nach Fähigkeit, sondern nach Anciennität »gewählt« wurden. Wir ließen die Weltpolitik Revue passieren, soweit unsere begrenzten Kenntnisse reichten. Dazu gehörte bei ihr die Sorge um das Überleben Israels. Ihr zeitweiliger Chef, Jan Mikardo, hatte zum linken Flügel der Labour Party gehört, der mit Israel sympathisierte.

Bei unseren späteren Reisen nach London haben wir Eva Eisenschitz wiedergesehen und unseren Gedankenaustausch fortgesetzt, ebenso in unserer regelmäßigen Korrespondenz. Zuletzt lebte sie in einem Wohnheim für jüdische Emigranten, das von Mrs. Rathbone geschaffen worden war. Sie starb dort am 18. September 1991, einige Jahre nach ihrem Mann.

In London trat Eva zunächst der ILP bei und später – nach deren Auflösung – der Labour Party, mit allen inneren und ausgesprochenen Vorbehalten. Sie arbeitete als Rundfunkjournalistin, ab 1946 für die BBC. Von 1956-60 war sie Lehrerin für Geografie und Deutsch, danach von 1970-72 Übersetzerin für den Labour-Abgeordneten Jan Mikardo. Im Anschluss war sie als freie Übersetzerin tätig und fast bis zum Schluss Mitarbeiterin der Wiener-Library, einer großen deutsch-jüdischen Dokumentationsbibliothek.

Über die lange Emigration und bis ans Lebensende fühlte sie sich mit ihren deutschen GenossInnen eng verbunden, besuchte sie, nahm an den Diskussionen Anteil, die sich oft mit den Perspektiven des Sozialismus befassten. Sehr hilfreich war sie bei der Übersetzung des Protokollbandes des Bucharin-Symposiums (Bergmann/Schäfer 1989).

Sie lebte bescheiden als Rentnerin in London, wo sie zwei Drittel ihres Lebens – fast 53 Jahre – verbrachte. Sie hatte sich »integriert«, aber ihre Interessen blieben geteilt zwischen der englischen Arbeiterbewegung, in der sie den Rechtsruck der Arbeiterpartei kritisierte, und der schwachen Linken in Deutschland. Kritischer Marxismus, aktiver Antifaschismus, Solidarität – das waren ihre Maximen bis zuletzt. So wird sie in der Erinnerung ihrer FreundInnen und GenossInnen bleiben.

Lebensdaten: *Eva Laufer-Eisenschitz* wurde am 27. März 1912 in Berlin geboren. Als Gymnasiastin trat sie mit 15 Jahren dem Sozialistischen Schülerbund bei. Anfang 1929 wurde sie Mitglied der KJO. 1931 begann sie ein Studium der Medizin, das sie 1933 als »Halbjüdin« aufgeben musste. An der Universität Berlin war sie Mitglied der Studentengruppe der KPD-O.

1933 emigrierte sie mit ihrem Mann, Hans Sittig, in die Niederlande. 1936 gingen beide als Freiwillige nach Spanien, sie als Krankenschwester, er als Ballistiker (er war ein guter Mathematiker). Sie unterstützte die POUM als Krankenschwester an der Aragon-Front, wurde daher 1937 verhaftet und kam für 13 Monate in das Frauengefängnis in Barcelona. Dem englischen Sozialisten Fenner Brockway gelang es noch 1938, vor dem (absehbaren) Sieg der Faschisten, Eva Laufer und einige andere sozialistische Häftlinge zu befreien und Visa für Großbritannien zu beschaffen.

Da die Wirren der Emigration sie von Hans Sittig getrennt hatten, heiratete sie 1948 den österreichischen Emigranten und Professor der Chemie Robert Eisenschitz, mit dem sie zwei Kinder bekam. Sie hielt wieder Kontakt mit ihren deutschen Genossen und kam zu den Veranstaltungen anlässlich von August Thalheimers 100. Geburtstag 1984. Sie starb am 18. September 1991.

Eva Laufer hat für ihre zwei Kinder einen konzentrierten Lebensbericht von 58 eng bedruckten Seiten geschrieben. An ihrem 70. Geburtstag endet der Bericht nach allen Schwierigkeiten und Gefahren mit einer vorsichtig optimistischen Bilanz:

»Die 70 Jahre meines Lebens, von 1912 bis 1982, haben die aufregendsten Experimente – die russische und chinesische Revolution, zwei Weltkriege, den spanischen Bürgerkrieg und die barbarischsten Genozid-Versuche – umfasst. Und die Kriege haben seitdem nicht aufgehört: Vietnam, Afghanistan, El Salvador, Laos, Äthiopien. Die Drohung des Atomkriegs steigt. Sollte es da Überlebende geben, werden sie die Toten beneiden.

Wenn man es am wenigsten vermutet, dann steht die Vergangenheit auf einmal auf. Zweimal passierte es in diesem Jahr 1984. Mein alter Genosse Ted Bergmann, Professor für Landwirtschaft in Stuttgart-Hohenheim, lud mich nach Stuttgart zu einem Gedenkseminar für August Thalheimer ein. Thalheimer, der Theoretiker der kommunistischen Opposition, war in Kuba kurz nach dem Krieg gestorben. Ungefähr 75% des Seminars waren junge Genossen, die die Arbeiterbewegung vor dem Krieg nicht gekannt haben. Der Rest waren die Alten, z.T. Emigranten, zum größten Teil Überlebende der KZs und der Gefängnisse. Nur vier Emigranten aus dem Ausland waren gekommen, zwei aus Brasilien, einer aus Stockholm und ich. Ferner kam Roy Thalheimer mit seiner Frau aus Australien. Ted und ich erkannten uns sofort nach 51 Jahren – es gab keine Befangenheit, und wir knüpften an, wo wir aufgehört hatten.

Ein Telefongespräch aus Berlin, ein ›Kind aus meiner Klasse‹. Wir waren zusammen sitzen geblieben, und sie war mit 16 abgegangen. Als ich aus der Uni weg musste und nicht wusste, was nun, traf ich sie auf der Straße, und sie brachte mich zur orthopädischen Abteilung der Charité, wo sie ausgebildet wurde. So arbeiteten wir ca. 3 Monate zusammen. Bevor ich emigrierte, gab ich ihr ein paar kommunistische Bücher – die sie bis jetzt aufhob – und das Schlimmste: einen Koffer mit Flugblättern und Abzeichen des sozialistischen Studentenbundes. Sie gab ihn ihrem Vater, einem alten Gewerkschaftler – hätte man ihn gefunden, wäre der Vater ins KZ gekommen. Wie konnte ich nur! – Inzwischen ist das ›Kind aus meiner Klasse‹ Mutter von drei Kindern und Großmutter von vier Enkeln geworden, glücklich verheiratet und hat ein Haus in Berlin. Sie kamen auf fünf Tage nach London, und ich war zehn Tage – leicht melancholische – in Berlin. Es war sicher das letzte Mal. Sie fuhren mich in ihrem Mercedes überall hin: Das meiste ist weg, vieles neu gebaut, manche alte Häuser und Kirchen noch da. Im Ganzen ist es eine fremde Stadt, schön und großzügig aufgebaut.

Ich möchte mit einem Zitat Jean Amerys schließen, der einmal sagte: ›Es altert sich schlecht im Exil. Der Mensch braucht Heimat.‹ Aber die Heimat haben wir verloren und die Fremde kann uns nie Heimat werden.

Wie Trotzki richtig sagte: ›Sozialismus in einem Lande kann nicht überleben.‹ Das ist sicher eine große Enttäuschung, aber schließlich ist es die Reise, die zählt, nicht die Ankunft.«

Witold Leder

Die wissenschaftliche Konferenz der Internationalen Rosa-Luxemburg-Gesellschaft fand 1994 in Warschau statt. Ich hatte meinen Beitrag zum Thema in deutscher Sprache vorbereitet; Konferenzsprache war jedoch Polnisch. Andere Vorträge wurden fließend ins Polnische übersetzt – von einem wohl 80-Jährigen namens Witold Leder.

Weil ich kein deutscher Sprachnationalist bin und zeitraubende und ermüdende Übersetzungen den Teilnehmern ersparen will, sprach ich den Übersetzer an und schlug ihm vor, er sollte mein

8.12.1913-16.4.2007

Referat vom Blatt weg übersetzen, was er auch fließend machte, so wie wenn er einen polnischen Text vorlesen würde.

Nach der Sitzung bedankte ich mich für die ausgezeichnete Arbeit; so kamen wir ins Gespräch. Plötzlich fragte er: »Kennst Du Kasimir Tennenbaum?« Den kannte ich gut aus meiner Berliner Jugendzeit als einen jungen, aufgeschlossenen und kritischen Kommunisten, einige Jahre älter als ich. Er war Anhänger der Kommunistischen Opposition. Er war in die Sowjetunion gegangen und dort in der großen »Säuberung« umgekommen. Was ich über ihn wusste, ist in seiner Kurzbiografie in dem Buch *Gegen den Strom* dargestellt.

In dem langen Gespräch, das sich anschloss, erfuhr ich, dass Witold Leder ein naher Verwandter von Kasimir Tennenbaum war und dass sie zu einer großen Familie jüdischer Revolutionäre gehörten. Sie hatten ihre politische Aktivität in der von Rosa Luxemburg »geführten« SDKPiL (Sozialdemokratische Partei des Königreichs Polen und Litauen) begonnen und dann in der kommunistischen Bewegung fortgesetzt. Ihre Schicksale spiegeln die Siege und Niederlagen der revolutionären Bewegungen wider; sie waren Helden und Opfer; sie waren verantwortliche Funktionäre, kämpften an den Fronten des Antifaschismus. Manche wurden von den deutschen Faschisten umgebracht, andere kamen in Stalins Säuberungen ums Leben; einige saßen in der ersten antisemitischen Nachkriegswelle im sozialistischen Lager in den sozialistischen Gefängnissen. Die Überlebenden blieben »unbeirrbar rot« – so lautet der Titel der bewegenden Geschichte der Familie. Zu dieser gehörte auch die Brandleristin Edda Baum (= Tennenbaum), deren Biografie ich nun ebenfalls kennenlernte. In ihrem Erinnerungsbuch (2002) geben Stefan und Witold Leder einen interessanten zahlenmäßigen Überblick über ihre Familie:

Die Großmutter Minna Hirschfeld (1860-1926) hatte elf Geburten, von denen neun überlebten. In der folgenden Generation war die höchste Kinderzahl drei, in der dritten Generation zwei, in der vierten ein Kind.

Von den neuen Hirschfeld-Kindern sind sechs in der revolutionären Bewegung aktiv. Von den vier Feinstein-Kindern sind drei aktiv, davon zwei in der Führung der SDKPiL. Im Zweiten Weltkrieg haben fünf aus der dritten und vierten Generation gegen die deutsche Wehrmacht gekämpft.

Die Einführung in das Buch endet mit der folgenden tragischen Bilanz: »Zehn Vertreter der zweiten Generation beider Familien und zwei von ihren Lebensgefährten wirken in der revolutionären Bewegung, also insgesamt zwölf Personen. Dazu kommen die Kinder, die dritte Generation. Von dieser sind fünf aktiv. Demnach sind insgesamt 17 mit der revolutionären Bewegung verbunden. Davon werden 12 von den Stalinschen Knochenmühlen erfasst. Drei Familien werden fast vollständig zerstört (›Urteil – Erschießen, das Urteil wird am selben Tag vollstreckt‹.) Zwei kommen mit einem blauen Auge davon. Unser Vater, Wladyslaw Leder, stirbt im Winter 1937/1938 auf dem Transport ins Lager im hohen Norden, wahrscheinlich an Lungenentzündung, wie uns ein Mitgefangener berichtete, der ihn kannte und dort getroffen hatte.« (S. 19)

Meine Neugier wuchs mit jedem Gespräch. Im Gegensatz zu polnischen Nationalisten hatte Witold Leder eine hohe Meinung von Rosa Luxemburg. Er erzählte mir seine Lebenserfahrung, die natürlich sein aktuelles Verhalten beeinflusste. Als Kind des kommunistischen Funktionärs Feinstein ging er jung in die UdSSR, studierte dort und diente im Zweiten Weltkrieg als Offizier in der Roten Armee. Nach dem Sieg über den deutschen Faschismus kehrte er nach Polen zurück und arbeitete an hoher Stelle im Geheimdienst von General Waclaw Komar. In der ersten »antisemitischen« Welle[3] kam er ins Gefängnis; aber er verstand in der Isolationshaft den Sinn der Haft nicht, vermutete anfangs Intrigen und Missverständnis, hoffte auf ein befreiendes Eingreifen seines Vorgesetzten Komar, der jedoch gleichfalls im Gefängnis saß. Als er nach 2 ½ Jahren endlich im Dezember 1954 freigelassen wurde, beschloss er, keine politischen Funktionen zu übernehmen. Aber er wollte Kommunist bleiben. Er begann nun, seine vielseitigen Sprachkenntnisse zu nutzen und arbeitete als Übersetzer und Dolmetscher; in dieser Arbeit war er brillant.

Seine Frau Ewa Lipinski-Leder, gleichfalls Kommunistin, war Professorin für Lebensmitteltechnologie. Zusammen mit Sohn Andrej und dessen kleiner Familie bezogen sie ein Einfamilien-Reihenhaus in einem Warschauer Vorort. Dort durfte ich bei späteren Reisen ihr Gast sein. Ewa war schon etwas sehbehindert, aber versorgte immer noch Haushalt und Küche. Witold arbeitete an seinen Übersetzungen und vor allem an der Familiengeschichte, die zuerst auf Deutsch erschien. Noch kurz vor seinem Tode vollendete er die Übersetzung in die polnische Sprache und die Herausgabe. Er hatte eine große politische Bibliothek, nahm intensiv Anteil an der Entwicklung der polnischen und internationalen sozialistischen Bewegung, stand den linken Kritikern der kommunistischen Regierung nahe, wurde aber noch kritischer nach dem Sturz des letzten kommunistischen Staatschefs Wojciech Jaruzelski. An seinem 80. Geburtstag versammelten sich seine Freunde, alle aus dem Kreise der linken Dissidenten, unter ihnen auch Karol Modzelewski, der eine kurze Laudatio auf das Geburtstagskind hielt. Witold, ein scharf geschnittener Kopf, kahl, war nach allen Fährnissen eines langen Lebens immer noch gelassen und vorsichtig optimistisch.

Ich lernte auch seinen Bruder Stefan kennen, der schon während des Krieges Arzt gewesen war. Nach seiner Rückkehr aus der UdSSR hatte er erfahren, dass Edda Tennenbaum, seine Tante, noch im Gulag saß. Sofort nutzte er seine Verbindungen, und es gelang ihm, Edda nach Polen zurückzuholen. Sie begann sehr bald mit Aufklärungsarbeit unter den deutschen Kriegsgefangenen. – Witold und ich blieben auch in schriftlichem Kontakt; er half mir mit Auskünften für die Biografien in meinem Buch über die KPD-O. Er starb in Warschau am 16. April 2007.

---

[3] Das gleiche Schicksal traf auch zahlreiche nichtjüdische Kommunisten (z.B. Wladislaw Gomulka, General Marian Spychalski). Der Bann betraf offenbar alle jene Kommunisten, die eigene, nicht-stalinistische Vorstellungen vom Aufbau des Sozialismus in ihrem Lande hatten.

Die Leders waren sehr gastfreundlich; unsere Gespräche waren offen. Seine Kenntnis der Geschichte der polnischen Arbeiterbewegung und der ganzen Tragik ihrer Sprecher war umfassend – mit all ihren Umstürzen und den mehrfachen Aderlässen.

Hätten statt der gehorsamen Dummköpfe diese erfahrenen Revolutionäre ihre Tätigkeit entfalten können, wäre der Zusammenbruch des Realsozialismus von Ostberlin bis Wladiwostok aufhaltsam gewesen.

Ein Nachruf:

»Im April 2007 starb in Warschau im Alter von 94 Jahren Witold Leder. Der Mai 1945 sah ihn, den jungen Offizier der Polnischen Armee, an der Seite der Roten Armee als Befreier in Berlin. Deutschlands Hauptstadt kannte er aus den ersten Schuljahren, da sein Vater, Władysław Feinstein-Leder, von 1921-1924 in Berlin in leitender Funktion für die Rote Gewerkschaftsinternationale (Profintern) arbeitete. Nach der Ausweisung aus Deutschland zog die Familie Leder nach Moskau, wo der Vater bald in den diplomatischen Dienst der UdSSR wechselte. Italien, Großbritannien und Frankreich waren seine Stationen. Seit 1933 arbeitete er – ein Weggefährte Rosa Luxemburgs – im sowjetischen Apparat und fiel 1937/38 den Stalinschen Säuberungen zum Opfer.

Seine beiden Söhne Witold und Stefan kamen 1913 in Paris bzw. 1920 in Warschau zur Welt. Władysław Feinstein-Leder teilte das Schicksal vieler polnischer Revolutionäre, die als Sozialdemokraten durch die zaristische Polizei verfolgt, nach dem Ende des Ersten Weltkriegs nunmehr als frischgebackene Kommunisten zu den ersten politisch Verfolgten des wiedererstandenen Polens wurden. Ihnen blieb oftmals nur die Wahl zwischen Kerker und Emigration. Das vermeintliche Vaterland der Werktätigen, wie sich die Sowjetunion gerne selbst sah, wurde ihnen in den meisten Fällen zu einer tödlichen Falle.

Als Luftwaffeningenieur und Arzt stellten sich die Leder-Brüder im Großen Vaterländischen Krieg an die Seite der Roten Armee und wurden Offiziere der Polnischen Armee. Nach der Beendigung des Krieges kehrten sie in ihre zerstörte Heimat zurück, widmeten ihre Kraft dem Wiederaufbau des Landes auf sozialistischen Grundlagen. Witold Leder wurde unter Wacław Komar Generalstabsoffizier an exponierter Stelle. Schnell holte ihn seine schreckliche Vergangenheit ein. Unter dem Vorwand, noch immer ein Sowjetbürger zu sein, wurde er Ende der 1940er Jahre nach Moskau beordert und nur durch den Einsatz Zygmunt Modzelewskis und Władysław Gomułkas vor dem wahrscheinlichen Tode gerettet. Im März 1952 wurde Witold Leder in Polen zusammen mit mehreren Hundert Stabsoffizieren verhaftet und saß bis Dezember 1954 hinter Gittern. Nach Gomułkas Rückkehr an die höchsten Machthebel im Herbst 1956 eröffnete sich für Witold Leder die Perspektive publizistischer und redaktioneller Arbeit in der führenden theoretischen Zeitung der PVAP. Die fürchterlichen antizionistischen Verwerfungen des Jahres 1968 erzwangen den allmählichen Abschied aus der aktiven politischen Arbeit. Später wurde er einer der Mitbegründer des Verbandes Polnischer Übersetzer. Das Deutsche beherrschte er wie ein Muttersprachler – kein Wunder: Die Sprache Heines und Goethes war die Sprache seiner Mutter. Bis in die letzten Lebensjahre hinein zählte er zu den besten Simultandolmetschern seines Landes. Russisch, Französisch, Englisch und Italienisch beherrschte er gleichfalls exzellent.

Kurz nach dem Krieg lernte Witold Leder seine spätere Frau Ewa kennen, deren Familie dem Ghetto von Łódź zum Opfer fiel... Auf der Trauerfeier für Witold Leder erinnerte Karol Modzelewski in beeindruckend-schlichten Worten an seinen väterlichen Freund.«

Quellen: http://www.polen-news.de/puw/puw-81-04.html; Leder (2002).

Robert und Hertha Liebknecht

Am 1. April 1956 begann ich meine Arbeit bei der Landwirtschaftskammer Hannover. Mein Weg zur Arbeit führte mich über den Thielenplatz im Zentrum der Stadt. Dort entdeckte ich im Schaufenster eines Kunsthändlers, des Galeristen Koch, eine kleine Bleistiftskizze: Jüdische Emigranten-

Tochter Marianne (geb. 1941), Hertha (1904-2000) und Robert Liebknecht

Selbstbildnis Robert Liebknechts (26.2.1903-26.10.1994)

köpfe, signiert: Robert Liebknecht. Hätten wir damals Geld gehabt, hätte ich das Bildchen gekauft. Meine Frage, ob dieser Liebknecht das Dritte Reich überlebt habe, bejahte der Galerist und fügte hinzu: Er lebt in Paris. 1957 gingen meine Genossin Gretel und ich erneut nach Paris. Im Telefonbuch fand ich Namen, Adresse (99, rue Lourmel) und Telefonnummer.

94

Wir riefen an, nannten unseren Wunsch, als alte kritische Linke die Lieb-knechts besuchen zu dürfen. Das war kein Problem; sogleich wurde ein Termin vereinbart.

Die Liebknechts lebten in einer mittleren städtischen Wohnung mit vielen Bildern an den Wänden. Beim Tee stellten wir uns mit unseren Biografien vor und fühlten uns froh und geehrt, den letzten lebenden Sohn von Karl Liebknecht kennenzulernen. Robert und Hertha erwähnten ihren schwie-rigen Weg: 1933 Emigration nach Frankreich, 1943, als die Nazi-Wehrmacht Südfrankreich besetzte, Flucht in die Schweiz, zweites Exil mit Hilfe lin-ker Freunde, im Herbst 1946 Rückkehr nach Paris.

Dann kamen ihre Fragen nach der politischen Entwicklung der beiden Deutschländer. Sie bekannten sich beide zum Sozialismus, waren kritisch gegenüber der Lage in der DDR und ihrer Politik, noch kritischer gegen-über der Bundesrepublik und ihrer innenpolitischen Entwicklung, der in-neren Konsolidierung des Kapitalismus und seiner zunehmenden äußeren Stärke. Für die Sowjetunion wünschten sie, dass Nikita Chruschtschow sich durchsetzen würde, nannten aber auch seine Schwierigkeiten, vor allem die Bürokratie in Staat und Partei, das schwere Erbe der Stalin-Ära. Gut fan-den sie, dass er auf dem 20. Parteitag endlich offen über die Fehler und die Verbrechen der Vergangenheit gesprochen hatte. So konnten wir in vielen Punkten unseres Gesprächs einen Gleichklang feststellen.

Wenn wir auf seine Arbeit, die Malerei, zu sprechen kamen, waren wir Lernende und Zuhörer. Einige seiner Arbeiten hatte er in der Wohnung. Er malte u.a. schön erhaltene alte Plätze in Paris. Manchmal saß er mit einem Skizzenblock in einem Café am Jardin du Luxembourg, beobachtete durch die großen Fenster den vorbeiflutenden Verkehr und die eilenden Menschen, machte eine kleine Skizze und zeichnete dann in seiner Werkstatt den ein-zelnen und vereinzelten Menschen in der Großstadt. Wir waren sehr ange-tan von seinem Stil und der lebendigen Farbigkeit.

Er lud uns zu einem gemeinsamen Besuch im Louvre, dem bedeutends-ten und größten Kunstmuseum in Paris, ein. Über drei Stunden hielten wir uns bei den französischen Impressionisten auf. Robert erklärte uns seine Sicht auf einige Arbeiten bekannter französischer Kollegen, erzählte auch manches Unbekannte aus ihrem Leben; so öffnete er unsere Augen. Wir waren stumm und begeistert. Seine Werkstatt, die wir gern gesehen hätten, und in der es eine große Zahl fertiger und angefangener Bilder gab, zeigte er uns nicht. Wir fragten nicht nach den Gründen. Ein wenig erzählte er uns bei späteren Besuchen von seiner Arbeit. Er trug eine dicke Brille, hatte Augenprobleme. In seinen letzten Jahren malte er nicht mehr viel, vielleicht deswegen, aber er nahm sich »fertige« Gemälde nochmals vor, um einiges zu verbessern. Bei Bouquinisten an der Seine fand er manchmal interessante alte Bücher, die leicht beschädigt waren; diese reparierte er mit großer Vorsicht.

Seine Freunde in Frankreich, der Schweiz und in beiden Deutschländern mussten ihn zur Ausstellung seiner Arbeit eher drängen. Bei einigen der späteren Ausstellungen lud Robert Liebknecht uns zur Vernissage ein, so in Paris, in Zürich, in Gießen und in Augsburg. Wenn wir Geld hatten, kauften wir ein Bild; so haben wir es zu fünf Originalen gebracht. Die größte Ausstellung fand 1991 in Gießen statt, in der Geburtsstadt des Großvaters Wilhelm Liebknecht, des Mitbegründers der SAPD und des Freundes von Marx und Engels.

Wir besuchten Robert und Hertha auch nach den Treffen bei den Vernissagen, auf denen wir einige Verwandte kennenlernten, noch einige Male in Paris. Neben den politischen Diskussionen gab Robert Hinweise auf neue Ausstellungen und auf weniger bekannte Kleinodien der Kunst, so das Musée Marmottan, das der Kunst und dem Leben Edouard Manets gewidmet ist.

Robert starb am 26. Oktober 1994. Zur Trauerfeier in Paris waren wir eingeladen; ich hatte die Trauerrede zu halten; es waren viele französische Freunde da, sodass französisch gesprochen werden musste. Im Januar 1995 wurde die Urne im Grab des Vaters auf dem Friedhof der Sozialisten in Friedrichsfelde beigesetzt. Es waren viele seiner deutschen Verwandten und Freunde gekommen. Auch hier hatte ich die Ehre, als Freund die Gedenkrede (s. S. 98ff.) zu halten.

Hertha, seiner Frau, ist der Abschied von ihrem Mann nach so vielen Jahren gemeinsamen Lebens und gemeinsam überstandener Gefahren schwergefallen. Sie hatte gute Freundinnen und Freunde, die sie in ihrer Einsamkeit umsorgten. Sie starb im Jahr 2000 und ihre Asche wurde in das gleiche Grab in Friedrichsfelde gelegt. Des Öfteren hatte sie wohl durch ihre Arbeit als Gymnastiklehrerin die Familie ernähren müssen. Zu ihren kleinen »Zöglingen« gehörte ein Sohn von Pablo Picasso. Der hatte seine Kinderzeichnungen mit Picasso signiert, sodass Hertha uns auch einen Picasso zeigen konnte.

Robert und Hertha trugen ihren Familiennamen mit Stolz und in großer Bescheidenheit; sie wollten ihn nicht ausnutzen. Sie fühlten sich wohl in Paris, besuchten auch die DDR. Vielleicht war es ihre Bescheidenheit, die sie davon abhielt, in die DDR zurückzukehren.

▬▬▬▬▬▬ **Lebensdaten:** *Robert Liebknecht* wurde am 26. Februar 1903 als Sohn von Julia und Karl Liebknecht in Berlin geboren; er war das dritte von drei Kindern. Nach der Volksschule besuchte er von 1912-1919 das Gymnasium in Berlin-Steglitz. Er lernt Eduard Fuchs und Franz Pfemfert kennen, befreundet sich mit Otto Freundlich, macht erste Malversuche. Zuhause trifft er auf die Besucher Rosa Luxemburg, Franz Mehring, Käthe und Hermann Duncker, Wilhelm Pieck u.a. Nach dem Tod der Mutter 1911 heiratet Karl Liebknecht die Russin Sophie Ryss. 1916 wird Karl zu 4½ Jahren Zuchthaus verurteilt, aus dem er erst im Oktober 1918 entlassen wird. Aus der Haft erzieht er seine Kinder brieflich. Am 15. Januar 1919 wird der Vater ermordet.

In diesem Jahr beginnt Roberts Unterricht an der privaten Malschule von Lewin-Funcke. Seine Bewerbungen an den Kunstakademien in Berlin und Wien werden abgelehnt. Er immatrikuliert sich an der Humboldt-Universität in Berlin und beginnt ein Medizinstudium, entscheidet sich dann für die Malerei. 1923 beginnt er das Studium an der Hochschule für Bildende Kunst in Dresden, das bis 1927 dauert. 1927 heiratet er Hertha Goldstein. 1928 wird er in die Sowjetunion eingeladen. 1928-29 nimmt er an ersten Ausstellungen teil. 1930-1933 arbeitet er als freier Maler, lebt im Arbeiterbezirk Berlin-Wedding. Er unterrichtet an der Volkshochschule Berlin-Neukölln, lernt die Maler Käthe Kollwitz, Heinrich Vogeler, Max Liebermann, Max Slevogt, Otto Nagel, Karl Meffert kennen.

Nach der Machtübergabe an die NSDAP wird er im April 1933 von der Volkshochschule entlassen und emigriert nach Paris; seine Arbeiten und Bücher bleiben in Berlin. In Paris wird er in die Künstlerkreise eingeführt, beteiligt sich an Ausstellungen, arbeitet als Illustrator und Übersetzer. 1936 wird das »Kollektiv deutscher Künstler« gegründet. 1937 wird er ausgebürgert. Es folgen Ausstellungen in Paris, London und New York. Nach dem Beginn des Zweiten Weltkriegs wird Robert in eine Arbeitseinheit in Südfrankreich verpflichtet; seine Frau Hertha wird in Gurs interniert. 1940 wird er im Lager Les Milles interniert, aber nach Bemühungen von George Besson entlassen. Bis 1943 lebt er in Calvisson. 1941 wird die Tochter geboren. 1943 flieht die Familie in die Schweiz, wo sie bis 1946 in Basel lebt.

1946 kehrt die Familie nach Frankreich zurück, und Robert Liebknecht arbeitet bis 1947 in einem Heim für jüdische Waisenkinder. 1947 ziehen sie zurück nach Paris. Es folgen Ausstellungen in Paris. 1956 nimmt Robert die französische Staatsbürgerschaft an. Bis 1964 besucht er öfter Sophie Liebknecht in der DDR und arbeitet dort. Sophie stirbt 1964. Es folgen zahlreiche Ausstellungen in Zürich, Paris, Amsterdam und deutschen Städten. Er stirbt am 26. Oktober 1994; seine Asche kommt am 13. Januar 1995 in das Grab des Vaters auf dem Friedhof der Sozialisten in Berlin-Friedrichsfelde.

Trauerrede für Robert Liebknecht

Liebe Hertha und Marianne Liebknecht, liebe Verwandte, verehrte Freundinnen und Freunde der Liebknechts, wir sind heute zusammengekommen, um von Robert Liebknecht Abschied zu nehmen. Robert Liebknechts Leben und Ihr Leben, liebe Hertha, widerspiegelt die Geschichte Deutschlands, der deutschen Arbeiterbewegung und das Leben vieler deutscher Emigranten.

Grabstätte in Berlin-Friedrichsfelde

Nach der Ermordung seines Vaters Karl am 15. Januar 1919 – Robert war gerade 15 Jahre alt – unterstützten die zweite Mutter und die Freunde, wie Eduard Fuchs, Käthe Kollwitz u.a. die Entfaltung von Roberts künstlerischer Begabung und Anlagen. Nach dem Sieg der Konterrevolution – der Kaiser ging, die Generäle blieben – folgte statt des angekündigten friedlichen Hineinwachsens in den Sozialismus der Niedergang der Weimarer Demokratie und der aufhaltsame Aufstieg des Adolf Hitler, der aber nicht aufgehalten wurde. Es folgte die Ausgrenzung im »Vaterland« und die doppelte Gefährdung der Liebknechts als Kommunisten und als »Mischlingsehepaar«, die Emigration mit ihrer materiellen Not, die Ausbürgerung, der Verlust vieler Verwandter und vieler Freunde in den großen deutschen Konzentrationslagern, der Beginn des Zweiten Weltkrieges, der Aufenthalt in mehreren französischen Lagern, die Trennung der Familie. Aber auf der anderen Seite gab es Hilfe, Solidarität seitens französischer und schweizerischer Freunde, von Sozialisten, deren Internationalismus, Güte, Geduld und aufrechter Haltung in einer Zeit von neu entfachtem Nationalismus dankend gedacht werden muss.

Wir gedenken auch der früheren Liberalität Frankreichs, das Emigranten aufgenommen und sie hat Bürger werden lassen, so auch die Familie Liebknecht. Sie haben – aus vielen Ländern flüchtend, die Länder öfter wechselnd als die Schuhe – in Frankreich Aufnahme gefunden und seine Kultur bereichert, Frankreich zu einem Sammelpunkt von europäischer und Menschheitskultur gemacht. Die herrschende Klasse in Deutschland und die von ihr eingesetzten Nationalsozialisten haben durch die Vertreibung und Vernichtung vieler bedeutender Deutscher unser Land geistig verarmt, es zur Ader gelassen, bevor sie es in einem verbrecherischen Krieg auch materiell weitgehend zerstörten. Diesen Aderlass an Kultur, an Kunst und Wissenschaft spüren wir noch heute auf Schritt und Tritt.

Nach der Zerstörung und Selbstzerstörung, im Wiederaufbau, auf den die deutsche Bourgeoisie so stolz ist, wurden zwar deutsche Offiziere aus

Südamerika zurückgeholt, nicht aber Wissenschaftler wie Albert Einstein, Schriftsteller wie Bert Brecht, die Brüder Thomas und Heinrich Mann, Arnold Zweig oder Stefan Heym, Künstler wie Robert Liebknecht. »Man holte sie nicht im Gefährt«, wie es bei Brecht heißt.

Aber dieses andere Deutschland – das ist es, was wir etwas Späteren an Deutschland verehren, was uns stolz macht, nicht die ephemeren Siege deutscher Generäle, die den Tod von Millionen verursacht, Europa und schließlich auch Deutschland materiell und geistig verwüstet haben. In jeder Nation leben – wie der englische Staatsmann Benjamin Disraeli einmal erklärte – zwei Nationen. Viele unserer großen Landsleute ruhen in der weiten Welt, in fremder Erde, manche auf den Pariser Friedhöfen, so Roberts Freund Eduard Fuchs, der alte Spartakist und große Kunstkenner, auf dem Friedhof Père Lachaise, Heinrich Heine auf dem Montmartre-Friedhof, Clara Zetkin an der Kremlmauer in Moskau, Kurt Tucholsky in Mariefred bei Stockholm, Jenny und Karl Marx auf dem Highgate-Friedhof in London, Albert Einstein in den USA, Stefan Zweig und seine Frau in Brasilien, August Thalheimer, Mitbegründer des Spartakusbundes, der KPD und der KPD-Opposition, auf dem jüdischen Friedhof in Havanna, Kuba. Rosa Luxemburg ist bei uns geblieben, wenigstens nach ihrer Ermordung, und ruht hier neben anderen großen deutschen Sozialisten.

Dem Freundeskreis um Robert und Hertha Liebknecht durften meine Frau und ich seit etwa 1959 angehören. Als ich 1946 aus der schwedischen Emigration in die britische Besatzungszone zurückkehrte, wussten wir nicht, wer von den alten Sozialisten und Kommunisten wo das Dritte Reich überlebt hatte. Als ich 1957 eines Morgens in Hannover auf dem Weg zu meiner Arbeit die Galerie Koch passierte, fiel mein Blick auf eine kleine Bleistiftzeichnung im Schaufenster: »Emigrantenköpfe«. An einen Kauf konnten wir damals nicht denken. Aber der Name des Malers hatte meine Frau und mich elektrisiert. Beim Galeristen erfragte ich den Aufenthaltsort. Beim nächsten Paris-Besuch – ich glaube im Frühsommer 1959 – fand ich im Telefonbuch die Telefonnummer, rief als Unbekannter an, erklärte unsere menschliche, politische und kunstinteressierte Neugier – und wir wurden sofort eingeladen. Seitdem haben meine Frau und ich die beiden Liebknechts einige Male in Paris getroffen, einige Vernissagen in Paris, Zürich, Gießen und Augsburg und die folgenden Zusammenkünfte mit Freunden und Verwandten miterleben dürfen. Das letzte Mal traf ich Robert anlässlich des 90. Geburtstages von Hertha in Paris im Frühjahr 1994. Mit mehreren Bildern erfreute der Maler uns und unsere Gäste.

Einmal hatten wir das große Glück einer privaten Führung durch Robert im Louvre – für uns, die wir nur Liebhaber der Kunst, aber doch Laien sind, ein einzigartiges Erlebnis. Denn wir erfuhren viel über Leben und Werk, aber auch über die Not großer Künstler und erhielten schließlich Hinweise auf weniger bekannte Stätten der Weltkultur in Paris. So lernten wir die Offenheit und Gastfreundschaft der Familie kennen und konnten viele Gespräche führen. Wir lernten viel über Kunst, und wir diskutierten die politischen Entwicklungen und die Perspektiven des Sozialismus.

Liebe Hertha Liebknecht, Ihr beide habt ein wahrlich schweres Leben geteilt, dessen Gefahren und materielle Schwierigkeiten manchen Emigranten in die Verzweiflung getrieben haben. Euer fester Zusammenhalt und die Solidarität mancher Sozialisten haben Euch das Überleben ermöglicht. Ohne Ihre Hilfe ist Roberts reiche künstlerische Arbeit, seine Malerei nicht vorstellbar. Nach 66 Jahren ist diese Gemeinsamkeit durch Roberts Tod abgebrochen. Die Sympathie der Trauernden, auch derer, die heute nicht hier sein können, möge Ihnen ein kleiner Trost sein. Wir sind sicher, dass Ihre Verwandten und Ihre Freunde Ihnen in der kommenden Zeit in allen Schwierigkeiten helfen und kein Gefühl der Einsamkeit aufkommen lassen.

Liebknecht – dieser Name, dem unser verehrter Toter Robert Liebknecht Ehre gemacht hat – war für ihn in diesen dunklen Zeiten nicht leicht zu tragen. Er hat ihn mit Stolz getragen. Für uns Sozialisten bedeutet er sehr viel. Er symbolisiert eine, die große und bessere Tradition der deutschen Arbeiterbewegung.

Roberts Großvater Wilhelm, ein 1848er-Revolutionär, den seine Revolutionserfahrung zur Arbeiterbewegung führte, war zusammen mit August Bebel Begründer der deutschen Sozialdemokratie. In seiner englischen Emigration wurde er ein Freund von Karl Marx und Friedrich Engels. 1870/71 protestierte er im Reichstag gegen den ersten deutsch-französischen Krieg, gegen die deutschen Expansions- und Annexionsgelüste, gegen die unheilige Allianz mit der französischen Reaktion zur Vernichtung der Pariser Kommune, der er seine Solidarität erwies.

Roberts Vater, Karl, war der einzige Abgeordnete des Deutschen Reichstages, der 1914 gegen die Kriegskredite stimmte und den Kampf gegen den deutschen Militarismus und Imperialismus organisierte. Als Mitbegründer des Spartakusbundes und der KPD wurde er schließlich Opfer der mörderischen Konterrevolution und jener anderen sozialdemokratischen Führer, die 1914 offen ihre heiligen Versprechen gebrochen hatten und auf die Seite der deutschen Kriegstreiber übergewechselt waren.

Robert und Hertha waren keine politischen Funktionäre. Sie blieben jedoch in allen Lebenslagen, in allen Wirren und Katastrophen deutscher Politik, im Auf und Ab der Arbeiterbewegung, auch in den schweren, weil kampflosen Niederlagen aufrechte Sozialisten. Viele unserer Gespräche drehten sich um ihre und unsere Hoffnungen auf die Erneuerung der sozialistischen Bewegung, um die neuen Probleme und die Zukunft des Sozialismus. Deswegen finden wir es als richtig und gut, dass Robert Liebknechts Asche hier, im roten Herzen Deutschlands, in der Gedenkstätte der deutschen Sozialisten, ihren Platz findet.

Wir grüßen Robert Liebknecht zum Abschied. Und an jedem 15. Januar werden wir mit vielen Tausenden Berliner Sozialisten an ihn und seine hier verewigten Genossinnen und Genossen denken. Mit einem Wort Rosa Luxemburgs möchte ich schließen, das an Sie, liebe Hertha Liebknecht, und an alle Sozialisten gerichtet ist:

»Mensch sein, das vor allem ist die Hauptsache, und das heißt: fest und klar und heiter sein, – heiter trotz alledem und alledem, denn das Jammern ist das Geschäft der Schwäche. Mensch sein heißt, sein ganzes Leben auf des Schicksals großer Waage freudig hinwerfen, wenn es sein muss – sich zugleich aber an jedem hellen Tag und jeder schönen Wolke freuen.«

Ved Mehta

Auf unserer zweiten Forschungsreise durch Indien (1968) lernte ich Ved Mehta kennen. Wir kamen um 5 Uhr morgens nach einem Nachtflug in Neu Delhi an. In der Morgendämmerung fuhren wir im Taxi in das Gästehaus der Ford Foundation, wo für uns ein Zimmer reserviert war. Wir machten uns frisch und saßen diszipliniert um halb acht am Frühstückstisch. Ein hochgewachsener Inder kommt aus seinem Zimmer, geht etwas zögernd und laut vor sich hinredend auf die Tische zu. Blitzschnell ging mir das Buch durch den Kopf, das mir ein Freund geschenkt hatte und das ich in

geb. 21.3.1934

den letzten Tagen vor dem Flug gelesen hatte: Daddyji (Mein lieber Vater), geschrieben von Ved Mehta. Der Verfasser, geboren 1934, berichtet darin auch von seiner schweren Kindheit und Jugend. Er ist als kleines Kind fast völlig erblindet, hatte also noch manches gesehen, aber schon vor langer Zeit. Sofort kombinierte ich, dass dieser Unbekannte sich durch sein lautes Selbstgespräch und dessen Echo über die Säulen und andere Hindernisse auf seinem Weg orientierte.

»Are You Ved Mehta?« »Yes«, kam es sofort und »Who are You?« Ich erklärte kurz Herkunft und Anliegen. Mehta fand, das Beste in Deutschland sei das Brot. Wir hatten zur Eingewöhnung an das ewige fade Weißbrot zwei Päckchen geschnittenes Vollkornbrot mitgebracht. Meine Frau lud ihn ein, mit uns zu frühstücken; er würde jeden Morgen seine Brotration bekommen, solange unser Vorrat reichen würde. Das war sogleich abgemacht.

So lernten wir einen fast blinden Schriftsteller und Forscher kennen. Wenn er morgens aus seinem Zimmer zum Frühstück erschien, kam zugleich eine Sekretärin heraus mit Zeitungsausschnitten und ausgewerteten Zeitungen; sie hatte ihm das für ihn Wichtigste vorgelesen und aufgehoben, was er ausgewählt hatte. Ved Mehta, geboren 1934 in Lahore, damals noch Britisch-Indien, war Journalist bei dem US-Magazin New Yorker und Forscher. Er war durch Indien gereist, hatte Gandhi-Anhänger aufgesucht und sie befragt. In seinem Buch »Gandhi and his apostles« kam er zu einem sehr kritischen Urteil über diese merkwürdigen Fellow travellers, die mit Gandhi über Indiens Dörfer gezogen waren, und nun von ihrer »Erbschaft« lebten. Gandhi, der Gewaltlose, predigte auf den Dörfern den Reichen, sie sollten wohltätig sein; der Masse der hungrigen Kleinbauern, den Teilpächtern und Landlosen predigte er Gesetzestreue, Gewaltlosigkeit und die Eigenproduktion der Kleidung. Und selbst arbeitete er jeden Tag mit der eigenen Ambar Charkha, dem Handspinnrad. So hatte er die großen, meist englischen Textilfabriken bekämpfen und den Dörflern Beschäftigung in der arbeitsarmen Zeit schaffen wollen. Sein Gefolge, oft Söhne wohlhabender Familien, lebten derweil von den »freiwilligen« Lebensmittelgaben der Zuhörer.

Ved Mehta kam zu einem sehr kritischen Urteil über diese (Beruhigungs-)Bewegung. Gandhi war offenbar ein guter Massenpsychologe, der die Gewalteruption der ausgehungerten, unorganisierten Agrarbevölkerung fürchtete. Jawaharlal Nehru hatte – trotz der engen Freundschaft mit Gandhi – eine völlig andere Einstellung: Er wünschte Modernisierung und Industrialisierung, wollte die dörflichen Massen mobilisieren für den Kampf gegen Landlords und Steuerpächter und für den nationalen Freiheitskampf.

Mit unserem Tischgast unterhielten wir uns jeden Morgen bis zur Weiterreise auf die indischen Dörfer. Ved Mehta sprach auch über Acharya Vinoba Bhave (1895-1982), den besten Schüler und geistigen Nachfolger Gandhis. Dieser begründete auch eine »Bewegung«, die Landschenkungsbewegung, die Bhoodan-Bewegung. Auch Bhave wanderte über die indischen Dörfer; auch er predigte den Reichen, sie sollten den Armen ein Stück Land schenken. Das ganze »erweiterte« Bhave zum Gramdan, der Dorfschenkungsbewegung; das ganze Dorf sollte dann »allen« gehören. Auch bei seinen Dorfwanderungen lief eine ganze Gruppe von Sprösslingen reicher Familien hinter ihm her; sie erfüllten so ihre sozialen Verpflichtungen. Bei meinen vielen Dorfbesuchen habe ich nirgends etwas von der Landschenkung gefunden. Jedoch fand ich bei einigen Sozialarbeitern und Gandhi-Anhängern Kammern, gefüllt mit Handspinnrädern, die niemand haben wollte, auch nicht geschenkt.

Wir sind Ved Mehta nicht mehr begegnet; aber sein kritischer Geist und die Energie, mit der er trotz seiner Erblindung arbeitete, bleiben in meiner Erinnerung.

■■■■■■■■■ Lebensdaten: *Ved Mehta* wurde am 21. März 1934 in Lahore, damals Britisch-Indien, heute Pakistan geboren. Er kam aus einer Hindu-Familie, die (vermutlich) 1947 Lahore verließ, als bei der Unabhängigkeit und Teilung Indiens ein blutiger Bevölkerungsaustausch stattfand. Im Alter von vier Jahren erkrankte er an cerebrospinaler Meningitis (Gehirnhautentzündung) und verlor 90% seines Augenlichts. Sein Vater, Dr. der Medizin, sandte ihn in die Dadar-Blinden-Schule im 2.000 km entfernten Bombay. Seit 1949 lebte Mehta im Westen und wurde 1975 Bürger der USA. Er studierte im Pomona College im Balliol College in Oxford und in Harvard moderne Geschichte. Seit 1957 hat er Bücher geschrieben, eine Autobiografie und einige über Blindheit, viele Artikel und Kurzgeschichten für britische, amerikanische und indische Leser. Von 1961 bis 1994 war er in der Redaktion des Monatsmagazins The New Yorker tätig. Die Herausgeberin entließ ihn im Jahr 1994. 1983 heiratete er Linn Cary Mehta.

Ved Mehtas wichtigste Schriften waren seine Biografie *Daddyji* (1972) und *Mahatma Gandhi and his apostles* (1977).

Quelle: http://en.wikipedia.org/wiki/Ved_Mehta

Zdeněk Mlynař

Im Sommer 1987, in der Hochzeit der Hoffnungen auf den großen Reformversuch des Generalsekretärs der KPdSU, Michail Gorbatschow, veranstalteten einige linkssozialistische Gruppen eine eintägige öffentliche Vortragstagung in der Universität Frankfurt über Perspektiven des Aufbruchs und die Aufgaben der Linkssozialisten in der BRD. Der Saal war voll, vielleicht 250 gut gestimmte, hoffnungsvolle Zuhörer und Zuhörerinnen. Die Redakteure der Zeitschrift *Sozialismus* hatten mich gebeten, für sie über die aktu-

22.6.1930-15.4.1997

103

ellen Aufgaben zu sprechen. Auf dem Podium begrüßte mich Zdeněk Mlynař mit den Worten: »Du und ich, wir beide sind die letzten unverbesserlichen Optimisten«. Wir sahen uns zum ersten Mal; aber wir »kannten« einander, wussten um des anderen optimistische Hoffnung auf den Erfolg der nun von der KPdSU ausgehenden Reformbemühungen. Einige Sowjetbürger waren gekommen, unter ihnen der Reformökonom Abel Gesevitsch Aganbegian und der Historiker Alexander Galkin.

Mlynař, vielleicht der wichtigste politische Vordenker der Prager Reformkommunisten, hatte sein Land nach dem Einmarsch der Ostblock-Armeen im August 1968 verlassen müssen und war Professor in Innsbruck geworden. Wir trafen uns erst wieder, als linke Studenten der Universität Hohenheim im Jahre 1996 eine Einladung an ihn aussprachen, um ihn über den kommunistischen Reformversuch von Prag zu befragen.

Der große Saal im Schloss war überfüllt. Mlynař berichtete mit leicht wienerischem Akzent in vollendetem Deutsch über den Prager Versuch und über die Gründe des Scheiterns. Die damalige sowjetische Führung unter Leonid Breschnew trug die Hauptschuld; sie fürchtete jede Reform, war politisch erstarrt, verkannte die große historische Chance. Diese sah Mlynař darin, dass in Prag gute Kommunisten eine Reform versuchten, die sich auf eine sozialistische Arbeiterklasse verlassen konnte. Dieser Versuch im kleinen Maßstab hätte Wege aus der ökonomischen Stagnation des Realsozialismus zeigen können. Er und seine Freunde hatten eine größere Klugheit der Sowjetführung erwartet.

Nach vielen Fragen der Teilnehmer setzten wir unser Gespräch bis weit in die Nacht hinein privat in unserer Wohnung fort. Er übernachtete auch bei uns. Mlynař berichtete über seine jahrzehntelange Freundschaft mit Michail Gorbatschow, den er aus gemeinsamen Studienzeiten Anfang der 1950er Jahre in Moskau kannte. Er hatte Gorbatschow mehrfach wieder getroffen und ihre Gespräche in einem Buch aufgehoben, das leider nur auf Tschechisch erschien. Den Versuch Gorbatschows hielt er für notwendig, mutig und im Ganzen vernünftig. Aber dieser war auch in der Führung der KPdSU isoliert; bestenfalls traf er auf Gleichgültigkeit, wenn nicht gar Feindschaft von mehreren Seiten. Boris Jelzin vertrat diejenigen, die zum Kapitalismus zurück wollten; Janajew und seine Freunde wandten sich gegen jede Reform des erstarrten Systems. Und selbst Gorbatschows »engster Berater« Alexander Jakowlew lief zu Jelzin über und wurde dessen Vordenker.

Mlynař konnte mit Gorbatschow freundschaftlich und offen diskutieren. Sie trafen sich nach dessen erzwungenem Rücktritt. Mlynař warnte seinen Freund, als dieser nach 1991 eine Partei gründete und zur Duma-Wahl antrat; dieser Versuch, »es noch einmal wissen zu wollen«, musste fehlschlagen.

Mlynař war nach 1989 nach Prag zurückgekehrt. Dort traf ich ihn bei den alljährlichen Prag-Besuchen in seiner Wohnung im Stadtzentrum. Er hatte versucht, nach über 20 Jahren der Emigration an der Entwicklung einer sozialistischen Politik mitzuwirken; er dachte an eine engere Kooperation von Sozialdemokraten und Kommunisten. Als sich das als unmöglich erwies, half er bei der Gründung einer linkssozialistischen Partei. Die ersten Wahlen waren ein Misserfolg; der Versuch wurde aufgegeben. Ihm gelang es nicht, wieder einen Platz in der heimischen Politik zu finden. Die KP wollte keinen Reformkommunisten, die Führer der Sozialdemokraten waren und blieben verbissen antikommunistisch. Zdeněk Mlynař konnte wenigstens als Kommunist die politische Entwicklung kommentieren. Auf die lange Sicht blieb er optimistisch.

Allmählich begann ein Tumor, an seinen Kräften zu zehren. Das wurde bei meinen Besuchen erkennbar; unsere politischen Debatten blieben konzentriert. Er starb am 15. April 1997. Sein Freund Michail Gorbatschow kam zu seiner Beerdigung nach Prag. Eine menschliche Freundschaft zwischen führenden Kommunisten war in der Stalin-Ära kaum möglich. Nach dem Ende des Stalinismus konnte es das wieder geben.

■■■■■■■■■ **Lebensdaten:** *Zdeněk Mlynař* wurde am 22. Juni 1930 in Vysoké Myto (Nordböhmen) als Sohn eines Offiziers geboren. 1951-1955 studierte er an der Moskauer Lomonossow-Universität Rechtswissenschaften – zur gleichen Zeit und im gleichen Zimmer mit Michail Gorbatschow, mit dem ihn dann eine lebenslange Freundschaft verband. 1955 wurde er Mitarbeiter der Prager Generalstaatsanwaltschaft. 1956 ging er zur Abteilung für Staat und Recht an der Akademie der Wissenschaften. 1964 trat er der KP bei und wurde Rechtsexperte beim ZK der KP; im April 1968 wurde er Leiter der Rechtskommission. Mlynař wurde Mitgestalter des Prager Frühlings, Berater von Alexander Dubček, Autor des politischen Teils des Aktionsprogramms der Reformer. Nach dem Truppeneinmarsch gehörte er zur tschechoslowakischen Delegation bei den Moskauer »Verhandlungen« und musste das Protokoll mitunterzeichnen. Im November 1968 trat er von allen Ämtern zurück; 1970 wurde er aus der KP ausgeschlossen. Bis 1977 arbeitete er im Nationalmuseum, entomologische Abteilung. Er war Initiator und Mitunterzeichner der Charta 77, musste daher das Land verlassen.

In Österreich arbeitete er zuerst im UNO-nahen Internationalen Institut für Systemanalyse in Laxenburg bei Wien; später wurde er Professor für Politologie an der Universität Innsbruck. Er organisierte und leitete eine Forschungsgruppe, die sich mit den Möglichkeiten einer sozialistischen Reform des erstarrten Realsozialismus befasste.

Nach 1989 kehrte er nach Prag zurück und versuchte, die linken Parteien zum gemeinsamen Widerstand gegen die Restauration zusammenzuführen. Er geriet zwischen die Fronten: Die Rest-KP sah in ihm den verräterischen Reformisten, die ČSSD den alten Kommunisten. Er scheiterte mit seinem Versuch.

In zahlreichen Vorträgen, auch in der BRD, berichtete er über den großen Reformversuch von 1968 und analysierte die Ursachen des Scheiterns. Mlynař kommentierte weiterhin die politische Entwicklung in linken Periodika, publizierte u.a. seine Gespräche mit Gorbatschow, in denen die alten Freunde die Ursachen des Niedergangs und der Niederlage des Realsozialismus von Ostberlin bis Wladiwostok zu ergründen versuchten. Nach längerer Krankheit starb er am 15. April 1997 in Wien. Michail Gorbatschow nahm an der Trauerfeier teil.

Quelle: u.a. http://de.wikipedia.org/wiki/Zdenek_Mlynar

Kurt Müller

Kurt Müller wurde 1903 in einem Berliner Proletarierbezirk, dem Scheunenviertel, geboren. Sein Vater fiel im Ersten Weltkrieg; die Mutter musste ihre beiden Kinder alleine aufziehen.

Kurt Müller und ich – wir kannten uns entfernt. Grete Uhlmann, seine Schwester, hatte ab und an von ihm erzählt: Er sei ein parteitreuer Apparatschik. Als ich 1946 nach Restdeutschland zurückkam, war er, der bis 1945 in Oranienburg im KZ gesessen hatte, in der KPD aufgestiegen, saß im niedersächsischen Landtag und war zudem zweiter Vorsitzender der KPD. Er war schlagfertig und

13.12.1903-21.8.1990

politisch beschlagen, kam 1949 in den ersten Bundestag und wurde Vorsitzender der KPD-Fraktion, die mit 15 Mandaten gerade Fraktionsstärke hatte. Mein Bruder Josef und ich wurden zu Feinden des Kommunismus erklärt, mit den damals üblichen Schimpfworten belegt und auf jede Weise von der KPD bekämpft. Kurt Müller schrieb in der KPD-Zeitung die uns »entlarvenden« Artikel. Noch im Februar 1950, kurz vor seiner Verhaftung, hat Kurt auf einer Sitzung des Landesvorstands der KPD in Hamburg in einer Grundsatzrede seine Partei- und Linientreue unter Beweis gestellt. Er entlarvte Trotzkisten und Brandleristen als die gefährlichsten

Feinde der Arbeiterbewegung gerade wegen ihrer großen und langen politischen Erfahrung.

Kurt hatte dann einen tragischen Weg zu gehen: Max Reimann, KPD-Vorsitzender, der ihm nicht ebenbürtig war, lud ihn 1950 zu einer Leitungssitzung ein, die in der DDR stattfinden sollte. Nach dem Grenzübertritt wurde er verhaftet, kam für Wochen ins Gefängnis des MfS, wurde wegen »Titoismus«, »Zusammenarbeit mit der britischen Besatzungsmacht« etc. zu 25 Jahren verurteilt und ins Gefängnis von Wladimir, östlich von Moskau, verfrachtet.

Im Bundestag verlor die KPD die Fraktionsstärke (und die dazu gehörigen Rechte). Die KPD wollte den Listennächsten nachrücken lassen. Das verhinderten die Sozialdemokraten, die »unseren Kurt Müller wiederhaben wollten«. Das Tauwetter des Nikita S. Chruschtschow 1956 befreite auch ihn, wie viele Tausende, ja Hunderttausende, aus der Haft; er konnte in die BRD zurückkehren. Seine Frau Herta Fischer hatte mit ihrem Sohn Paul nach der Verschleppung ihres Mannes Hannover verlassen, das so nahe der Zonengrenze lag, und sich in Dingelsdorf am Bodensee angesiedelt.

Nach Jahren, ich war inzwischen Privatdozent an der Universität (Stuttgart)-Hohenheim geworden – es muss wohl 1969 gewesen sein – meldete sich Kurt am Telefon; sein Paulchen habe das Abitur bestanden – ob ich ihm weiterhelfen könne. Paulchen begann also, in Hohenheim zu studieren, vertrat mich als Chefredakteur der dreisprachigen Zeitschrift *Sociologia Ruralis* und machte seinen Doktor. Auch konnte ich ihm eine Gastdozentur in der Universität von Armidale, New South Wales, Australien, vermitteln.

Herbert Wehner, 180° gewendeter Stalinist, übte Solidarität mit einigen Opfern des Stalinismus: Sie bekamen Arbeit in der Friedrich-Ebert-Stiftung. Kurt wurde Fachmann für Entwicklungsländer und Herausgeber des Periodikums der Friedrich-Ebert-Stiftung. Für dieses schrieb ich gelegentlich über Entwicklungspolitik.

Kurt wurde kein Sozialdemokrat; trotz seiner Verbitterung über die völlig unsinnige Verfolgung, die er nicht vergaß und die er Max Reimann nicht verzieh, behielt er seine revolutionäre Ungeduld. Einige Male traf ich ihn in Bonn, einige Male am Bodensee. Er pendelte regelmäßig zwischen Dingelsdorf und Bonn. 1972 hatte der Fraktionsvorsitzende der CDU im Bundestag Dr. Rainer Barzel, zahlreiche FDP-Abgeordnete gekauft. Aber er scheiterte mit seinem Misstrauensvotum gegen die Regierung Brandt-Scheel an einer CDU-Stimme, die Herbert Wehner kurz vorher hatte kaufen lassen. Arbeiter in mehreren Städten hatten aus Protest demonstrieren wollen, Willy Brandt hatte das verhindert. Darüber war nun Kurt Müller empört: »Theo, wenn wir etwas zu sagen hätten, wir hätten die Massen auf die

Straße gerufen.« Sein inneres Feuer und sein proletarischer Berliner Humor verließen ihn nicht.

Wir diskutierten nun des Öfteren über deutsche Politik, über die wieder zugelassene DKP, über Indien und meine dortigen Erfahrungen.

1988 traf ich anlässlich unserer Bucharin-Konferenz den DKP-Genossen Robert Steigerwald; ich bat ihn, die DKP-Führung möge sich nun bei Kurt Müller öffentlich entschuldigen. Diesen Mut hatte der Vorsitzende Herbert Mies nicht. Nachdem ich einige Male gemahnt hatte, kam Georg Fülberth mit einer lauen Erklärung nach Dingelsdorf, die Kurt als völlig ungenügend ablehnte.

Kurt blieb ein radikaler Linker, unversöhnlich mit diesem Apparat, bis zu seinem Tode am 21. August 1990.

Als kritischer Kommunist bin ich immer wieder von tragischen Lebenswegen treuer Kommunisten berührt, die dem Kommunismus verloren gegangen sind. Mit diesen Menschen hätten wir Besseres leisten können.

Lebensdaten: *Kurt Müller* wurde am 13. Dezember 1903 in Berlin geboren. Im Februar 1919 trat er der linkssozialistischen FSJ bei (die sich mit dem KJVD vereinigte). In der Ortsgruppe Rosenthaler Vorstadt wurde er bald Leiter. 1920 trat er in die KPD ein. Im Oktober 1923 wurde er UB-Leiter im KJVD. Nach drei Monaten Parteischule wurde er hauptamtlicher Parteiangestellter. 1926 wurde er Leiter der Gewerkschaftsabteilung des KJVD für den Bezirk Berlin, Anfang 1927 kam er ins ZK des KJVD. Ende 1927 wurde er nach Moskau zur Gewerkschaftsabteilung der KJI berufen. Er nahm an den Weltkongressen der Profintern und der Komintern 1928 teil. Im November 1928 kehrte er nach Berlin ins ZK des KJVD zurück. Im Sommer wählte ihn der XI. Verbandskongress zum politischen Leiter. In dieser Funktion hatte er enge Kontakte zu einigen führenden ultralinken Funktionären, die jedoch dem Parteivorsitzenden Ernst Thälmann kritisch gegenüberstanden. Ab dem Sommer 1931 war er Leiter der deutschen Delegation bei der KJI, stieg ins Präsidium des EKKI auf und war zugleich Sekretär der KJI. Wegen seiner Kontakte zu den Thälmann-Kritikern wurde er 1933 von allen Funktionen abgesetzt und nach kurzem Strafaufenthalt in Gorki im März 1934 zu illegaler Arbeit nach Hitlerdeutschland geschickt. Nach einem halben Jahr fiel er aufgrund einer Denunziation den Nazis in die Hände und wurde zu sechs Jahren Zuchthaus verurteilt. Von dort kam er in das KZ Sachsenhausen, aus dem er 1945 befreit wurde.

Anfang 1946 wurde er vom KPD-Parteitag in den Ostberliner SED-Vorstand delegiert; diese Funktion durfte er auf Anordnung der alliierten Besatzungsmacht nicht ausüben. 1948 wurde er einer der zwei stellvertretenden

KPD-Vorsitzenden, kam in den niedersächsischen Landtag und 1949 in den ersten Bundestag, wo er Vorsitzender der KPD-Fraktion wurde. Im März 1950 lockte ihn der KPD-Vorsitzende Max Reimann in die DDR; nach dem Grenzübertritt wurde er verhaftet, ins Gefängnis der Staatssicherheit gebracht, von der sowjetischen Militärjustiz zu 25 Jahren Zuchthaus verurteilt, die er bis 1955 in Wladimir, östlich von Moskau, absaß, bis er zusammen mit den letzten deutschen Kriegsgefangenen 1955 von Chruschtschow freigelassen wurde.

1950 war er aus der KPD wegen Titoismus, Kooperation mit der Besatzungsmacht und ähnlicher Beschuldigungen ausgeschlossen worden. Nach seiner Rückkehr in die BRD schloss er sich der SPD an, fand politikwissenschaftliche Arbeit in der Friedrich-Ebert-Stiftung. Die DKP-Führung brauchte viele Jahre (bis 1989), bis sie sich in einer lauen Erklärung entschuldigte. Diese Entschuldigung lehnte er als ungenügend ab. Die neugegründete PDS rehabilitierte ihn am 31. März 1990. Er nahm an der aktiven Politik nicht mehr teil. Am 31. August 1990 ist er in Konstanz-Dingelsdorf gestorben.

Auch einige andere führende KPD-Funktionäre waren auf ähnliche Weise Opfer der Reimannschen »Säuberung« geworden, unter ihnen Leo Bauer, Willi Prinz und Müllers Nachfolger im KPD-Vorstand Fritz Sperling.

Quelle: Klocksin (1993).

Thea Meyerowitz-Nathan

Thea Nathan war schon in Deutschland Sozialarbeiterin gewesen. In Israel hat sie in der staatlichen Sozialversicherung wichtige Funktionen gehabt, aber »nebenbei« manche soziale Aktivität gefördert.

Thea Nathan habe ich durch meinen Bruder Arthur kennengelernt, der sich gleichfalls um einige soziale Probleme kümmerte und zu deren Lösung beitragen wollte. Sie wandte sich an mich und bat um Unterstützung. Diese Zusammenarbeit wurde noch intensiver, als mein Bruder starb. Sie »erbte« seine sozialen Vorhaben

16.4.1909-9.11.1992

und betrieb sie mit großer Energie bis kurz vor ihrem Tode im hohen Alter. So kamen wir uns auch in langen politischen Gesprächen in ihrer Wohnung in Jerusalem, aber auch bei ihren Aufenthalten in der Schweiz und in der BRD näher.

Ein Projekt lag ihr sehr am Herzen, das Arthur Bergmann angefangen hatte. Er hatte beobachtet, dass es unter Israels christlichen Arabern ungewöhnlich viel blinde oder stark sehbehinderte Kinder gab, wahrscheinlich Folge der Verwandtenehen in der christlich-arabischen Bevölkerung. Er fand Interesse bei einem französischen Schwesternorden, der in Nazareth ein Schulinternat unterhielt. Zudem kannte er eine junge christliche Palästinenserin, sorgte für ihre Ausbildung im Fach Behindertenpädagogik in Birmingham. Die Kosten der Ausbildung und des Auslandsaufenthaltes teilte er sich mit britischen Quäkern. Als sie nach Israel zurückkehrte, wurde sie Lehrerin in dem Internat; nebenbei versuchte sie, blinde und sehbehinderte arabische Kinder aufzuspüren, die von ihren Eltern oft »versteckt« wurden. Es war nicht immer leicht, die Eltern zu überzeugen, dass sie ihren Kindern diese einmalige Chance gaben. Für dieses Projekt, das zu einem großen Teil durch Spenden finanziert wurde, warb Thea Nathan in ihrem Freundeskreis – mit Erfolg.

Außer der Finanzierung und der neuen spezialisierten Lehrerin brauchte man noch Lehrmaterial in Braille-Schrift. Mein Bruder Arthur Bergmann betreute palästinensische Terroristinnen im israelischen Frauengefängnis Neve Tirza. Dort fand er eine Insassin, die bereit war, mit einer Braille-Druckmaschine Lehrmaterial zu erstellen. Er besorgte eine Maschine; das Problem wurde gelöst. – Mit einem kleinen Verein betreute Thea Nathan dieses Internat bis zu ihrem Tode – ganz in der Stille, ohne Publizität. Sie empfand das als selbstverständlich.

Bei einem anderen Problem kooperierte sie gleichfalls mit meinem Bruder: bei der Altersfürsorge für Akademiker aus dem deutschsprachigen Mitteleuropa. Eine wohlhabende jüdische Witwe ohne Kinder aus Großbritannien hatte Arthur Bergmann gefragt, wo und wie sie in Israel helfen könnte. Man beschloss, zwei betreute Wohnheime für diese begrenzte Gruppe zu schaffen; das eine steht in Jerusalem in schöner Lage – und im gleichen Gebäudekomplex wurde ein Museum islamischer Kunst eingerichtet. Das zweite Haus wurde mit einer Station für Intensivpflege in der Nähe von Tel Aviv in Kefar Saba errichtet. Thea Nathan war zusammen u.a. mit dem Züricher Rechtsanwalt Dr. Veit Wyler aktiv in der Betreuung der beiden Häuser; sie sorgte dafür, dass ihr Charakter erhalten blieb, dass nicht »ökonomische Rücksichten« dominierten.

Die junge arabische palästinensische Lehrerin Afaf Tourky beschloss eines Tages, mit ihrem Mann und den drei Kindern auszuwandern; sie fürchtete, ihr Sohn würde von der PLO oder der Fatah angeworben und gegen die

Juden eingesetzt werden, was sie nicht wollte. Thea sollte bei der Auswanderung helfen. Das schmerzte Thea als ein Verlust für das Land. Aber sie respektierte diesen starken Wunsch, und es gelang, die Auswanderung zu organisieren, trotz der vielen Schwierigkeiten mit Einwanderungserlaubnis, Finanzierung u.a. In Australien hat die ganze Familie sich gut integriert; alle sind in ihren Berufen erfolgreich.

Neben den gemeinsamen Aktivitäten haben wir vor allem die sozialen und politischen Probleme Israels diskutiert. Thea war seit ihrer Jugend eine Zionistin und Sozialistin. Bevor sie 1934 nach Palästina einwanderte, war sie in Zürich für die Jugend-Aliyah zuständig. Sie erlebte die gewaltigen Anstrengungen der frühen Jahre vor der Staatsgründung 1948, sah in den Kibbuzim einen entscheidenden ökonomischen und politischen Beitrag zur Staatsbildung und seiner Sicherheit.

Aber auch die Kritik an manchen negativen Phänomenen blieb nicht aus. Den Sieg Israels im Sechstagekrieg 1967 sah sie mit gemischten Gefühlen; er sei überlebenswichtig gewesen, habe aber den Nationalismus in der jüdischen Jugend stark gefördert. Die Siedlungen in den besetzten Gebieten lehnte sie entschieden ab.

Eines Tages äußerte sie Zweifel, ob es richtig gewesen sei, jedem Juden das Recht auf Einwanderung zu gewähren; man hätte vorsichtiger und selektiver sein müssen; manchen Juden hätte sie lieber nicht in Israel gesehen. Ich fand das zu idealistisch; denn das Land und der Staat brauchen Menschen – möglichst viele. Und unter den Juden gab und gibt es alles: wenige Reiche und Millionen schwer Arbeitende, große Intellektuelle und Hunderttausende, die die Chance der Bildung nicht bekommen haben, einige Kriminelle und Millionen fleißige und ehrliche Menschen – ein Volk wie alle anderen. Und ein Staat, in dem um die Gestaltung und innere Organisation gekämpft wird, gekämpft werden muss.

An diesem inneren Kampf hat Thea Nathan geistig und aktiv teilgenommen. Sie blieb Sozialistin. Sie begnügte sich jedoch nicht mit der Hoffnung und dem Streben nach einer sozialistischen Zukunftsgesellschaft. Sie wollte Menschen in ihren täglichen Nöten helfen, wenn sie auch wusste und betonte, diese Hilfen seien kein Ersatz für grundlegende soziale Veränderungen. Sie drückte das so aus: »Es ist ein Versuch, mit einem Teelöffel einen Ozean der Tränen leer zu schöpfen.«

In hohem Alter wurde sie zur Ehrenbürgerin von Jerusalem. Sie zog nicht in eines der von ihr mitgeschaffenen Wohnheime für alte Mitteleuropäer, sondern blieb bis zuletzt in ihrer kleinen Wohnung mit ihren Büchern – in deutsch und hebräisch. Als Gerontologin nahm sie an manchen internationalen Konferenzen teil. Sie war gesund bis kurz vor ihrem Tode. Als sie 90 war, entdeckte man einen Tumor, die Ärzte wollten sie operieren. Sie zog es vor, im Stillen Abschied zu nehmen. Ich telefonierte noch aus Stuttgart mit ihr – es war wohl ein Freitagabend. Sie war klar und gefasst; einen Tag danach, am 9. November 1992, war ihr Leben beendet.

Lebensdaten: *Thea Meyerowitz* wurde am 16. April 1909 in Königsberg/Ostpreußen geboren. Nach der Reifeprüfung Ostern 1927 begann sie praktische Sozialarbeit in mehreren Fürsorgestellen bis zum Oktober 1928, u.a. im Jüdischen Waisenhaus in Berlin-Hermsdorf, bei der Jugendgerichtshilfe in Königsberg und der Frauenhilfsstelle in Königsberg. Mit dieser praktischen Erfahrung konnte sie in die Soziale Frauenfachschule in Königsberg aufgenommen werden, die sie ab Oktober 1930 besuchte. Das Fürsorgerinnenexamen bestand sie mit »Sehr gut«. In diesen zwei Jahren absolvierte sie weitere Praktika in einem jüdischen Jugendheim, bei der Arbeitsgemeinschaft der jüdischen Arbeitsnachweise und im Büro des Reichsausschusses der jüdischen Jugendverbände. Nach dem Examen im Oktober 1930 arbeitete sie drei Monate im Jüdischen Mädchenwaisenhaus in Potsdam. Danach wurde sie Angestellte der Landesversicherungsanstalt Ostpreußen als Provinzialfürsorgerin für Gefährdetenfürsorge. Am 1. Januar 1933 verließ sie (ungekündigt) diese Stelle, »um in der jüdischen Fürsorge tätig zu werden«. Im April 1933 begann sie bei der gerade geschaffenen Zentralstelle für jüdische Wirtschaftshilfe der Berliner jüdischen Gemeinde. Am 30. November 1933 übernahm sie die jüdische Flüchtlingshilfe in der Schweiz; dazu gehörte die Armenpflege, die Fürsorge für Tbc-Kranke in Davos und die Fürsorge für die Einheimischen in Zürich.

Thea Meyerowitz war aktiv in der Jugend-Einwanderung nach Palästina. Sie ging im Dezember 1935 nach Palästina. Ihre erste Arbeit war die Tätigkeit als (erste) Fürsorgerin der Stadt Tel Aviv (nach den Unruhen in Jaffa 1936, die zu einer Massenflucht jemenitischer Juden aus Jaffa führten). 1936 heiratete sie den Witwer und Vater dreier Kinder Max Nathan. Ihre nächste Stelle war bei der neugeschaffenen Nationalversicherung (im wesentlichen Altersversicherung). Nach der Heirat und der Geburt ihrer Tochter suchte sie eine Halbtagsarbeit und wurde Sozialarbeitern bei der Organisation der deutschen Einwanderer. Sie war zusammen mit dem Zürcher Rechtsanwalt Dr. Veit Wyler initiativ bei der Schaffung zweier Wohnheime für Akademiker aus Deutschland und Mitteleuropa in Jerusalem und Kefar Saba.

1949 ging sie nach Jerusalem und übernahm die Leitung der Abteilung für Rehabilitation und Alte im Sozialministerium.

Thea Nathan unterstützte die Fürsorge für blinde, halbblinde und andere behinderte arabische Kinder in einem Heim in Nazareth. Sie blieb Beraterin der Regierung in Fragen der Altersversicherung und allgemein der Fragen einer »alternden Gesellschaft«. Für ihre lebenslange soziale Fürsorgetätigkeit wurde sie 1988 Ehrenbürgerin von Jerusalem.

In Deutschland war sie organisiert bei dem jüdischen Jugendbund Kameraden, ferner bei den Jungsozialisten. 1929 nahm sie als Delegierte am Wiener internationalen Treffen der Jungsozialisten teil. Ihr Leben lang bekannte sie sich als Sozialistin. In Israel wurde sie Zionistin, die sich für Frieden und Verständigung mit den Palästinensern engagierte.

Sie starb nach kurzer Krankheit am 9. November 1992.

Quelle: Ellger-Rüttgardt (1996).

Wolfgang und Erna Nelki

Wolfgang Nelki besuchte das Mommsen-Gymnasium wie ich auch, aber fünf Klassen über mir. Er war »schuldig«, dass mein Bruder Josef und ich im Frühjahr 1929 die konservative Schule verlassen mussten, die vor 1914 einen sehr guten Ruf gehabt hatte. Anfang 1929 waren wir

Wolfgang Nelki (11.6.1911-10.1.1992) und Erna Nelki, geb. Liesegang (2.4.1914-28.1.2002)

sozialistischen Schüler noch gemeinsam im Sozialistischen Schülerbund organisiert. (Das änderte sich 1929, als die KPD auch diese überparteiliche Organisation von jungen Sympathisanten auf die neue Generallinie einschwor. Damals verließen wir den SSB.) Aber noch vor dieser Spaltung gab es den Eklat, für den mein Bruder und ich bestraft wurden.

Unser Gymnasium hatte einen neuen Rektor bekommen, einen Herrn von Mackensen aus der gleichnamigen Familie adliger Militärs. Er wollte durchgreifen gegen die solidarische Hilfe von Abiturienten, indem er erstmalig im Winter 1928/29 einen Nachttopf in den Klausurraum stellen ließ. Damit sollte der schriftliche Austausch der Aufgabenlösungen auf der Toilette unterbunden werden. Diese kulturelle Tat im westlichen Zentrum der Großstadt Berlin regte unseren Genossen Wolfgang Duncker zu einem Ge-

113

dicht an mit dem wiederkehrenden Reim: »Er ist Symbol, der Nachttopf in der Klasse«, das in der Monatsschrift *Schulkampf* publiziert wurde. Zudem hatte Nelkis Abiturientenjahrgang Anfang 1929 gegen den einstündigen Unterricht (Aufklärung) über Sexualfragen nach der Reifeprüfung durch Streik protestiert. Sie waren offenbar durch die Vorträge sozialistischer Ärzte in vielen Arbeiterorganisationen oder durch die Großstadt bereits aufgeklärt. Diese Ausgabe des *Schulkampfs* verkaufte sich gut. Herr Mackensen sagte die Entlassungsfeier ab, konnte aber den Prüflingen nichts mehr anhaben. So wurden die aktivsten Zeitungsverkäufer von der Schule geworfen. Daran war nun Wolfgang Nelki schuld.

Bald trennten sich unsere Wege. Er begann ein Studium der Zahnmedizin, wie es der Familientradition entsprach. Mein Bruder Josef und ich fanden offene Arme an dem modernen Köllnischen Gymnasium mit dem Rektor Dr. Siegfried Kawerau. Schule und Rektor waren das Gegenmuster zu der Schule, die wir verlassen hatten. Der Rektor war Schulreformer, Sozialdemokrat und Historiker, der die ersten synoptischen Tabellen entwickelt und in den Unterricht eingeführt hatte. In diesen rückten Monarchen und deren kriegerische Heldentaten in den Hintergrund; dafür erfuhr der Schüler etwas über Wirtschaft, Wissenschaft, Kultur und soziale Fragen (vgl. den Beitrag über Siegfried Kawerau in diesem Band, S. 83ff.). Es war ein humanistisches Gymnasium; aber hier lernten Arbeiterjungen, die schon Berufserfahrung hatten, in sechs Jahren, was gute Bürgerkinder in neun Jahren an Wissen erwarben. Also musste ich ein Jahr bzw. mein Bruder als »Michaelis-Schüler« ein halbes Jahr springen. Dagegen hatten wir gar nichts, sodass wir Wolfgang Nelki dankbar waren.

Er war KPD-Mitglied, wenn auch Versöhnler; wir wurden Rechtsabweichler. Und schließlich trennten sich unsere Wege auch geographisch. Er ging ohne Studienabschluss in eine lange und schwierige Emigration über Belgien, wo er den Widerstand der KPD organisieren half (bis er ausgeschlossen wurde). Er landete in England – in einem Lager für *enemy aliens* (feindliche Ausländer). Noch machte die konservative Regierung keinen Unterschied zwischen deutschen Nazis und ihren Opfern und Gegnern. Mein Bruder Josef hatte ein Medizinstudium in Berlin begonnen, das er 1933 aufgeben musste. Ich hatte noch am 2. März 1933 das Abitur gemacht (dank dem Rauswurf 1929) und ging 1933 als Landarbeiter nach Palästina.

Wolfgang Nelki sah ich erst am 1. Mai 1946 in Hamburg wieder – er in britischer Uniform als Übersetzer für den englischen Sozialisten Fenner Brockway, ich als einer der Tausenden von Demonstranten. Über dieses Zusammentreffen, für uns beide eine freudige Überraschung, wir hatten ja das »Tausendjährige Reich« überlebt, habe ich an anderer Stelle berichtet (siehe den Abschnitt über Fenner Brockway, S. 39ff.). Ich traf ihn wenige Tage später nochmals in Hannover. Er war mit seinem Freund Fenner Brockway beim Parteitag der SPD. Und Wolfgang hoffte, auch dort Sozialisten zu finden, die helfen würden, meinen Bruder aus dem Gefängnis zu befreien. Aber er hatte sich geirrt. Ich durfte zwar dank seiner Vermittlung mit dem SPD-Funktionär Fritz Heine sprechen. Aber der lehnte jede »Hilfe für Kommunisten« entrüstet ab. Da half auch nicht der Hinweis, dass einer meiner Brüder schon vor 1933 aktiver Sozialdemokrat gewesen ist.

Wieder gab es eine lange Unterbrechung in unseren Begegnungen. Wolfgang hatte in England erst eine Weile im Internierungslager auf der Insel Man gesessen, wie auch Erna Liesegang, die er heiratete, als es dem Sozialisten Fenner Brockway gelungen war, einige Politiker zu überzeugen, dass die Internierung deutscher Antifaschisten nutzlos sei. Der größte Teil seiner jüdischen Verwandten hatte ebenfalls England erreicht; sie begannen, sich dort wieder als Zahnärzte zu betätigen.

Wolfgang heiratete; zwei Kinder wurden geboren. Erna begann zu unterrichten, Wolfgang befasste sich wohl mehr mit Politik. Und es dauerte viele Jahre, bis er sein Studium der Zahnmedizin abschloss und wieder als Zahnarzt zu arbeiten begann. Von seinem Genossen Sir R. Acland von der Socialist Commonwealth Party hatte er dessen Reihenhaus in der Nightingale Lane 28 im Stadtteil Clapham gekauft. Seine Praxis war nicht sehr modern eingerichtet, eher technisch einfach. Er behandelte wenig Privatpatienten in seinem Hause, sondern betreute Patienten in Heimen und psychiatrischen Anstalten, was schwieriger war. Das aber fiel ihm mit seiner großen Geduld leichter als manchen seiner Kollegen.

Viele Jahre hatten wir kein Geld, um nach London zu fahren. Es dauerte lange, bis wir uns wiedersahen, es muss wohl Ende der 1960er Jahren gewesen sein. Er holte uns mit seinem kleinen Auto vom Flughafen ab und führte uns vor, wie man auf einer achtspurigen Straße von ganz links nach ganz rechts kommt; seine Ruhe und die der anderen Autofahrer war bewundernswert. Die Nelkis nahmen uns mit offenen Armen auf, stellten uns ein Zimmer in ihrem Häuschen zur Verfügung und halfen uns, uns in der Riesenstadt zurechtzufinden.

Wolfgang und Erna waren gleich kritisch gegenüber den kommunistischen Parteien geworden; aber in vielen anderen Fragen zeigten unsere Gespräche große Unterschiede. Es ging vor allem um Deutschland und Israel. Erna, Nicht-Jüdin, fand die Aufbauleistung der Israelis großartig und hoffte, dass dieser Staat sich behaupten werde, wenn sie auch sehr kritisch gegen die Siedlungen in den 1967 besetzten Gebieten war. Wolfgang fand dagegen nichts Gutes an dem Staat. – Natürlich verurteilte er die Verbrechen des deutschen Faschismus, mochte aber seinen beiden Kindern lieber nichts davon erzählen. Das wiederum fanden wir als deutsche Staatsbürger unvernünftig; denn, so hatten wir es erklärt, man kann und darf die Geschichte nicht schönschreiben. Und keineswegs sind alle Deutschen Nazi-Anhänger gewesen; sonst hätte die NSDAP ihren riesigen Terror- und Kontrollapparat nicht gebraucht, der bis in die letzten Winkel des Dritten Reiches und darüber hinaus seine Antennen ausgefahren hatte.

Die Nelkis hielten solidarischen und freundschaftlichen Kontakt mit den Genossen aus der Berliner Schüler- und Studentenbewegung, und wir wurden angehalten, auch sie zu besuchen. So trafen wir Genia Leviné, den Sohn von Eugen Leviné, der mein Klassenkamerad am Köllnischen Gymnasium gewesen war, Bernd Rahmer und Franz Carstens. Die meisten waren politisch sehr interessiert, aber nicht politisch aktiv. Vielleicht war es nicht erwünscht, dass eingebürgerte Engländer sich in der Innenpolitik engagierten. Die Nelkis waren beteiligt an den Protestbewegungen gegen Aufrüstung und gegen Atomwaffen.

Das letzte Mal, dass wir die Nelkis in London trafen, war 1987; wir waren zu dritt, Gretels Schwester Hedwig reiste mit uns. Sie hatten ein zweites Häuschen in der Nachbarschaft; wir zwei wohnten im alten Haus, Hedwig im zweiten Haus. Wir besuchten Museen und die wenigen verbliebenen Freunde, Tamara Deutscher und Eva Laufer. In der Nacht vor dem Rückflug tobte ein zerstörerischer Orkan, sodass wir am Morgen Mühe hatten, zum Flughafen Heathrow zu kommen. Erst am späten Abend konnten wir fliegen; von Frankfurt nahmen wir den letzten Zug und waren erst nach Mitternacht zu Hause.

Die Zahnarztpraxis gab Wolfgang Nelki allmählich auf, er hatte auch körperliche Beschwerden. Er versuchte, die interessante Sozialgeschichte seiner weitverzweigten Familie zu erforschen. Einen umfassenden Stammbaum konnte er erstellen. Überdies konnte er interessante Anekdoten über seine Verwandten und über seine Spurensuche erzählen. Seine Verwandten wünschten aber, dass er die erforschte Vergangenheit nicht beschrieb und publizierte. Diesem Wunsch kam das Nachlassen seiner Kräfte entgegen, sodass der Nachwelt manches entgeht. Denn noch in der Mitte des 19. Jahrhunderts waren die Nelkis eine Bande, die »Nelki-Bande«, die in deutschen Landen als Nomaden wanderten und von Kleinkriminalität lebten. Anfang des 20. Jahrhunderts waren die Nelkis als gute Zahnärzte bekannt. Eine Nelki war mit einem sephardischen Juden, eine andere mit dem ungarischen faschistischen Politiker Kálmán Darányi verheiratet.

Im Laufe der Zeit wurde auch das Telefonieren immer schwieriger; erst wurde Wolfgang schwerhörig, dann auch Erna. Wolfgang starb in London am 10. Januar 1992; zu seiner Trauerfeier in der Conway Hall, einem Haus linker Vereine, bin ich nach London gekommen. Erna wohnte noch ein paar Jahre in einem Altenwohnheim in der Nightingale Lane, ganz in der Nähe des verkauften Hauses. Dann zog sie zu ihrer Tochter Julia und deren Familie in Oxton bei Liverpool. Julia sorgte für sie bis zu ihrem Tode am 28. Januar 2002.

Literaturtipp: Erna & Wolfgang Nelki (1991), Geschichten aus dem Umbruch der deutschen Geschichte zwischen Assimilation und Asyl, Hannover.

■■■■■■■■ Lebensdaten: *Erna Liesegang* wurde am 2. April 1914 in Berlin-Neukölln als einziges Kind eines Bankangestellten und einer Omnibusfahrerin geboren. 1920 kam sie in die Rütli-Volksschule in Neukölln. Mit 13 Jahren ging sie 1927 auf die Karl-Marx-Schule, ein Aufbaugymnasium. Dieses wurde nach der Machtübergabe an die NSDAP 1933 geschlossen, sodass Erna keine Reifeprüfung ablegen konnte. Daher durfte sie nicht auf die Universität. Mit ihrer Schulfreundin Sibylle Korsch kam sie in das Pestalozzi-Fröbel-Haus, wo sie eine pädagogische Ausbildung erhielt. 1934 begann sie zu unterrichten, doch schon im selben Jahr eröffneten ihr die Behörden, dass sie nicht länger als Lehrerin tätig sein dürfe. Sie begann, als Stenotypistin zu arbeiten. 1936 erfuhr sie, dass die Gestapo sie intensiv beobachtete, und man riet ihr, Deutschland zu verlassen. Freunde in England fanden für sie Arbeit als Erzieherin in einer Internatsschule. 1939 wurde sie von Kriegsbeginn an für sechs Monate interniert. Dank einer Intervention von Fenner Brockway wurde sie im Februar 1940 freigelassen. Sie heiratete Wolfgang Nelki. Im April 1940 wurden beide in verschiedenen Lagern auf der Isle of Man als Ausländer interniert und im Mai 1941 freigelassen. Sie lebten nun in London. Erna arbeitete als Sekretärin einer Hilfsorganisation, die von Eleanor Rathbone geleitet wurde.

1944 wurde Sohn Michael geboren. Erna studierte Sozialwissenschaften. 1945-48 leitete sie einen Kindergarten in Blackheath. 1951 machte sie eine Lehrerausbildung mit. 1953 wurde Tochter Julia geboren. Sie arbeitete dann etwa 25 Jahre als Volksschullehrerin, davon zehn Jahre bei verhaltensgestörten Kindern. Von etwa 1972 bis 1982 war sie ehrenamtlich in der Freundschaftsgesellschaft England-Tanzania tätig und unterstützte Studenten in beiden Ländern. Sie starb im Hause ihrer Tochter in Oxton am 8. Januar 2002.

■■■■■■■ Lebensdaten: *Wolfgang Nelki* wurde in Berlin am 11. Juni 1911 als elftes Kind des Zahnarztes Dr. Nelki geboren. Der Vater war »Westjude«, die Mutter »Ostjüdin« aus der sephardischen Familie Russo. Sie waren assimilierte Juden; zuhause wurde Weihnachten gefeiert, nicht die jüdischen Feiertage.

Nach der Volksschule besuchte Wolfgang das humanistische Mommsen-Gymnasium. Hier begann seine oppositionelle Haltung; er wurde aktives Mitglied des Sozialistischen Schülerbundes, in dem er sich der kommunistischen Strömung anschloss. Man protestierte gegen reaktionäre Lehrer und deren nationalistische Lehrinhalte. Er schloss sich in dieser Zeit dem KJVD an. 1929 begann er ein Jurastudium an der Humboldt-Universität, das er 1933 aufgeben musste, als die Universitäten von Juden und Kommunisten gesäubert wurden.

Im Mai 1933 emigrierte er mit seinen Eltern nach Brüssel, zwei Brüder gingen nach London. Von dort ging er nach Paris und setzte sein Jurastudium an der Sorbonne fort. Da aber durch ein neues Gesetz Ausländern der Anwaltsberuf verwehrt wurde, kehrte er 1935 nach Brüssel zurück. Wegen seiner Kritik wurde er aus der KPD ausgeschlossen, aber ein Jahr später wieder aufgenommen. Bald verließ er selbst endgültig die KPD. Er versuchte, in Belgien Zahnheilkunde zu studieren, musste dafür seine deutschen Prüfungen wiederholen. Nebenbei arbeitete er als Zahntechniker. Im August 1939 besuchte er seine Brüder in London; nach dem 1. September war eine Rückkehr wegen des Krieges unmöglich.

Anfang 1940 heiratete er Erna Liesegang, die noch interniert war. 1940-41 war er selbst auf der Isle of Man interniert. 1946 reiste er als Übersetzer mit Fenner Brockway durch das besetzte Restdeutschland und suchte nach alten Freunden. In London arbeitete er als Zahntechniker. Nachdem er eine Wiedergutmachung aus der BRD erhalten hatte, nahm er 1955 wieder das Studium der Zahnmedizin auf, das er 1961 abschließen konnte. Danach arbeitete er teils in einer kleinen Privatpraxis, teils in Krankenhäusern und psychiatrischen Anstalten als Zahnarzt. Er starb in London am 10. Januar 1992.

Eugen Ochs

Eugen lernte ich 1946 im Kreis der ehemaligen Stuttgarter KPD-O-Genossen kennen. Schon in der Vor-Hitler-Zeit war er gut bekannt mit meiner Genossin Gretel Steinhilber. Dazu kam der politische Gleichklang in der Kritik an den beiden 1945 von den Besatzungsmächten lizenzierten Arbeiterparteien, die sich anfangs in ihren politischen Positionen wenig unterschieden.

Die zwei grundlegenden Essays von Heinrich Brandler und August Thalheimer (1945, 1946), die Mogens Boserup bald nach dem Ende des Nationalsozialismus nach Restdeutschland gebracht hatte, beförderten eine klärende Diskussion; diese bestärkte die von Anfang an bestehende Skepsis der KPD-O-Genossen gegenüber der Besatzungspolitik der Siegermächte und der Kooperation von SPD und KPD mit diesen.

4.4.1905-17.11.1990

Meine Kontakte mit Eugen und seiner Frau Hanne galten zuerst der Aussprache über die Richtung der politischen Arbeit in den Gewerkschaften. Eugen gehörte zu den Pionieren, die sofort nach ihrer Befreiung aus Buchenwald die Metallergewerkschaft in Stuttgart wieder aufbauten. Bei dieser Arbeit kam er von selbst bald in Konflikt mit den organisatorischen Direktiven und der Bevormundung der US-Militärregierung, ihrer rücksichtslosen »Wiederaufbaupolitik« und ihrer deutlichen Bemühung, den deutschen Kapitalismus zu konsolidieren. In dem von ihm herausgegebenen Mitteilungsblatt *Der Stuttgarter Metallarbeiter* bemühte er sich, seine Gewerkschaft auf den Klassenkampf auszurichten und diese sozialistische Position seinen z.T. jungen Lesern verständlich zu machen.

Wir bekamen unsere erste Wohnung (Einzimmerwohnung, 29 m^2) im Frühjahr 1950 in einem Neubaugebiet im Stuttgarter Stadtteil Degerloch. Bald zogen auch Eugen und Hanne in eine Wohnung in unserer Nähe. Unsere Kontakte wurden intensiver. Er sympathisierte mit der Gruppe Arbeiterpolitik und ermöglichte mir die Teilnahme an den Stuttgarter Delegiertenversammlungen der IG Metall, in denen damals intensive politische und gewerkschaftliche Debatten geführt wurden.

Im Frühjahr 1952 suchte ich Arbeit; es herrschte noch große Arbeitslosigkeit. Also bat ich Eugen, mir durch seine Betriebskenntnisse zu helfen. Er hatte zwar meine politische Arbeit anerkannt, zweifelte aber, ob ich (körperlich) arbeiten könne. Nachdem ich ihm von meiner langen Schwerarbeit in Landwirtschaft, Bergbau und Bau erzählt hatte, überwand er seine Zweifel und vermittelte mich zur Firma SÜMAK in Stuttgart-Stammheim, am anderen Ende der Stadt; die Straßenbahn brauchte fast eine Stunde. Dort begann ich als Hilfsarbeiter mit einem Stundenlohn von 1,32 DM.

Unsere politischen Gespräche fanden nun häufig in seiner Wohnung statt, die mehr Platz hatte als unsere Einzimmerwohnung. Es ging um die Demontagen in Deutschland, um die Reform und den Titoismus in Jugoslawien, das wir ein wenig studiert hatten. Er verließ die KPD, als sie mit der berüchtigten These 37 einen Vorwand lieferte, mit dem die Reformisten die KPD-Funktionäre aus den Gewerkschaften warfen. Manche gingen nun in die SPD; Eugen tat das nicht. Als Karl Mössner, 1. Bevollmächtigter der Stuttgarter IGM, in Rente ging, hätte Eugen sein Nachfolger werden sollen – wenn er der SPD beigetreten wäre. Das lehnte er ab und ging nach Ludwigsburg, um in dieser wichtigen Industriestadt nahe Stuttgart die IGM aufzubauen. Dank seiner Arbeit wuchs diese bald auf 15.000 Mitglieder an.

Dort organisierte er u.a. eine politische Bildungsarbeit, an der ich mitarbeiten durfte. Bald übersiedelte er auch nach Ludwigsburg. Wir gingen 1956 für neun Jahre nach Hannover, nach Indien und in die Türkei. Als wir 1965 nach Stuttgart zurückkehrten, nahmen wir den Kontakt wieder auf, der – mit der Unterbrechung unseres einjährigen Australienaufenthaltes – nicht mehr abbrach. Eugen war schlecht zu Fuß, also trafen wir uns meistens in seiner Ludwigsburger Wohnung. Er konzentrierte sich in seiner täglichen Arbeit auf die Gewerkschaft, in der er vorbildlich war für die jüngeren Angestellten der IGM und für die Betriebsräte. Wenn es Aktionen gab, waren »seine« Ludwigsburger diszipliniert dabei. Er trat in keine Partei ein, blieb jedoch intensiv interessiert an den Entwicklungen der kommunistischen Bewegung und der sozialistischen Länder. Er hatte keine Berührungsängste mit SED-Genossen, reiste nach Buchenwald, um dort an den Erinnerungstagen seine Mithäftlinge zu treffen. Er kritisierte die politische Enge der DDR und hoffte – wie wir – auf dringend notwendige Reformen. Tief enttäuscht war er über das Ende des Prager Frühlings 1968, als fünf Ostblock-Armeen den Versuch der Reform militärisch niederschlugen, der eine große Chance beinhaltete.

Meine Genossin Gretel konnte ihn überzeugen, eine Autobiografie zu schreiben, als er Rentner geworden war. Er begann damit sehr bald und brachte immer ganze Kapitel, die Gretel – auch schon länger Rentnerin – auf der Schreibmaschine abtippte. Bei seinen Besuchen in unserer neuen Wohnung gab er Erläuterungen zu seinen Manuskripten und Ergänzungen. Wenn er über seine Haftzeit berichtete – vier Jahre Zuchthaus, dann fast sieben Jahre KZ Welzheim, Dachau und Buchenwald –, merkte man, wie ihn dieses lange Leiden noch in der späten Erinnerung schmerzte; manchmal standen dem großen, starken Menschen Tränen in den Augen. Er vergaß nicht zu erzählen und zu beschreiben, wie er fast als Todeskandidat von Dachau nach Buchenwald überstellt wurde. Dort entdeckte ihn sein Jugendgenosse Willi Bleicher und rettete sein Leben, indem er ihn in der Lagerküche unterbrachte. Die beiden waren in Temperament und Auftreten sehr verschieden, blieben aber Freunde bis ans Lebensende.

Seine Frau Hanne, die auch zwei Jahre Haft durchlebt hatte, stand ihm treu zur Seite. Als er von Dachau nach Buchenwald überstellt wurde, schrieb er ihr, sie sollte nicht auf ihn warten, denn er würde noch lange Häftling bleiben. Sie wartete auf das Ende der faschistischen Herrschaft und auf ihren Eugen. In ihren letzten Lebensjahren litt sie zunehmend an Nervenschmerzen, die nicht behoben werden konnten. Nach ihrem Tode dauerte es nicht lange, bis er ins Altersheim am Stadtrand von Ludwigsburg übersiedelte. Auch dort besuchte ich ihn. Sein Interesse blieb wach bis zuletzt. Bei meinem letzten Besuch gab er mir zwei Mahnungen mit. »Theo, Du musst immer pünktlich zu Deinen Vorträgen kommen.« Und: »Du musst die Erinnerung an die KPD-Opposition aufarbeiten und für die Geschichte aufbewahren.«

Zu seiner Trauerfeier auf dem Ludwigsburger Friedhof kamen vielleicht 200 Metallarbeiter und -arbeiterinnen. Manchem standen Tränen in den Augen. Ich durfte die Trauerrede halten und sein Leben als kritischer Kommunist würdigen. Trotz mancher Anfeindung seitens der KPD und DKP nach 1945 blieb er seinen Ideen treu.

Lebensdaten: *Eugen Ochs* wurde am 4. April 1905 in Stuttgart geboren; er hatte zwei Schwestern. Nach der Realschule ging er in die Lehre als Maschinenschlosser bei Daimler in Stuttgart-Untertürkheim. Er wurde Jugendvertrauensmann und Betriebsrat. 1923 trat er dem KJVD bei und übernahm bald verschiedene Funktionen. Anfang der 1920er Jahre nahm er an größeren Aktionen im Betrieb teil (Steuerstreik, Sabotage der Rüstungslieferungen an die russischen Weißgardisten). Ende 1925 wurde er Mitglied der KPD, Ende 1928 wurde er als Gegner des ultralinken Kurses ausgeschlossen. Er trat der KPD-O bei, war besonders aktiv in der Gewerkschaftsarbeit. Da er nach 1933 als Aufzugmonteur regelmäßig nach Frankreich fahren durfte, arbeitete er als illegaler Kurier der KPD-O.

1934 wurde er verhaftet und zu vier Jahren Zuchthaus und drei Jahren Ehrverlust verurteilt. Im gleichen Prozess wurde u.a. auch seine Verlobte Johanna Semmler zu zwei Jahren Gefängnis verurteilt. Nachdem er die Strafe in Ludwigsburg verbüßt hatte, wurde er ins KZ überwiesen und ging von Welzheim über Dachau nach Buchenwald, wo er bis zum Zusammenbruch des Nationalsozialismus blieb. Dort gehörte er zur illegalen Widerstandsgruppe.

Nach der Befreiung arbeitete er am Wiederaufbau der Metallgewerkschaft, wurde Angestellter der großen Stuttgarter Ortsverwaltung der IGM. Er ging nach Ludwigsburg, baute dort die Ortsverwaltung auf, wurde Bevollmächtigter bis zur Verrentung 1970.

Nach 1945 wurde er Mitglied der KPD, die er wegen ihres nun eher wirtschaftsfriedlichen Kurses und der Zusammenarbeit mit den kapitalistischen Besatzungsmächten bald verließ. Er stand der Gruppe Arbeiterpolitik nahe, vertrat in seiner Gewerkschaftsarbeit eine klassenkämpferische Position. Er lebte als Rentner in Ludwigsburg und starb am 17. November 1990.

Quelle: Ochs (1984).

Eugen Podrabsky

Auf meinem gewundenen Lebensweg bin ich Eugen Podrabsky mehrmals begegnet; mit diesem deutsch-tschechischen organischen Intellektuellen und Stuttgarter Metallarbeiter verband mich eine politische und menschliche Freundschaft und ein persönliches Vertrauensverhältnis.

15.10.1909-24.1.1978

Eugen gehörte zur Stuttgarter KJVD-Opposition und ab 1932 zu ihrer nach Stuttgart übersiedelten Reichsleitung. Zum ersten Mal begegnete ich ihm bei der Tagung ihrer Funktionäre zu Pfingsten 1932, die in Asch, jenseits der Reichsgrenze stattfinden sollte, aber dann in Oelsnitz/ Vogtland stattfand. Das nächste Mal – vier Jahre später – traf ich ihn in Prag wieder. Er war nach seiner Haft im Dritten Reich als Kind eines Tschechoslowaken ausgewiesen worden und lebte nun mit seiner Frau Helene und der kleinen Tochter Gertrud im Prager Arbeiterstadtteil Smichov. Ich war 1933 nach Palästina ausgewandert, war Anfang 1936 nach Europa zurückgekehrt und hatte ein Studium an der Landwirtschaftlichen Fakultät der Prager Deutschen Technischen Hochschule begonnen; diese war in der tschechischen Grenzstadt Tetschen (Děčín) angesiedelt. Nach Prag waren es 120 km, sodass ich öfter in Prag war und natürlich bei jeder Prag-Reise meine Genossen besuchte.

Dort trafen sich die wenigen KPD-O-Emigranten; wir betreuten gemeinsam die Genossen, die aus dem Reich kamen. Manche kamen als Emigranten, konnten nicht zurück, brauchten Hilfe; andere suchten politische Informationen, wollten die Stellungnahmen der KPD-O zu den neuen Entwicklungen kennenlernen und nach Hause mitnehmen. In der Flugzeugfabrik arbeitete Eugen mit den Genossen der KPČ zusammen, die im Lande die Gewerkschaften dominierten.

Wir waren an den Debatten beteiligt, die die KPD-O-Emigration führte. Unsere wichtigsten Themen waren: die Entwicklung in Deutschland, der Aufstand der österreichischen Arbeiter (1934), der Spanische Bürgerkrieg, die Entwicklung in der KPdSU, die Moskauer Prozesse (1936-38), das Münchener Abkommen (1938), die Kriegsgefahr, die sich abzeichnenden Kriegsbündnisse der Großmächte. Die Debatten unter uns und mit Besuchern aus dem Dritten Reich gaben uns politische Orientierung in der Verwirrung und den Schwankungen der offiziellen kommunistischen Bewegung.

Nach dem Münchener Abkommen vom September 1938 war endgültig klar, dass Emigranten dort nicht bleiben konnten. Das Abkommen war für uns keine Überraschung. Schon im Sommer 1938 hatte der englische Sondergesandte Walter Runciman in Prag klargemacht, dass die demokratischen Westmächte die ČSR an Hitlerdeutschland ausliefern wollten. Eugen als tschechoslowakischer Staatsbürger konnte bleiben (wenn er auch später unter der Okkupation wegen seiner illegalen Arbeit gefährdet war). Nachdem ich alle Reisedokumente beisammen hatte, verabschiedete ich mich von ihm – eine ungewisse Zukunft erwartete uns.

Nach acht Jahren sahen wir uns wieder. Eugen hatte zwar im Prager Widerstand mitgekämpft, war nun aber bei den Tschechen Deutscher, nachdem er als Häftling im Dritten Reich als Tscheche gegolten hatte und ausgewiesen worden war. Er war 1945 nach Halle umgesiedelt und hatte in der Landesverwaltung Arbeit gefunden, als Oberregierungsrat war er zuständig für Presse und Propaganda und später als Ministerialrat tätig.

Ich hatte einen längeren Umweg von Prag (1938) in die britische Zone von Restdeutschland gehabt. Durch Polen war ich nach Schweden gekommen, hatte acht Jahre dort gearbeitet, erst als Melker, dann als Bergarbeiter, und war am 1. April 1946 nicht ausgewiesen worden, sondern mit schwedischer Hilfe in Lübeck gelandet. Auf der ersten Erkundungsreise zu meinen KPD-O-Genossen 1946 war in der sowjetisch besetzten Zone die erste Station Eugen Podrabsky. Natürlich gab es große Freude auf beiden Seiten; wir hatten doch das »Tausendjährige Reich« überlebt, waren jung und sprachen nur kurz über die acht Jahre unseres Schweigens und ausführlich über die neue Gegenwart.

Eugen hatte die zwei ersten Arbeiten von Brandler und Thalheimer von Mogens Boserup bekommen, fand die Analysen sehr gut, war kritisch gegenüber der sowjetischen Besatzungspolitik, wollte aber dennoch mitarbeiten – nicht wegen der hohen Stellung, die er innehatte, sondern weil er nicht in den kapitalistischen Westen wollte. Seine Kritik war oft in die Form der Schwejk'schen Ironie gekleidet, aber sie blieb deutlich. Auch er ermunterte mich zu meiner weiteren Rundreise, gab mir Adressen früherer KPD-O-

Genossen und stellte mir seinen Dienstwagen mit Chauffeur zur Verfügung, weil der öffentliche Verkehr noch mangelhaft war.

Es vergingen wohl fast 1½ Jahre, bis wir uns wiedersahen. Eugen, der gute, erfahrene Marxist, war auf die Zentrale Parteischule nach Klein-Machnow geschickt worden, um dort zum Marxisten-Leninisten umerzogen zu werden. Klein-Machnow lag in der SBZ, aber der Übergang nach Westberlin war noch völlig offen, obwohl schon die sowjetische Blockade galt und Westberlin von den Westmächten zur Frontstadt im Kampf gegen die SBZ erklärt worden war. In Zehlendorf wohnte der KPD-O-Genosse Walter Uhlmann mit Grete und der kleinen Vera; er hatte von den ihm 1937 aufgebrummten acht Jahren fast die ganze Strafe im Zuchthaus Brandenburg absitzen müssen.

Bei ihm traf ich Eugen, der von der Parteischule herüberkam. Wir hatten ein langes Gespräch; er war sehr kritisch über die immer deutlichere Bürokratisierung der nun vereinigten SED, über die Verengung der politischen Bildung und der »Theorie«, die sich immer mehr auf Stalins ewige Wahrheiten zurückzog. Er warnte mich, dass es seit meiner Rundreise, die dem Parteiapparat denunziert worden war, einen Haftbefehl gegen mich gebe, von dem ihn Robert Siewert, damals noch Innenminister in Halle, informiert hatte.

Dann vergingen viele Jahre, bis ich Eugen auf der Durchreise von einer Studienreise in das Polen des Władysław Gomułka im Osten von Berlin traf. Es muss wohl im Mai 1967 kurz nach dem Maifeiertag in Warschau gewesen sein. Unsere Freundin Tatjana Beck war mit ihren Kindern aus der Sowjetunion zurückgekehrt und wohnte in der Nähe der Stalin-Allee. Wir drei, meine Frau, ihre Schwester und ich waren mit dem Nachtzug aus Warschau gekommen, durften einen Tag in Ostberlin bleiben und mussten vor 24 Uhr die Hauptstadt der DDR verlassen haben.

Die Stunden wurden genutzt. Tatjana berichtete über ihre schweren Jahre in der UdSSR; ihr Mann war 1937 als Brandlerist hingerichtet worden; sie kam ins Lager, in dem sie bis zu Chruschtschows Lageröffnung verblieb. Ihre zwei Kinder, nun schon selbständig, hatte sie in der SU lange gesucht, wieder gefunden und mitgebracht (vgl. den Beitrag über Tatjana Beck in diesem Band, S. 20ff.).

Dann ging es um den Weg der DDR. Eugen war zwar »umgeschult« worden, galt aber als ehemaliger Abweichler als nicht vertrauenswürdig und wurde aus der Landesverwaltung wie alle Abweichungs-Verdächtigen während der Parteisäuberung entfernt. Er hatte jedoch eine seinen Fähigkeiten entsprechende Arbeit als Dozent für Journalistik in Leipzig gefunden. Er wurde aber regelmäßig »betreut«. Ein Parteifunktionär (vielleicht auch IM) besuchte ihn, »diskutierte« mit ihm die richtige Generallinie und schnüffelte, ob Eugen verbotene Kontakte oder »irrige Auffassungen« hatte. Seine Kritik an dieser »politischen« Arbeit des Staatsapparates war voller Ironie. Aber er meinte auch, dass man mit diesem Dogmatismus das Vertrauen der Massen nie gewinnen könne.

Als die Kontrollen an der Sektorengrenze in Berlin später lockerer wurden, besuchten meine Frau und ich mindestens einmal jedes Jahr unsere Freundinnen und Freunde in Ost- und Westberlin. Eugen, hungrig nach Orientierung und Gedankenaustausch mit kritischen Genossen, verabredete sich mit uns bei Tatjana Beck. Wir gingen die politische Entwicklung durch, die theoretische und politische Stagnation in der DDR, den Reformversuch von Chruschtschow, auf dessen Erfolg ich optimistisch hoffte. Eugen dagegen: »Theo, Du bist viel zu optimistisch; Du hast ja keine Ahnung, wie zäh unsere Bürokratie ist.«

Er empfand die geistige Einengung, die Verhinderung jeder wirklichen Debatte, die gefilterte und begrenzte Information als lästig und schädlich. Er hatte während der Kontrollkampagne der SED ein »Geständnis« ablegen müssen, das uns seine Witwe später übergab. Die jungen Parteiwächter verstanden nicht die feine Ironie des gewandten alten Kommunisten und gaben sich offiziell damit zufrieden. Er schilderte zuerst die Linie der KPD-O, die die Sozialfaschismusthese ablehnte, für eine wirkliche Einheitsfront eintrat und die Gewerkschaftseinheit erhalten wollte. Dann erklärte er, dass alles das völlig falsch war und bestätigte die Richtigkeit der damaligen ultralinken Politik.

Er verpflichtete sich, mit ehemaligen KPD-O-Genossen jeden Kontakt zu meiden und bekannte zum Schluss, dass er in sich gegangen sei und den Genossen Stalin achten, ehren, schätzen und lieben gelernt habe. Das sei sein dauernder Gewinn aus der Selbstverpflichtung. Dafür wurde er nun mit einigen Orden ausgezeichnet, über die er lächelte.

Wir trafen uns weiterhin bei unserer Genossin Tatjana zu intensiven Debatten. Wegen seiner Erkrankung wurde er vor dem Rentenalter pensioniert. Er hielt seine »Selbstverpflichtung« nicht ein, blieb kritisch und starb mit 69 Jahren – zu früh. Für meine Frau, die ihn schon seit etwa 1930 aus der Stuttgarter KJO kannte, und für mich blieb er das Musterbeispiel für das, was in jedem Arbeiter steckt, welches geistige Potenzial noch zu mobilisieren ist bei Millionen, die auch eine moderne Wirtschaft mit gesellschaftlicher (sozialer) Verantwortung führen können, die schließlich auch Universitätslehrer werden können.

Eugen Podrabsky wurde am 15. Oktober 1909 in Stuttgart geboren. Der Vater war Metallarbeiter, fiel im Ersten Weltkrieg und hinterließ seiner Frau drei Kinder. Eugen musste daher schon als Schuljunge Zeitungen und Post austragen. Die Witwe schaffte es trotzdem, das Haus in der Arbeitersiedlung Luginsland (Untertürkheim) fertigzustellen. 1924-1928 machte Eugen eine Lehre als Maschinenschlosser bei Mercedes-Benz. 1924 trat er dem DMV und dem KJVD bei. 1928 wurde er als Vertrauensmann der Lehrlinge gemaßregelt. Erst erwerbslos arbeitete er dann am Güterbahnhof, bei der Post, in einer Maschinenfabrik in Fellbach und bei einer Schokoladenfabrik. Da der Vater aus der Tschechoslowakei gekommen war, musste der Sohn von Oktober 1929 bis März 1931 dort Wehrdienst ableisten. Ende 1928 wurde er aus dem KJVD ausgeschlossen und trat der KJO bei. Er wurde Polleiter der KJO Württemberg und Mitglied des lokalen antifaschistischen Einheitsausschusses. 1932 wurde er Mitglied der Reichsleitung der KJO.

Am 25. März 1933 wurde er zum ersten Mal verhaftet und kam auf den Heuberg ins KZ. Nach Intervention des ČSR-Konsulats wurde er im Juni 1933 entlassen, sollte aber Deutschland sofort verlassen. Er begann jedoch wieder mit der illegalen Arbeit, knüpfte die abgerissenen Verbindungen im Reich, arbeitete mit an den ersten vier Ausgaben der illegalen Zeitschrift *Junger Genosse*. In einem Verfahren gegen KJO-Mitglieder wurde er im Oktober 1935 erneut verhaftet, zu zwei Jahren Zuchthaus verurteilt, die er in Heilbronn verbüßte. Für sein mutiges Schlusswort wurde er in der nazistischen Presse als »Dimitroff in Miniaturausgabe« bezeichnet. (Die Prozessakten sind im Luftkrieg vernichtet worden.)

Mit Frau und einjähriger Tochter ausgewiesen, geht er nach Prag und arbeitet als Maschinenschlosser in der Flugzeugmotorenfabrik Walter in Prag-Jinonice. Er hält Kontakt mit den tschechischen KPO-Genossen und den KPD-O-Emigranten, unterstützt Flüchtlinge, hilft bei der Weiterreise. Er tritt zugleich in Verbindung mit der Betriebsgruppe der KPČ, wird ihr Vorsitzender, organisiert nach der deutschen Besetzung die illegale Arbeit und Produktionssabotage.

Viermal für kürzere Zeit verhaftet, kam er jedoch wegen seiner kriegswichtigen Arbeit immer wieder frei, da ihm die illegale Arbeit nicht nachzuweisen war. Beim Prager Aufstand 1945 arbeitete er mit dem bewaffneten Widerstand zusammen. Da in der ersten Emotionswelle nach Kriegsende wenig zwischen Nazis und anderen Deutschen differenziert wurde, ging er am 26. März 1946 als Antifaschist in die SBZ.

In Halle/Saale wird er 1946 Oberregierungsrat, Leiter der Abteilung Presse und Propaganda der Landesverwaltung Sachsen-Anhalt, im April

1948 Ministerialrat, ist aber als ehemaliger Rechtsabweichler sofort verdächtig. So beginnt eine politische Odyssee zwischen verantwortlicher politischer Arbeit und »Umschulung zum echten Marxisten-Leninisten«. Nach
Auflösung des Landesnachrichtenamts wird er im Dezember 1948 ins Ministerium für Volksbildung, Kunst und Wissenschaft versetzt, er scheidet »auf
eigenen Wunsch« im Juli 1949 nach neun Monaten Journalistenlehrgang
auf der Parteihochschule aus der Landesregierung aus und wird Redakteur
der SED-Zeitung »Freiheit«, später Dozent für Journalistik. Nach erneutem
Studium und Erwerb des Diploms wird er Dozent der Fakultät Journalistik der Karl-Marx-Universität Leipzig, später Dekan der Fakultät. Er leitet
Sonderlehrgänge für leitende Parteijournalisten. Seine letzten theoretischen
Arbeiten behandeln die Pressefreiheit im Sozialismus. Sein Papier zu die-
sem Problem wurde auf einer vom ZK der SED einberufenen Konferenz der
Chefredakteure heftig kritisiert, nicht veröffentlicht, sondern eingestampft.
Er wurde zu weicher, opportunistischer Auffassungen bezichtigt.

Während der Überprüfung der Parteimitglieder schrieb er am 15. Januar
1950 einen neunseitigen Brief an die LPKK in Halle, in dem er sehr hin-
tersinnig alle politischen Sünden seines Lebens darstellt. Erst schildert er
ausführlich die richtige Politik der KPD-O in Fragen des Faschismus, der
Gewerkschaftstaktik, des Verhältnisses zur Sowjetunion, um sie dann für
völlig falsch und verräterisch zu erklären. Er zitiert Lenins Relativierung
der Bedeutung der Oktoberrevolution, um dann die Führung aller Kommunisten durch die KPdSU unter Stalin zur einzigen Möglichkeit zu erklären. Schließlich schreibt er eine Lobeshymne auf den Genossen Stalin; seine positive Einstellung zu ihm könne heute nichts mehr erschüttern:
»Der größte Gewinn der letzten Jahre für mich ist der, dass ich den Genossen Stalin achten, verehren und lieben lernte.« Er hält es weiter für völlig
richtig, dass ehemalige KPD-O-Mitglieder keinerlei Kontakt mehr miteinander unterhalten sollen, verspricht das auch so zu halten. Dafür wird er
u.a. mit der Franz-Mehring-Medaille und dem Vaterländischen Verdienst-
orden ausgezeichnet.

Wegen seiner schweren Erkrankung, gegen die er mutig ankämpft, geht
er relativ früh in Rente. Er bleibt politisch interessiert, gibt seine kritische
Position nicht auf, trifft jedes Jahr in Berlin seine Stuttgarter KJO-Genos-
sen. Er stirbt mit 69 Jahren am 24. Januar 1978 in Halle.

Clara Schmalz-Brechenmacher

Nach der Entlassung aus dem KZ im norddeutschen Moor ging mein Bruder Alfred Anfang 1934 nach Basel und schloss dort sein Medizinstudium mit der Promotion über den Morbus Boeck ab. Danach arbeitete er als Hospitalarzt in mehreren Orten; nur dort, wo sich kein Schweizer Arzt bewarb, bekam er eine Arbeitserlaubnis. In Clara Schmalz fand er eine gute Freundin. Sie war Lehrerin in einer Berner Schule für behinderte Kinder – keine leichte Aufgabe, die sie bis zur Pensionierung erfüllte. Sie sympathisierte mit uns kritischen Kommunisten, sprach aber wenig und »leise« über Politik. Seit 1934, als sie sich mit Alfred angefreundet hatte, tat sie im Stillen, ohne jedes Aufheben, viel für die Widerstandsarbeit der KPD-O. Sie machte Kurierfahrten ins faschistische Deutschland, stellte zerrissene Verbindungen wieder her, überbrachte wichtige Nachrichten in beiden Richtungen. Sie lernte die Freunde in Paris kennen: Thalheimer, Brandler und andere. Als sie deren Lebensbedingungen sah, begann sie mit materieller Unterstützung. Sie organisierte die zweite Auslandskonferenz der wichtigsten Funktionäre der KPD-O im Jahre 1934.

12.11.1909-31.5.2006

Im Sommer 1938 traf ich die beiden in dem slowakischen Dorf, wo meine Tante mit ihrer Familie lebte. Wir wanderten gemeinsam durch die hohe Tatra, zu den Seen im Hochgebirge bei Poprad und Starý Smokovec, besuchten Käsmark (Kežmarok), wo es noch eine Talmud-Schule gab, in der Jungen mit Schläfenlocken alte jüdische Gesetze diskutierten.

Walter Runciman hatte gerade das Land besucht, um für das britische Außenministerium die Kapitulation der westlichen Demokratien in München vorzubereiten. Es war klar, dass Arthur Neville Chamberlain und Édouard Daladier, die Ministerpräsidenten der zwei westlichen Demokratien, die ČSR abgeschrieben hatten; es ging nur noch um die letzten Formen und Formeln.

Wir nahmen Abschied von meinen slowakischen und Schweizer Verwandten. Sie flogen zurück nach Zürich, weil es keinen sicheren Landweg dorthin gab. Ich fuhr zurück nach Prag, packte meine sieben Sachen, besorgte alle notwendigen Papiere und Fahrkarten, verabschiedete mich von den Prager Genossen und Verwandten. Mit dem D-Zug und 200 Kronen fuhr ich über Zebrzydowice, durch Polen, durch die von den Nazis bereits regierte Stadt Danzig im plombierten Zug, zur polnischen Hafenstadt Gdynia.

Ich war der einzige Passagier auf einem Frachter nach Kopenhagen, von wo ich nach Oslo weiterfahren wollte. Die Fahrkarte für die Fähre konnte ich in Kopenhagen vorweisen. Aber das half mir nicht; die Grenzpolizei sah in mir einen Emigranten, der nach Deutschland ausgeschafft gehörte. Ich protestierte und forderte energisch, wenn sie mir den bereits bezahlten Transit nach Oslo verwehrten, den Rücktransport nach Prag, von wo ich gekommen war; denn das war internationales Recht.

Nach langer Debatte wurde ich um 21 Uhr meiner potenziellen Selbstmordwaffen – Rasierklingen und Taschenmesser – entledigt und in ein Polizeigefängnis mit Aussicht auf den Großen Belt eingeliefert. Der Wärter brachte regelmäßig Essen, verweigerte jedes Gespräch. So ging es einige Tage – ohne Zeitung, ohne Nachricht, ohne Erklärung; der Gefangene verliert die Zeitrechnung. Nach vielleicht acht oder zehn Tagen kamen meine zwei Polizeifreunde, packten meine sieben Sachen, gaben mir Rasierklingen und Taschenmesser zurück und führten mich zum Hafen – auf ein Schiff der American Scantic Line, einen Frachter auf der Fahrt nach Gdynia, wie ich – wieder als einziger Passagier – bald erfuhr. Die beiden behüteten mich bis zur Abfahrt; sie fürchteten ohne Grund, ich könnte vom Schiff springen. Während der Stunden der »Betreuung« zeigten sie in unserem Gespräch ihre deutliche Sympathie für Hitlerdeutschland.

Es wurde eine schöne Fahrt durch den wolkenlosen Herbst auf ruhiger See. Der Kapitän, ein litauischer Jude, lud mich zu allen Mahlzeiten zum besten Essen aller Zeiten ein. Als wir in Gdynia eintrafen, hatte die Welt sich wieder einen großen Schritt dem drohenden Weltkrieg genähert: Die deutsche Wehrmacht war in die ČSR einmarschiert, wie ihr in München von den Westmächten genehmigt worden war. Neville Chamberlain – mit dem Regenschirm in der Hand – hatte den »Frieden für unsere Zeit« ausgerufen. (Diese »unsere Zeit« war nach ganzen 365 Tagen abgelaufen.) Die polnisch-tschechoslowakische Grenze war geschlossen, mein ganzer Schatz von 200 Kronen wertlos. Ich durfte und musste auf dem Schiff bleiben; dessen nächste Häfen waren Stockholm, Kemi und Jakobstad (Finnland), Boston (USA).

Ein freundlicher Vertreter der Reederei kam und fragte nach meinen Wünschen. Er bekam meine ganze (wertlose) Barschaft, und ich bat ihn, meiner Schweizer Schwägerin die nächsten Häfen mitzuteilen, die wir anlaufen würden. Die wieder kostenlose Seereise – ruhige See, Sonne, die Stockholmer Schären, der freundliche Kapitän, das gute Essen, keine Perspektive – war materiell erholsam, aber das Ziel völlig im Dunkeln. Vor Anker in Stockholm kommt der nächste Vertreter der Reederei und bringt mir eine telegrafische Anweisung von 300 Schweizer Franken. Ohne langes

Fragen ließ mich die schwedische Polizei an Land gehen. Clara Schmalz hatte sofort nach Erhalt des Telegramms aus Gdynia ihr ganzes gerade erhaltenes Monatsgehalt zur Post gebracht und telegrafisch an die Reederei-Adresse in Stockholm überwiesen. So hatte sie ohne zu zögern auch anderen KPD-O-Genossen geholfen, die in die Schweiz fliehen mussten. Und während all der Jahre hatte sie den Freunden in Paris geholfen. Sie sprach wenig, aber half viel.

1940 wurde mein Bruder Alfred, ihr Partner, von den Schweizer Behörden den Nazi-Behörden übergeben. Alfred wurde nach Berlin überführt und umgebracht. Das war auch für sie ein lange währender Schmerz.

Unser Kontakt blieb erhalten und wurde wieder intensiver nach Ende des Krieges und meiner Rückkehr in die deutschen Westzonen am 1. April 1946. Die ökonomische Lage blieb schwierig auch noch nach der Währungsreform am 20. Juni 1948. Clara Schmalz half uns und anderen auf vielfältige Weise. Sie besuchte uns, und bald gewann Gretel ihr Vertrauen. 1949 wurden wir in die Schweiz eingeladen, obwohl jeder nur 10 DM über die Grenze nehmen durfte. Ein anderes Mal wanderte sie mit Gretel über die Alpen ins Wallis. Einige Male mieteten wir eine Ferienwohnung auf der Rigi, wo Clara uns besuchte. Nach ihrer Pensionierung zog sie ins Berner Unterland nach Toffen. Die allerletzten Jahre lebte sie in einem schönen Altersheim in Belp, wo ich sie immer wieder besuchte. Sie starb mit fast 97 Jahren am 31. Mai 2006. Ein kleiner Grabstein auf dem Belper Friedhof erinnert an eine mutige, zu bescheidene Gegnerin des Faschismus.

Lebensdaten: *Clara Schmalz* wurde am 12. November 1909 als Tochter des Amtsschreibers von Aarwangen geboren. Dort besuchte sie die Realschule, danach die Sekundarschule in Langenthal. Die Lehrerausbildung erhielt sie auf dem Lehrerinnenseminar in Zürich. Sie war Lehrerin für Behinderte bis zu ihrer Pensionierung (1968) in Gondiswil, Bern, Wattenwil und Wasen (Emmental). Nach Ende der Lehrtätigkeit zog sie 1969 von Bern nach Toffen. Sie starb am 31. Mai 2006 in Belp. Bis zu seiner »Ausschaffung« nach Deutschland im April 1940 war sie mit Alfred Bergmann verbunden. Später heiratete sie Hugo Jordi; nach dessen Tod heiratete sie Hans Brechenmacher.

Sie ist politisch nie hervorgetreten, hat aber im Stillen eine intensive Hilfe und Solidarität für den illegalen Widerstand geleistet, Emigranten der KPD-O unterstützt, Kurierdienst nach Deutschland gemacht und die Auslandskonferenz der KPD-O 1934 in der Schweiz organisiert.

Robert Siewert

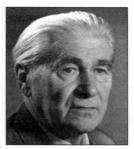 

30.12.1887-2.11.1973

Auf unseren älteren Genossen Robert Siewert war ich neugierig. Als ich am 1. April 1946 in die englisch besetzte Zone zurückkehrte, hörte ich, dass er Innenminister in Halle war, Hauptstadt von Sachsen-Anhalt. Ihn kannte ich von meiner Hilfsarbeit im Verlag der »Arbeiterpolitik«, die vor 1933 als Tageszeitung der KPD-O in Berlin erschien. Er war dort Verlagsleiter gewesen.

Robert war also der erste, den ich auf meiner Erkundungsreise durch die sowjetisch besetzte Zone besuchen wollte. Robert war sehr erfreut, einen Genossen in Deutschland wiederzusehen, den er gut kannte. Er suchte noch Mitarbeiter beim Aufbau des Sozialismus, denen er vertrauen konnte, die mit Sicherheit keine Nazis gewesen waren.

Wir hatten kurz unsere verschiedenen Lebenswege nach 1933 erzählt – er war ab Februar 1933 ein Jahr politischer Leiter des Berliner Komitees der KPD-O, dann fast elf Jahre im Zuchthaus und in Buchenwald gewesen, ich hatte 13 Jahre Wanderung durch drei Länder hinter mir.

Von Mogens Boserup hatte er die zwei grundlegenden Essays seiner alten Kampfgenossen Heinrich Brandler und August Thalheimer bekommen. Unser Gespräch drehte sich sehr bald um diese Beiträge zur politischen Neuorientierung. Robert hielt die Analyse der Weltpolitik für richtig, aber war optimistischer hinsichtlich der sowjetischen Besatzungspolitik. Man könnte nun – so meinte er – doch unter dem Schutz der SU ein sozialistisches Deutschland aufbauen. Daran wollte er mithelfen. Unsere Kritik vor 1933 sei richtig gewesen. Jetzt aber sei eine Chance gegeben für einen Neuanfang, die unsere Genossen nutzen sollten. Ich blieb skeptisch.

In seiner Suche nach vertrauenswürdigen Fachleuten lud er mich zur Mitarbeit auf einem verantwortlichen Posten ein. Meine Ablehnung war höflich, und ich begründete sie damit, dass ich nicht sowjetische Wünsche erfüllen könnte.

Robert war unter den sächsischen Sozialisten und Kommunisten ein bekannter Name mit dem besten Ruf. In Buchenwald hatte er eine wichtige Rolle gespielt, Sozialdemokraten und Kommunisten einander näher ge-

131

bracht und für Solidarität der politischen Häftlinge geworben. Nach der Befreiung wurde bald bekannt, dass er Innenminister geworden war. So kamen viele Genossen und Genossinnen, um seinen politischen Rat einzuholen. Bald wurde er – ganz ohne eigenes Zutun – eine Persönlichkeit, an der man sich orientierte.

Robert riet mir nach meinem »Nein« zu einer Arbeit in der DDR, mit den anderen Genossen in Sachsen und Thüringen zu reden, und schuf mir die nötigen Verbindungen. Diese alten Freunde suchte ich danach auf. Viele von ihnen hofften ähnlich wie er, man könne »mit den sowjetischen Genossen reden«, und sachliche Kritik alter Kommunisten würde aufgenommen werden. Zudem wollte sich die KPD/SED klüger verhalten als vor 1933. Die Genossen hatten auch – ganz selbstverständlich – die alten politischen Freundschaften wieder aufgenommen, die durch den Nazi-Terror unterbrochen waren. Das erachteten sie als natürlich und berechtigt und eben nicht als verbotene Fraktionsarbeit. Einige hatten etwas mehr Distanz und wollten ihre sozialistische Kritik organisiert vortragen, um ihr mehr Gewicht zu verleihen. Robert Siewert und seine kritischen Genossen arbeiteten mit dem besten Willen am Wiederaufbau des normalen Lebens und am Neuaufbau der Verwaltung und der Partei. Sobald aber die Parteiführung ihren Apparat wieder installiert hatte, hörte von dieser die Toleranz auf; eine allgemeine Parteikontrolle mit einem großen Apparat – Kontrollkommissionen auf allen Ebenen vom Ort bis zur Zentrale – wurde eingerichtet. Diese richteten sich mit genauen Anweisungen vor allem gegen alle Mitglieder, die nicht immer auf der Parteilinie gewesen waren – Brandleristen, Trotzkisten, Anarchisten, dann auch gegen Genossen, die zu den jugoslawischen Partisanen übergelaufen waren, gegen Westemigranten usw.

Robert Siewerts guter Wille hatte nicht ausgereicht. Er erlitt das gleiche Schicksal wie fast alle seine KPD-O-Genossen. Schon am 18. Mai 1945 trafen die Buchenwalder in Halle/Saale ein, und Robert Siewert wurde politischer Leiter des Parteibezirks Halle/Merseburg. Als die Ulbricht-Gruppe wenig später aus Moskau nach Berlin kam, begann schon die erste Parteisäuberung. Auch nach elf Jahren Haft war Siewert »verdächtig«. Im Juli beschloss das ZK der KPD, dass er von der Parteiarbeit zu entfernen und in eine Provinzialverwaltung zu versetzen sei. Über seine Wiederaufnahme in die KPD sollte später entschieden werden (vgl. dazu Cerny 2002: 182-213).

Er wurde 1950 als Minister abgesetzt und auf eine Verwaltungsarbeit im Bauministerium in Berlin abgeschoben. Das genügte den Bürokraten nicht; sie demütigten den alten Kommunisten, indem sie zwei öffentliche Geständnisse von ihm erzwangen, die im Zentralorgan *Neues Deutschland* erschienen. Im ersten Beitrag musste er erklären, dass seine aktive und führende Mitarbeit in der KPD-O von ihrer Gründung an ein politischer Fehler gewesen war; denn die KPD-O habe sich zu einer Agentur des Finanzkapitals entwickelt. Das aber genügte den jungen Kontrolleuren und ihren Vorgesetzten nicht. Einer von ihnen belehrte Robert Siewert, dass die KPD-O nicht erst eine Agentur des Finanzkapitals geworden sei; vielmehr sei sie das von Anfang an gewesen. Diesen seinen »Irrtum« musste Robert Siewert in einem weiteren Geständnis im *Neuen Deutschland* zugeben. Um nach fast elf Jahren Haft im Nazireich seine Ruhe zu finden und um nicht in den Westen flüchten zu müssen, befolgte er darauf hin die Parteipflicht, mit früheren KPD-O-Genossen persönlichen Kontakt zu vermeiden. Wenn er auf Parteiveranstaltungen alte Genossen und Genossinnen sah, grüßte er ganz kurz und ging weiter. Er erhielt später einige Orden und Auszeichnungen und verkehrte u.a. mit Bert Brecht, der kritische Kommunisten als Gesprächspartner suchte.

Die Post der DDR gab eine Briefmarke mit seinem markanten Kopf heraus. Er hatte aber seine alten Kampfgefährten nicht vergessen. Heinrich Brandler, mit dem er als Bauarbeiter und später als KPD-O-Aktivist eng zusammengearbeitet hatte, erhielt von ihm und einigen alten Genossen zum 85. Geburtstag ein Telegramm. In einigen Büchern der sozialistischen Schönliteratur wird seine vorbildliche Solidarität in Buchenwald beschrieben, so bei Gisela Karau. So blieb dieser aufrechte Kommunist für mich später unerreichbar. Schlimmer aber: Er hätte mit seiner Erfahrung und seiner Arbeit Vertrauen für den Sozialismus schaffen können; das jedoch ging verloren. Ulbricht bevorzugte statt denkender Kommunisten gehorsame Dummköpfe.

Lebensdaten: *Robert Siewert* wurde am 30. Dezember 1887 in Schwersenz (damals zum deutschen Westpreußen gehörig) als Sohn eines Zimmermanns geboren. Nach der Maurerlehre ging er auf Wanderschaft. 1906 trat er in Berlin der SPD bei. Von 1908-1915 arbeitete er als Maurer in der Schweiz. Dort lernte er W.I. Lenin, Fritz Heckert und Heinrich Brandler kennen; mit letzterem blieb er ein Leben lang politisch und persönlich befreundet. Er wurde zum Militär eingezogen, kam 1915 an die Ostfront und schloss sich dem Spartakusbund an. 1918 wurde er in den Soldatenrat der X. Armee gewählt und war bis Anfang 1919 dort aktiv. Sofort nach seiner Rückkehr trat er der KPD bei und wurde 1919 Polleiter im Parteibezirk Erzgebirge. Er war Delegierter auf den Parteitagen 1919 und 1920, 1920 Schriftführer auf dem Vereinigungsparteitag mit der linken USPD. Auf den Parteitagen 1921 und 1923 wurde er in den Zentralausschuss gewählt. 1922 wurde er zum IV. Weltkongress der Komintern delegiert. 1922 begann er, für die Parteiverlage zu arbeiten, 1923 wurde er wieder Polleiter im Bezirk Chemnitz, aber im Mai 1924 aus dieser Funktion entfernt, weil er den neuen ultralinken Kurs ablehnte. Seit 1926 war er wieder Funktionär in Berlin; zusammen mit Hans Beck arbeitete er für die »Einheit«, die gewerkschaftspolitische Zeitschrift der KPD, und organisierte die Arbeiterdelegationen in die Sowjetunion.

Als »Rechter« wurde er am 14. Januar 1929 aus der KPD ausgeschlossen, trat der KPD-O bei, wurde Bezirksleiter für Westsachsen und war Mitglied des Landtags. Von 1931-33 war er Verlagsleiter der Tageszeitung »Arbeiterpolitik«, zuerst in Leipzig, dann in Berlin.

Nach dem 30. Januar 1933 war er Mitglied der ersten illegalen Reichsleitung der KPD-O und arbeitete wieder als Maurer. Ende 1934 wurde er verhaftet und zu drei Jahren Zuchthaus verurteilt, die er in Luckau absaß. Von dort wurde er nach Buchenwald überstellt. Dort gehörte er zum illegalen Leitungskomitee der Sozialisten und Kommunisten, das auch das Buchenwald-Manifest initiierte; dieses forderte die politische Vereinigung der deutschen Arbeiterklasse auf Grundlage der Lehren von 1933.

Nach der Befreiung trat Robert Siewert 1945 der KPD bei und begann mit dem Wiederaufbau der Partei in der Provinz Sachsen. Das Sekretariat der KPD in Berlin wollte ihn nicht als Parteifunktionär akzeptieren und löste ihn schon im Juni 1945 als Polleiter ab. Dennoch wurde er Vizepräsident und dann Innenminister des Landes Sachsen-Anhalt in Halle. Bei der »Säuberung« der SED 1950 wurde er abgesetzt und Beamter im Bauministerium in Berlin. Am 25. Januar 1951 musste er im »Neuen Deutschland« einen »selbstkritischen« Artikel schreiben, laut dem die KPD-O zu einer »Agentur des Finanzkapitals geworden« war. Das genügte den jungen Säuberern nicht. Nach einem Gegenartikel im *Neuen Deutschland* am 15. März musste er in einem weiteren Artikel »bekennen«, dass die KPD-O nicht erst eine Agentur des Finanzkapitals geworden, sondern dies »von Anfang gewesen« sei.

Nach der Entstalinisierung (1956) wurde er rehabilitiert und mit mehreren Orden ausgezeichnet. Bis ins hohe Alter blieb er Mitarbeiter im Bauministerium und gehörte zum Präsidium des Komitees antifaschistischer Widerstandskämpfer. Er hielt sich weitgehend an das Verbot von Kontakten mit ehemaligen KPD-O-Genossen, war befreundet mit Bert Brecht, bei dem er wohl auch Jacob Walcher traf. Er starb am 2. November 1973 in Ostberlin; seine Urne wurde auf dem Sozialistenfriedhof in Lichtenberg-Friedrichsfelde beigesetzt. In einem offiziellen Nachruf wurde er zum »engsten Kampfgefährten von Ernst Thälmann« ernannt. In drei offiziellen Broschüren wurde seine aktive Mitarbeit in der KPD-O verschwiegen; von 1928 bis 1935 war er »Maurer und Fliesenleger«. Die SED-Führung hatte nie den Mut, ihre Fehler öffentlich einzugestehen und ihre kommunistischen Opfer *öffentlich* zu rehabilitieren.

Wilhelmina Müller-Slawutzkaja

Wilhelmina (Mischka) Slawutzkaja (geb. Magidson) kannte ich bis 1987 nur indirekt; ich wusste, wer sie war, kannte einen Teil ihrer Geschichte. Sie war vor der Stalinschen Säuberung mit Kurt Müller verheiratet gewesen, war also die Schwägerin meiner Genossin Grete Müller-Uhlmann. Mischka, die als lettisch-jüdische Kommunistin 1920 wie viele ihrer Genossen für die Sowjetunion optiert hatte, ging in die SU und wurde Angestellte im Komintern-Apparat. Dort lernte sie Kurt Müller kennen, mit dem sie sich verhei-

1905-2005

ratete. Nach Kurts Verhaftung in Deutschland (vgl. den Beitrag über Kurt Müller in diesem Band, S. 106ff.) lebte sie in der UdSSR. Da sie durch die Heirat deutsche Staatsbürgerin geworden war, beschleunigte das ihre Verhaftung und Verurteilung.

Als ich meine Moskau-Reise im Frühjahr 1987 vorbereitete, bat ich Grete, ihre Ex-Schwägerin über mein Kommen zu informieren. Das Frühjahr 1987 war die Zeit, in der Michail Gorbatschow noch regieren konnte und viele – auch ich – auf den Erfolg seiner inneren Reformen hofften, wenn ich auch die Bemühungen von Ronald Reagan, dem US-Präsidenten, deutlich sah, die Sowjetunion zu Tode zu rüsten.

Nach den Sitzungen der Konferenz, an der ich teilnahm, war ich jeden Abend frei: Mischka und ihr Mann Naum freuten sich ungemein, als ich bereits am ersten Abend, Montag, der 17. Mai, war es wohl, zu ihnen kam. Sie wusste von mir mehr als ich von ihr; schnell waren wir im Gespräch. Zuerst ging es um das Leben der gemeinsamen Freunde, der Uhlmanns und der Müllers. Dann kam die deutsche Politik an die Reihe.

Danach kam meine erste dringende Frage. Am vergangenen Freitag hatte die halbfaschistische Organisation Pamjat auf dem Roten Platz, nahe dem Kreml, demonstriert und gegen Juden und Kommunisten gehetzt. Warum keine Gegendemonstration? Wo war die Partei? Darauf Mischka: Die Partei ist tot. Mischka, wie alle sie nannten, war eine alte Kommunistin.

Meine nächste Frage: Wie sollen Gorbatschows Pläne – Perestrojka und Glasnost – siegen, sich durchsetzen ohne die Unterstützung der Partei? Mischka: »Gorbatschow muss es alleine schaffen.« Die beiden Veteranen – Mischka und ihr Mann Naum Slawutzki – berichteten von den täglichen Schwierigkeiten, der stoßweisen Lieferungen der Lebensmittel, von der verbreiteten Lethargie. Sie wünschten den Erfolg des Reformers; aber seine Bemühungen hatten die Massen nicht mobilisiert; zu oft hatten sie Erneuerungsversprechen gehört – aber keine Besserung erlebt. Die Intellektuellen hatten die Glasnost freudig begrüßt und ausgiebig genutzt, manchmal auch für antikommunistische Propaganda und Agitation. Aber nur ganz wenige haben die Reformen wirklich unterstützt.

Mischka und Naum haben sich im Lager kennengelernt, hatten also seit 1937 die gleiche Lebenserfahrung. Sie sprachen jedoch nicht von ihren Leiden in der Stalin-Ära. Mischka arbeitete mit bei der Vereinigung Memorial, die sich zur Aufgabe gemacht hatte, den Opfern der großen Repression zu helfen und die Geschichte offen aufzuarbeiten.

Die Slawutzkis hielten engen Kontakt mit den Bolschewiki, die alles überlebt hatten. So konnte sie mir die Bekanntschaft mit Anna Michailowna Larina vermitteln, die wir dann gemeinsam besuchten. Larina berichtete über ihre noch andauernde Bemühung um Bucharins Rehabilitierung, die Michail Gorbatschow noch immer nicht durchgesetzt habe. Mischka erzählte von ihrer Zimmergenossin nach der Rückkehr aus dem Gulag: der Witwe von Michail P. Tomski, dem Vorsitzenden des Gewerkschaftsverbandes, der 1936 Selbstmord begangen hatte. Dank Chruschtschows Aktivität war sie aus dem Lager gekommen. Aber Wjatscheslaw M. Molotow, ein eiserner Hardliner, setzte in der Bürokratie durch, dass die Tomski-Witwe wieder ins Lager zurückgeschickt wurde. Bevor Chruschtschow sie zum zweiten Mal aus dem Lager befreien konnte, war sie einem Herzanfall erlegen. Die Anhänger Stalins versuchten also weiter, die Aufarbeitung der Vergangenheit zu behindern.

Im Spätherbst 1989 machte ich auf dem Weg nach Beijing und Tokyo wieder für einen Woche Halt in Moskau und konnte bei Mischka und Naum wohnen. Die Hoffnung, Gorbatschow würde seine Reformpläne durchsetzen können, war aufgegeben. Alle möglichen Reformgegner und Antikommunisten, die zum Teil in den Führungsgremien der KPdSU saßen, hatten offenbar nur einen gemeinsamen Gegner: den Reformer Michail Gorbatschow. Sein Versuch, die Partei zu mobilisieren, war gescheitert; Mischka hatte 1987 Recht gehabt: Die Parteibasis war erstarrt, die Führung hatte die Ziele des Kommunismus aufgegeben; nur die Privilegien waren geblieben. Manche wollten zurück zum Stalinismus, andere »vorwärts« zum Kapitalismus.

Mischka und Naum, beide Juden, fürchteten nun auch neuen Antisemitismus und planten die Auswanderung in die Bundesrepublik. Mischka hatte seit einigen Jahren Bücher von Heinrich Böll übersetzt, der ihr bei und nach der Übersiedlung half, wie er auch andere Linke unterstützte. Sie lebten in Köln. Nach einiger Zeit gingen sie in ein Kölner Altenwohnheim. In ihren jungen Jahren war sie eine begeisterte Kommunistin; während unserer letzten Begegnungen bezeichnete sie sich als demokratische Sozialistin.

Nathan Steinberger

Nathan Steinberger kannte ich vor 1933 nur oberflächlich; er war einige Jahre älter als ich, war im Sozialistischen Schülerbund gewesen, dann Student an der Humboldt-Universität, wo er – zwar eher linientreu in der KPD – mit meinem Bruder Alfred gemeinsam gegen

16.7.1910-26.2.2005

den Naziterror anging. Fast fertig mit seiner Dissertation ging er bald mit seiner Frau Edith nach Moskau an das Agrarinstitut, wo er die Stelle von Paul W. Massing übernahm, der Moskau in Richtung USA verließ. Seine Dissertation über ein Thema der Agrarökonomie wurde in Moskau veröffentlicht. Er geriet in die große Säuberung und wurde nach Kolyma verbannt, wohin ihm seine Frau nachfolgen musste; unter schwierigsten Lebens- und Arbeitsbedingungen verbrachten sie dort viele Jahre. 1956 konnte er in die DDR zurückkehren, wurde Professor an der Hochschule für politische Ökonomie. Er bekam eine Wohnung in Berlin-Johannestal; er war verpflichtet, über seine sowjetischen Erfahrungen nicht zu berichten. Er erhielt eine Rente als Opfer des Faschismus und einen Ausweis, der ihn jeder Kontrolle an den Sektorenübergängen nach Westberlin enthob, sodass er jegliche Westpublikationen in die Hauptstadt der DDR einführen konnte, was er auch tat.

Im Laufe der Zeit lockerten sich die Grenzkontrollen etwas, und ich stellte vorsichtig fest, dass der Haftbefehl gegen mich aus dem Jahre 1946 nicht mehr wirksam war. Als ich durch Berliner Freunde von Nathans und

137

Ediths Rückkehr erfahren hatte, besuchte ich auch ihn bei meinen nun regelmäßigen Reisen nach Berlin-West und -Ost.

Wir hatten beide viel Biografisches auszutauschen. Er berichtete sehr nüchtern, fast abgeklärt über seinen Lebensweg; Edith dagegen geriet fast immer in bittere Wut, obwohl sie beide das Gleiche erlebt und erlitten hatten. Er war nun der Kritik Trotzkis sehr nahe, konnte an Nikolai Bucharin keinen guten Faden finden. Er hatte in dem extremen Klima von Kolyma bei der Außenarbeit auch körperlich manchen Schaden erlitten, wurde mit der Zeit immer schwerhöriger, sodass er recht laut sprach. Einige seiner Verwandten hatten in anderen Ländern überlebt, so ein Bruder in Belgien, ein Cousin in Israel als führender Funktionär der linkssozialistischen MAPAM. Ich musste bei jedem Besuch über die politischen Entwicklungen in der BRD und über Israel berichten. Es dauerte Jahre, bis er seine Verwandten im »Westen« besuchen durfte.

Seine Kritik an der Sowjetunion war härter als meine, aber nicht so negativ wie die von Edith. Den Reformversuch von Chruschtschow sah er pessimistisch, während ich auf seinen Erfolg gehofft hatte. Für die Verhältnisse der DDR hatte er einen akzeptablen Lebensstandard und wurde wenig kontrolliert. Sein Privileg des unkontrollierten Imports von Westliteratur durfte ich für meine Freunde mitbenutzen, sodass ich nun die etwas unangenehme Durchsuchung beim unterirdischen Grenzübergang Friedrichstraße unbeschwerter durchschritt.

An der »Wiedervereinigung« 1989/90 der beiden Deutschländer hatte er so wenig Freude wie ich. Aber er konnte an der internationalen wissenschaftlichen Trotzki-Konferenz an der Universität Wuppertal im März 1990 mit einem Referat teilnehmen. Als Edith 2001 starb, übersiedelte er in das Propst-Grüber-Heim für jüdische Rückkehrer am Teltower Damm 227, wo er ein Einzelzimmer bewohnte. Er hatte nun einen Telefonapparat für sehr Schwerhörige (mit Lichtsignalen).

Wir diskutierten weiter, konnten uns nur in wenigen Punkten auf unsere gemeinsame Geschichte einigen. Meine optimistische Perspektive über das kommunistische China nahm er mit großer Skepsis auf. Über den Besuch seines Urenkels freute er sich jedes Mal. Da er sich mit den israelischen Verwandten nicht mehr telefonisch verständigen konnte, übermittelte ich die Nachrichten in beiden Richtungen. Seine Berliner Freunde, zu denen die Hammersteins und Prof. Fink gehörten, richteten kleine Feste an den runden Geburtstagen aus; an einem konnte ich teilnehmen. Zu seinem 90. Geburtstag erschien eine kleine Festschrift. Er blieb hellwach bis in den letzten Lebenstag. Am 26. Februar 2005 starb er.

Lebensdaten: *Nathan Steinberger* wurde am 16. Juli 1910 im Scheunenviertel, dem jüdischen Arbeiterviertel Berlins, geboren. Seine Eltern waren orthodoxe Juden. Er besuchte die Volksschule und danach die Karl-Marx-Schule in Berlin-Neukölln, eine der drei Berliner Aufbauschulen, in denen Arbeiterkinder in sechs (statt in neun Jahren) zur Reifeprüfung geführt wurden. Mit 14 wurde er Mitglied im KJVD und im Sozialistischen Schülerbund. 1926 wurde er aus dem KJVD als Anhänger des ultralinken Karl Korsch ausgeschlossen. Trotzdem wurde er 1928 in die KPD aufgenommen. Die Sozialfaschismus-Theorie und -Politik lehnte er ab, er stand der Linie Trotzkis nahe.

An der Berliner Humboldt-Universität begann er 1929 ein Medizinstudium, wechselte dann zur Nationalökonomie. Vor Ende des Studiums ging er 1932 nach Moskau an das Agrarinstitut. Seine Partnerin Edith folgte ihm bald. In der beginnenden Repression verlor er 1936 seine Stelle und verdiente den Unterhalt der dreiköpfigen Familie – inzwischen war die Tochter Marianne geboren worden – durch Deutschunterricht.

Vor dem 1. Mai 1937 wurde er verhaftet und kam ins Butyrki-Gefängnis, von dort sehr bald nach Kolyma. Ihm wurde konterrevolutionäre trotzkistische Tätigkeit vorgeworfen. Seine Frau Edith wurde 1941 verhaftet und folgte Nathan über Kasachstan nach Kolyma. Marianne wurde von einer jüdischen Familie aufgenommen.

1956 konnte er im Zuge des Chruschtschowschen Tauwetters mit Edith und Marianne in die DDR zurückkehren. Er wurde Professor der Nationalökonomie, zuerst in Meißen, dann in Potsdam, schließlich an der Hochschule für Ökonomie in Berlin-Karlshorst. Edith starb 2001. Nathan blieb Sozialist und machte einen klaren Unterschied zwischen Stalinismus und Kommunismus. Er starb am 26. Februar 2005.

Quellen: http://ww.wses.org/da/2005/mar 2005/ste1-mos.shtml; Steinberg (1996).

Bernie Taft

Bernie Taft habe ich bei meinen Besuchen in Melbourne 1970/71 immer getroffen. Damals war er noch Generalsekretär der CPA. Trotzdem war er offen für kritische kommunistische Positionen und immer neugierig, mit Auswärtigen zu sprechen. Wir diskutierten zuerst über die australische Politik, über den Einfluss der CPA in einigen wichtigen Gewerkschaften, in denen Kampfgeist herrschte und ein hoher Organisationsgrad erreicht sei. Dage-

gen sei seine Partei kaum in den Parlamenten prä-
sent; gewählt werde auch von den klassenbewussten Werktätigen die Labour Party.

Dann kam die Rede auf die Arbeiterbewegung
anderer Länder; Bernie hatte mehr von den sozialistischen Ländern gesehen als ich und hatte
längere Zeit auf der sowjetischen und der chinesischen Funktionärsschule verbracht. Die Entwicklung der realsozialistischen Länder und deren Rückwirkung auf die Weltbewegung hatten
ihn skeptisch gemacht. Er bedauerte zutiefst die
Niederschlagung des Prager Frühlings, auf des-

Bernie Taft, geb. 1918

sen Erfolg er gehofft hatte. Der Streit zwischen der UdSSR und China, der
auch die australischen Kommunisten spaltete, bedrückte ihn; aber die CPA
wollte sich heraushalten.

Später verließ er die CP. Er schrieb seine Memoiren und besuchte zweimal Europa, u.a. um für eine deutsche Übersetzung der Memoiren einen
Verlag zu finden (Taft 2002). Das dürfte schon nach 1994 gewesen sein;
meine Frau lebte nicht mehr. Aber auch nach seiner Trennung von der CP
blieb und bleibt er politisch aktiv mit Vorträgen und Beiträgen in Zeitungen
und Zeitschriften seines Landes. Am Australia-Tag 2009 wurde er in der
Melbourner Tageszeitung *The Age* vom 25. Januar gewürdigt. Zwei Jour-
nalisten interviewten ihn und berichteten dann:

»Bernie Taft, geboren als Bernhard Tugendhaft (in Hannover im Jahre
1918) trat im April 1932 dem KJVD bei – damals noch nicht ganz 14 Jahre
alt – und verließ die CPA genau 52 Jahre später im April 1984, da er seine
Ideale als beschmutzt und am Ende als verraten ansah. Man denke aber nicht,
dieser grand old man der australischen Linken bereue irgend etwas oder hätte
den Kampf aufgegeben: ›Ich möchte nicht sagen, dass ich verstoßen – oder
niedergeschlagen – gewesen sei. Die Dinge, die ich getan habe und für die
ich gearbeitet habe, waren positiv. Die Menschen, mit denen ich verkehre,
die Kreise, in denen ich mich bewege, denke ich, sind bekannt.

Eine der Sachen, die geschätzt werden müssen, ist, dass die Motivation
von Menschen wie ich die Sorge um Menschlichkeit war. Ich wollte eine
bessere Welt: Gerechtigkeit für jedermann, Freiheit für jeden, Frieden und
ähnliche Ziele. Wir werden heute als völlig verloren dargestellt, der Kommunismus wird als das Böse betrachtet. Vielleicht war das richtig in der
Praxis; aber es ist nicht wahr, was die Motivation der Menschen angeht, die
zu meiner Zeit zur Bewegung gestoßen sind. Im Gegenteil: Alle die Menschen, mit denen ich mich zusammentat, waren völlig selbstlos.

Es war das Jahr vor Hitlers Machtübernahme, und der Kommunismus zog uns an, weil er als Alternative erschien. So ist es nicht gekommen – das ist völlig richtig; aber das kann man nicht vorher wissen. Wir kamen im März 1939 nach Australien. Hitler kam 1933 an die Macht, und wir verließen das Land im selben Jahr. Ich war sehr glücklich; mein Vater war sehr vorausblickend – tatsächlich hat er unser Leben gerettet: Er sah, was geschehen würde, und wir gingen gerade zur rechten Zeit.

Australien hat sehr, sehr viele Vorzüge. In diesem Land hat es immer viel Freiheit gegeben, eine Vielfalt der Menschen, viel Toleranz. Es ist eine offene Gesellschaft. Ich bin sehr glücklich und fühle mich sehr heimisch. Ich bin oft in Europa, aber ich denke immer: ›Recht bald bin ich wieder in Australien.‹ Es ist unsere Vielfalt, die ich so attraktiv finde.

Gegenwärtig kann ich nicht alle Leute sehen, die mich sehen wollen. Dieses Problem habe ich ständig, denn ich habe einfach nicht die Zeit. Ich werde überfordert. Ohne Übertreibung: Die Menschen wollen meine Meinung hören – was denkst du über dieses und jenes, sie möchten meine Ideen erfahren.

Im Allgemeinen bin ich eher optimistisch; jetzt aber bin ich leider pessimistisch wegen der Zukunft. Die Kräfte, die nur an sich selbst denken, an ihren materiellen Vorteil, dominieren die Gesellschaft und sind furchtbar mächtig. Der Kampf war aber nicht umsonst. Albert Einstein sagte einmal, dass in einem gut geführten Laboratorium jedes vergebliche Experiment ein Schritt nach vorne ist.‹«

Quelle: Tippet (2009).

■■■■■■■■■ **Lebensdaten:** *Bernie Taft* wurde 1918 in Hannover als Bernhard Tugendhaft geboren. Seine Eltern waren aus Polen eingewandert. Der Junge schloss sich angesichts der faschistischen Welle dem KJVD an. 1933 emigrierte die Familie und kam nach langen Wanderungen und Warten auf Tahiti 1939 nach Australien. Er australisierte seinen deutschen Namen.

1945 wurde er Angestellter der CPA, war Leiter der Parteischule und wurde stellvertretender Vorsitzender. 1955/56 besuchte er die Parteischule der KP Chinas, 1961/62 die Hochschule der KPdSU. Seit 1964 gehörte er dem Zentralkomitee an. In der CPA setzte er sich für eine undogmatische, selbstkritische Linie ein; er wollte ein Ende der stalinschen Disziplin. Er half bei der Ausarbeitung der »Charta der demokratischen Rechte« im Jahre 1967.

Taft unterstützte Chruschtschows Kritik an der Stalin-Ära, wandte sich gegen den Einmarsch der Armeen der Nachbarländer in die ČSSR, der den

Prager Reformversuch beendete. Er setzte in der Partei eine relativ unabhängige Linie durch; man protestierte gegen Antisemitismus in Osteuropa und gegen die Verfolgung von Kritikern. Es gab häufige Kontroversen mit der KPdSU, aber 1984 wieder eine ultralinke Wendung. Daher verließ Taft mit seinen Genossen die KP und gründete das Sozialistische Forum. 2002 veröffentlichte er eine deutsche Übersetzung seiner Erinnerungen. Zu seinem 90. Geburtstag wurde er in der australischen Tageszeitung *The Age* ausführlich gewürdigt.

Er lebt in einem Vorort von Melbourne, hält Vorträge und kommentiert die politische Entwicklung in den Zeitungen.

Quelle: http://www.vsp-vernetzt.de/soz/0209212.htm

August Thalheimer – Ein unbeugsamer Kommunist

Die Reichsleitung der KPD-O, die Redaktion des theoretischen Organs *Gegen den Strom* und die Internationale Hilfsvereinigung arbeiteten in einer Wohnung in der Wilhelmstraße 135 im Zentrum Berlins. Ein Zimmer war der Arbeitsraum von August Thalheimer. Dort war er nicht abgeschirmt, sondern immer erreichbar, wenn er auch für sein konzentriertes Arbeiten Ruhe brauchte und wünschte. Oft lag die Pfeife neben seiner Arbeit auf dem Schreibtisch.

18.3.1884-19.9.1948

Es war eine abgewohnte Wohnung, umgestaltet zu einfachen Arbeitsräumen. Im großen Eingangsraum, von dem alle Zimmer abgingen, stand ein langer Arbeitstisch, sonst wenig Mobiliar. An diesem wurden die Rundschreiben vervielfältigt, zusammengetragen, verpackt, Werbematerial versandt. Dort half ich manchen Nachmittag und lernte von den erfahrenen Genossen, von denen einige führende Funktionen in der revolutionären Arbeiterbewegung inne gehabt hatten, bevor der ultralinke Kurs im Februar 1928 endgültig beschlossen wurde.

Wenn ich eine Frage hatte, konnte ich, wie jeder andere Genosse, zu August in sein Arbeitszimmer gehen und seine Stellungnahme erfragen. Das tat ich häufig, wenn es um deutsche Geschichte ging und ich in der Schule meinen Lehrern widersprechen wollte. August war immer geduldig, zu ausführlicher klarer Antwort bereit. Er war Professor in Moskau gewesen; aber seine Erklärungen wie die Vorträge, die ich gelegentlich hörte, waren auch mir 14-Jährigem verständlich.

Nach 1933 habe ich August Thalheimer nie mehr getroffen. Unsere Emigrationswege gingen weit auseinander, und seine Bemühungen um Rückkehr in das Nachkriegsdeutschland blieben erfolglos. Irgendwann nach 1941 gab es wieder Postverkehr zwischen Schweden, das von der deutschen Wehrmacht »eingekreist« war, und Kuba. Unsere Korrespondenz begann. Anfangs ging es um unsere solidarische Hilfe. Wir KPD-O-Emigranten in Schweden sammelten und bemühten uns, Wege des Transfers zu finden. Es waren keine großen Summen; aber unsere zwei kubanischen Genossen hatten es sehr schwer: Sie saßen zwischen allen Stühlen der diversen Hilfsorganisationen, und es gab kaum Verdienstmöglichkeiten.

Nach der Niederlage Hitlerdeutschlands wurde unser Briefwechsel intensiver und politischer. Mein Bruder und ich berichteten nach unserer Rückkehr über unsere Erlebnisse und Beobachtungen, über die Kontakte mit den wiedergefundenen Genossen und über die anderen, die den Faschismus nicht überlebt hatten. August war froh über jeden Bericht; denn er hoffte auf baldige Rückkehr und wollte wieder in der sich erneuernden kommunistischen Bewegung mitarbeiten. Bald kamen die ersten regelmäßigen politischen Informationen über die Weltpolitik und die drei eher grundsätzlichen Essays. In den meisten Fragen kamen wir zu gemeinsamen Positionen: Keine Zusammenarbeit mit den vier Besatzungsmächten, Ablehnung ihrer Besatzungspolitik, weiterhin eine revolutionäre Zielsetzung, wenn auch eine sozialistische Lösung der deutschen Frage erst nach dem Abzug aller Besatzungsmächte möglich würde. Dabei unterschieden wir sehr wohl zwischen den drei kapitalistischen Mächten und der Sowjetunion.

August Thalheimer und Heinrich Brandler hielten die neuen Gewerkschaften für völlig von den Besatzungsmächten abhängig und meinten, wir sollten die Mitarbeit in ihnen ablehnen – wie auch im »demokratischen Neuaufbau« der Staatsverwaltung. Aus der Ferne konnten sie das Potenzial nicht erkennen, das allmählich zur »Emanzipation« der entstehenden Gewerkschaften führte, wenn auch diese Emanzipation sich nur auf die Bevormundung durch die vier Mächte beschränkte. Denn die Mehrheit der Gewerkschaftsführer suchte den Konsens mit der deutschen Bourgeoisie, mit der man gemeinsam ein demokratisches Deutschland aufbauen wollte, weil die Kapitalisten ja »gelernt« hätten. Die reformistische Tendenz zur »Sozialpartnerschaft« wurde verstärkt durch die bevorzugte Aufnahme der christlichen und Hirsch-Dunckerschen Gewerkschaftsfunktionäre in die Einheitsgewerkschaft der drei Westzonen. – In dieser Debatte folgten Brandler und Thalheimer den alten Genossen, die vor Ort die Realität besser beurteilen konnten. Unser Kontakt nahm mit dem völlig unerwarteten Tod von August Thalheimer 1948 ein zu frühes Ende.

Ich hielt Kontakt mit seiner Witwe Cläre (Klara) und mit dem Sohn Roy, beide lebten in Australien. Mit der Tochter Sita war der Kontakt seltener. Gretel und ich besuchten Cläre in dem halb verlassenen Bergarbeiterstädtchen Wandiligong im Staat Victoria (Australien), wo sie bis zu ihrem Tode in einem kleinen Häuschen lebte. Außer dem Sohn betreuten sie auch zwei andere Emigranten, der Essener Kommunist Henry Zimmermann und die Familie Zetschmann, beide in Melbourne.

Roy Thalheimer war nach den schweren ersten Jahren in Australien nach Melbourne gezogen, wo er im staatlichen Forstdienst arbeitete. Er lebt 2010 als Witwer in einem kleinen Städtchen im Staat Victoria und hält noch Kontakt zu deutschen Freunden und zu seinen wenigen Verwandten im Norden der USA.

Thalheimers Analysen und theoretische Arbeiten wurden nach 1945 zuerst von der Gruppe Arbeiterpolitik aufgenommen und debattiert. Erneut wurden seine Arbeiten nach Anregung von Wolfgang Abendroth im politischen Aufbruch der Studentenbewegung rezipiert; im Vordergrund stand dabei seine Faschismusanalyse. Von seinen Arbeiten in Kuba ist ein wichtiges größeres Manuskript über Fragen der Philosophie nach seinem Tode verloren gegangen. Die meisten anderen Texte wurden nach und nach veröffentlicht; unveröffentlicht sind bisher seine in Russisch erschienen Beiträge.

1984, zu seinem 100. Geburtstag, fand in Stuttgart ein Symposion statt, an dem weit überwiegend eine jüngere Generation teilnahm, die ihn nicht mehr politisch kennengelernt hatte; ferner konnte in seinem Geburtsort, in Obersulm-Affaltrach eine Gedenkveranstaltung und eine Ausstellung stattfinden. Eine Straße am neuen Rathaus erinnert heute an ihn. In diesem Jahr wurde er auch in mehreren Rundfunksendern der Bundesrepublik ausführlich gewürdigt.

Thalheimers Wirken ist ausführlich dargestellt u.a. in dem Nachschlagewerk *Demokratische Wege* (1997), in dem Sammelband von Bergmann und Keßler (2000), in dem die bedeutendsten »Ketzer im Kommunismus« mit ihren Beiträgen zur Theorie und Praxis der revolutionären Bewegung vorgestellt werden, in Büchern von Bergmann und Haible (1993) und von Bergmann (2004) und in der Jahresbibliografie Nr. 67 (1997) der Stuttgarter Bibliothek für Zeitgeschichte, in der seine Arbeiten bibliografiert sind. 60 Jahre nach seinem Tode erschien von Bergmann eine ausführliche biografische Skizze Thalheimers im *Jahrbuch für Forschungen zur Geschichte der Arbeiterbewegung*.

August Thalheimer, einer der wichtigen undogmatischen Kommunisten, ist bisher nicht vergessen und wird wohl auch nicht so bald vergessen werden. Als Lehrer hat er für mich wie für viele Kommunisten viel bedeutet. August Thalheimer war einer der wichtigsten Ketzer im Kommunismus; diese sind wichtiger und nützlicher als die disziplinierten Jasager. Er warnte vor Fehlern, Irrtümern (und vor den Stalinschen Verbrechen). Er suchte Alternativen zu einer verfehlten »Generallinie«, arbeitete Niederlagen auf, um aus diesen zu lernen. Er war nicht nur kritisch, sondern ebenso selbstkritisch, beschönigte seine Irrtümer nicht. Für etwas als richtig Erkanntes kämpfte er und war willens, auch in der Minderheit zu kämpfen. Er lehnte die Kanonisierung des Marxismus ab und versuchte immer, diesen weiter zu entwickeln, damit man neue Antworten auf die neuen Fragen und Herausforderungen finden konnte. In der kommunistischen Bewegung spielte er oft die Rolle der Kassandra, eine wichtige, jedoch äußerst undankbare Rolle. Nur Kommunisten mit tiefer Überzeugung und historischem Optimismus können diese Rolle ein Leben lang erfüllen, Kommunisten bleiben, selbst wenn ihre Warnungen Realität werden.

Lebensdaten: *August Thalheimer* wurde am 18. März 1884 in Affaltrach/Württemberg (heute Gemeinde Obersulm) als Sohn eines jüdischen Kaufmanns und Weingärtners geboren. Die Familie siedelte 1892 erst nach Winnenden bei Stuttgart und dann nach (Stuttgart-)Bad Cannstatt um, weil die Eltern den drei Kindern eine höhere Schulbildung ermöglichen wollten und Anschluss an die aufstrebende Arbeiterbewegung suchten. Sehr bald entwickelte sich ein intensiver Kontakt und eine Freundschaft mit dem marxistischen Zentrum um Clara Zetkin und Friedrich Westmeyer. Nach dem Realgymnasium studierte August ab 1902 an mehreren Universitäten, auch im Ausland, Medizin, Philosophie, Sprachen und Völkerkunde und promovierte 1907 zum Dr. phil. 1910 trat er der SPD bei. Auf Empfehlung von Rosa Luxemburg volontierte er bei der *Leipziger Volkszeitung*, einem führenden Organ der Linken in der SPD. 1911 übernahm er die Redaktion der Göppinger Tageszeitung *Freie Volkszeitung*, wurde aber wegen seiner engen Verbindung mit der SPD-Linken vom Landesvorstand der SPD von dort mit der Drohung verdrängt, wenn er bleibe, würde die finanzielle Hilfe der Partei gestrichen. Seit Herbst 1914 war er Redakteur des Braunschweiger *Volksfreund*. Er war bei Kriegsausbruch Mitbegründer der Gruppe »Internationale« (später Spartakusbund) und nahm an ihrer Gründungskonferenz im Januar 1916 teil. 1916 musste er zum Militär, wurde verwundet, danach diente er zeitweise als Dolmetscher. Im Herbst 1918 kehrte er nach Stuttgart zurück, wurde in der Nacht des 6./7. November verhaftet, aber nach wenigen Tagen freigelassen. Die SPD nominierte ihn (und Albert Schreiner) zum Minister der neuen Regierung. Das lehnte er sofort ab, weil er die konterrevolutionäre Politik der SPD nicht mitmachen wollte. Mit Fritz Rück wurde er zum Führer des Umsturzes in Stuttgart.

Bald wurde er von Rosa Luxemburg nach Berlin gerufen; er wurde Redakteur der *Roten Fahne* und Mitglied der Leitung des Spartakusbundes. Er nahm am Gründungsparteitag der KPD am Jahresende 1918 teil und wurde Verantwortlicher für die *Rote Fahne* und das theoretische Organ der KPD *Die Internationale*. Er gehörte zum Zentralausschuss der KPD. Nach dem Fehler der Offensivtheorie (1921), den er offen eingestand, war er immer ein »Rechter«. 1922 schrieb er den Programmentwurf der KPD; er war der theoretische Kopf der Partei. Mit Lenin arbeitete er die Einheitsfronttaktik aus. Nach dem Oktober 1923 wurde er am 19. Februar 1924 aller Funktionen enthoben und zusammen mit Heinrich Brandler nach Moskau »eingeladen«. Mitte der 1920er Jahre erarbeitete er die erste marxistische Analyse des Faschismus.

Es folgten vier Jahre Ehrenexil. Mit seiner Familie lebte er streng kontrolliert im Hotel Lux und arbeitete als Professor an der Sun-Yatsen-Universität für die Funktionäre der Parteien des Ostens und als Forscher im Marx-Engels-Institut unter der Leitung von David B. Rjasanow. Ferner arbeitete er mit Nikolai I. Bucharin in der Programmkommission der Komintern. Nach der Geheimkonferenz der Stalinfraktion mit der Thälmann-Fraktion Ende Februar 1928, auf der die »Rechten« zum Hauptfeind für die kommunistische Bewegung erklärt wurden, bemühte er sich intensiv um die Rückkehr nach Deutschland. Im Mai 1928 gelang ihm die Ausreise. In Deutschland verweigerte ihm die KPD jede Mitarbeit, und er begann, die kritischen Genossen zu sammeln, die aufgrund ihrer Erfahrungen gegen den neuen ultralinken Kurs protestierten.

Ende 1928 war er Mitbegründer der KPD-Opposition. Er wurde Mitglied der Reichsleitung, Mitherausgeber des theoretischen Organs *Gegen den Strom* und Redakteur der Tageszeitung *Arbeiterpolitik*. Er entwarf die Plattform der KPD-O. Bis 1933 widmete er seine ganze Zeit der politischen Arbeit der KPD-O. Er hatte wesentlichen Anteil an der weiteren Ausarbeitung der Faschismusanalyse und der Einheitsfronttaktik gegen die faschistische Gefahr.

Im Februar 1933 musste er emigrieren. In Paris gehörte er zum Auslandskomitee der KPD-O und zum Büro der IVKO. Er verfasste regelmäßige Übersichten über die internationale Politik für die Publikationen der IVKO und entwarf die Stellungnahmen der KPD-O zur deutschen Politik, zur Volksfrontpolitik der KPD und Komintern, zum spanischen Bürgerkrieg, zu den Moskauer Prozessen, zum Münchener Abkommen, zur Kriegsgefahr und zur marxistischen Position im drohenden Weltkrieg.

Zu Beginn des Zweiten Weltkriegs wurde er interniert und wanderte durch etwa zehn französische Lager. 1941 konnte er ein Visum für Kuba bekommen. Seit Ende 1941 lebte er in Havanna. Seine materiellen Verhältnisse waren dort, wie in allen Exiljahren, äußerst prekär. Er gab Sprachunterricht; Arbeit an einer Universität war für Ausländer nicht erreichbar.

August arbeitete u.a. an einem Buch zur Entwicklung der Philosophie; dieses Manuskript ist verloren gegangen. Als die Kontakte mit den Genossen in Deutschland wieder aufgenommen werden konnten, begann er jeden Monat die wichtigsten welt- und deutschlandpolitischen Entwicklungen für seine Freunde zu analysieren. Diese »Internationalen monatlichen Übersichten« zirkulierten in Deutschland, vor allem in den drei Westzonen. Seine Bemühungen und die seiner Schwester, nach Deutschland zurückzukehren, scheiterten. Er starb am 19. September 1948 in Havanna.

Literatur: Becker (2000: 75-100); Bergmann (1997; 2004; 2008); Bergmann und Haible (1993; 1996).

Bertha Thalheimer

Bertha Thalheimer hatte das KZ Theresienstadt überlebt und war schon wieder politisch tätig, als ich im Frühjahr 1946 nach Stuttgart kam. Sie hatte bereits im Ersten Weltkrieg wichtige illegale Funktionen für die antimilitaristische Linke übernommen. Aber sie war ähnlich bescheiden wie Mathilde Jacob, Rosa Luxemburgs Sekretärin, und schwieg darüber, sodass ich mich erst allmählich darüber informieren konnte.

Nach meiner Rückkehr in die englisch besetzte Zone von Restdeutschland am 1. April 1946 machte ich im Mai eine Rundreise durch drei Zo-

17.3.1883-23.4.1959

nen (die französische Zone war noch völlig gesperrt, und die Züge von Bonn nach Stuttgart wurden beim Transit durch diese Zone verriegelt). In Stuttgart traf ich eine größere Gruppe früherer Genossen und Genossinnen der KPD-O und der KJO. Wir versammelten uns in einer Wohnung in der Arbeiterwohnsiedlung Luginsland im Stadtteil Untertürkheim. Die beträchtlichen Bombenschäden waren noch nicht beseitigt. Unter den Teilnehmern

147

war auch Bertha Thalheimer, eine der Rückkehrer aus den Lagern. Wir diskutierten die politische Lage. Viele Genossen waren der neu gegründeten KPD beigetreten, weil diese eine politische Wende vollzogen habe. Nach unserer Aussprache war der Wunsch deutlich, trotz dieser Mitgliedschaft den politischen Gedankenaustausch der Oppositionsgenossen aufrechtzuerhalten. Die kritische Position der zwei Broschüren von Thalheimer und Brandler wurde weitgehend geteilt. Ein Genosse warnte allerdings vor der »erneuten Spaltung«. – Es erwies sich bald, dass die KPD Kritik an ihrer neuen Linie – treue Zusammenarbeit mit den kapitalistischen Besatzungsmächten – nicht zuließ. Die Genossen, die Gewerkschaftsangestellte der Metall- und Ledergewerkschaften waren, gerieten bei ihrer Arbeit sehr bald in Gegensatz zur Militärregierung und damit auch zur Linie der KPD. Die KPD-O-Genossen wurden wieder ausgeschlossen.

Da ich im schwer zerstörten Stuttgart keine Bleibe hatte, bot mir Bertha Thalheimer ihre Gastfreundschaft an. Sie war 1945 aus Theresienstadt zurückgekehrt und bekam eine kleine Wohnung zugewiesen: zwei Mansardenzimmer, eine Kochnische und ein Abort mit Waschbecken im Dachgeschoss der Villa eines kleinen Papierfabrikanten, Wannenweg 62, Stuttgart-Heslach. Danach habe ich dann bei meinen politischen Besuchen in Stuttgart im Wohnzimmer kampieren dürfen. Bertha hatte schon wieder sozialistische Literatur in einem Bücherschrank; die Einrichtung war spartanisch. Trotz des allgemeinen Mangels versuchte sie, auch den Gast satt zu machen.

Sie hatte bald den Kontakt zu den alten Genossen am Ort gesucht, war der KPD und den Naturfreunden beigetreten. Ihre zwei Söhne, die als »Halbjuden« unter großen Schwierigkeiten überlebt hatten, sorgten für sie.

Sie hatte angefangen, Briefe mit alten Freunden zu wechseln, mit Hermann und Käthe Duncker, mit Lu Märten u.a. Man berichtete einander über die »Erlebnisse« während der »1.000 Jahre«. Vor allem aber hatte Bertha bald Kontakt zu ihrem Bruder August in Havanna gesucht und gefunden. Sie war intensiv tätig, um August die Rückkehr zu ermöglichen.[4] Bei diesen Bemühungen fand sie kein Entgegenkommen bei den Angeschriebenen. Die politisch begründete Ablehnung war am deutlichsten bei dem rechten Sozialdemokraten Fritz Tarnow, der von Thalheimer ein reuiges Bekenntnis zur bürgerlichen Demokratie forderte. Der Misserfolg tat ihr weh; gern hätte sie ihren Bruder wieder gesehen.

Bald war sie nicht mehr in der KPD; dagegen unterstützte sie aktiv unsere Arbeit beim Aufbau der Gruppe Arbeiterpolitik. Bei meinen Besuchen diskutierten wir regelmäßig die gemeinsame politische Arbeit; sie schrieb

---

[4] Ihre Bemühungen werden ausführlich behandelt in Bergmann (2004).

nicht mehr für unsere kleine Zeitschrift, wie sie es vor 1933 getan hatte, aber verfolgte die Entwicklung regelmäßig und intensiv. Als Heinrich Brandler 1949 nach Deutschland zurückkehren konnte, gewährte sie auch ihm ihre Gastfreundschaft während der Sommerwochen, in denen er seine Gesundheitskur im Mineralbad Berg durchführte.

Später verließen wir, meine Genossin Gretel und ich, für einige Jahre Stuttgart; in dieser Zeit ging sie nach einem leichten Schlaganfall in ein Altersheim im Stuttgarter Westen. Dort starb sie am 23. April 1959.

Ich habe sie vor ihrem Tode nicht wiedersehen können.

Literatur: Bergmann (2004).

▬▬▬▬▬▬ **Lebensdaten:** *Bertha Thalheimer* wurde am 17. März 1883 in Affaltrach/Württemberg geboren. Sie absolvierte ein Realgymnasium für Jungen in Cannstatt; danach studierte sie Nationalökonomie in Berlin. Sie verließ die jüdische Gemeinde. In der SPD stand sie auf dem linken Flügel. Sie war befreundet mit Clara Zetkin, Rosa Luxemburg, Franz und Eva Mehring. Ihr jüngerer Bruder August war ihr politisch und menschlich immer sehr nahe. Clara Zetkin holte sie als Mitarbeiterin zur *Gleichheit*, ihr Bruder ließ sie an der Göppinger *Freien Volkszeitung* mitarbeiten.

Vor 1914 war sie im Landesvorstand der SPD; sie unterstützte die Linke um Friedrich Westmeyer, gehörte zur Spartakus-Gruppe. Sie bereitete durch zwei Reisen im ganzen Reich die erste Spartakus-Konferenz 1916 vor, an der sie teilnahm. In Zimmerwald und Kiental vertrat sie die deutschen Spartakisten. Sie war auch die deutsche Korrespondentin mit Robert Grimm, dem Sekretär der Zimmerwalder Linken. Sie gehörte zum Ständigen Ausschuss der Bewegung. Mit ihrer Schwägerin Cläre Thalheimer wurde sie enge Mitarbeiterin von Leo Jogiches in Berlin, dem Organisator des Spartakusbundes.

Im Dezember 1916 wurde sie nach einer Denunziation verhaftet und nach längerer Untersuchungshaft zu zwei Jahren Zuchthaus verurteilt, die sie im Zuchthaus Delitzsch verbüßte, bis sie in der Novemberrevolution entlassen wurde. Ende 1918 war sie Mitbegründerin der KPD, in der Partei in der Frauenarbeit aktiv und Mitbegründerin des RFMB. Zu Beginn des ultralinken Kurses Ende 1928 wurde sie aus der KPD ausgeschlossen und organisierte sich in der KPD-O.

1933 begann für sie als kommunistische Jüdin eine gefährliche Zeit. Die KPD-O-Genossen in Stuttgart unterstützten sie; sie ernährte sich von Kaffee-Verkauf an Genossen und Verwandte. Ihre Lage verschlimmerte sich mit der Verschärfung der judenfeindlichen Gesetzgebung. 1941 wurde sie

in einem »Judenhaus« in Stuttgart interniert und kam 1943 nach Theresienstadt.
1945 von der Roten Armee befreit, kehrte sie nach Stuttgart zurück. Zuerst war sie der KPD beigetreten, aus der sie 1948 austrat. Sie unterstützte
die GAP und zeichnete verantwortlich für die »Arbeiterpolitik«. Sie hatte
intensiv versucht, Arbeit und eine Rückkehrerlaubnis für ihren Bruder August zu beschaffen – vergeblich. Am 23. April 1959 starb sie in einem Stuttgarter Altersheim.

Lebenslauf von Bertha Thalheimer
*(Quelle: Bundesarchiv Berlin-Lichterfelde R 30.03, C 85/16 Nr. 8, Bl 10
– 14 RS).*

Berlin, 11. Januar 1917
Sehr geehrter Herr Amtsrichter!
Anbei die gewünschte Niederschrift meines Lebenslaufs.
Hochachtend
Berta Thalheimer
Ich bin geboren am 17. März 1883 zu Affaltrach O/Amt Weinsberg in Würt-
temberg. Affaltrach ist ein kleines Dörflein, dessen nächst gelegene größere
Stadt Heilbronn a. Neckar ist. Die Bevölkerung bestand vorwiegend aus
Kleinbauern und kleinen Weingärtnern. Außerdem gab es eine kleine jü-
dische Gemeinde, die hauptsächlich Viehhandel, den Handel mit Betten und
Federn wie mit Immobilien betrieb. Meine Eltern waren Israeliten und ich
wurde in der mosaischen Konfession erzogen. Mein Vater betrieb ein Bet-
tengeschäft und handelte daneben mit Immobilien. Ich bin das älteste Kind
von dreien; meine beiden Geschwister sind ein Bruder, der ein Jahr jünger ist
als ich und eine Schwester, die vier Jahre jünger ist. Bis zu meinem neunten
Lebensjahre verbrachte ich meine Kindheit in diesem dörflichen Milieu. Zur
Schule und zwar in die jüdische Dorfschule kam ich mit 6 Jahren.
Als ich neun Jahre alt war, zogen meine Eltern weg von dem Dörfchen
in ein kleines Städtchen Württembergs: Winnenden – von Stuttgart mit der
Bahn in etwa 40 Minuten zu erreichen. Der Grund des Wegzugs meines Vaters war vor allem, uns Kindern eine gute Schulbildung zu geben. In Affaltrach war dies unmöglich, da es nur konfessionelle Volksschulen gab. Mein
Vater hatte wohl nur die Volksschule besucht, hatte sich aber aus innerem
Drange eine gute Allgemeinbildung selbständig angeeignet. Diesen müh-
samen Weg der Selbstbildung wollte er uns ersparen und es ist mir noch in
lebendiger Erinnerung, dass er, als mein Bruder noch ein kleines Kind war,
davon sprach, dass er sehnlichst wünschte, dass sein Sohn einmal studieren

möchte. Mein Vater hatte sich früh zum Demokraten und bald zum Sozialdemokraten entwickelt. Ich glaube, dass er zu damaliger Zeit außer dem Rabbiner Stern in Württemberg der einzige Israelite war, der sich zum Sozialismus bekannte. Zu diesem Bekenntnis in diesem Milieu gehörte wirklich innere Überzeugung und Idealismus zur Sache. Mein Vater blieb Geschäftsmann, betätigte sich in Winnenden in Vereinen der Partei, die aber nur sehr wenige Mitglieder zählte.

In Winnenden waren wir die einzige israelitische Familie und wir Kinder kamen daher aus dem jüdischen Gemeindeleben heraus. Ich besuchte noch 1 Jahr die allgemeine Volksschule, um dann mit zehn Jahren in die dortige Knabenrealschule aufgenommen zu werden. Jüdischen Religionsunterricht bekamen wir Kinder privat durch einen Lehrer, der zu diesem Zwecke jeden Sonntag zu uns ins Haus kam. Die Realschule beendigte ich in meinem 14ten Lebensjahre. Danach bekam ich noch etwa bis zu meinem 16ten Lebensjahre Privatunterricht in Literatur und Sprachen. Seit meinem 13ten Jahre ungefähr hatte ich auch Unterricht im Klavierspiel.

Im Jahre 1899, also in meinem 17ten Lebensjahre, zogen meine Eltern nach Cannstatt bei Stuttgart. Auch dieses Mal bewog meinen Vater die Weiterbildung der Kinder. Mein Bruder hatte die Lateinschule in Winnenden beendigt, und da er studieren wollte, musste er an eine Schule, wo er sein Abiturium machen konnte. Was meinen Bildungsgang betrifft, so wünschte mein Vater, dass ich nicht die oberflächliche Bildung der »höheren Töchter« bekäme, er wollte, dass in mir Sinn und Verständnis für gute Lektüre geweckt würde, im ganzen sollte ich aber für den üblichen Beruf der zukünftigen Hausfrau vorbereitet werden. Ich lernte daher verschiedene weibliche Handarbeiten.

In diesen Jahren hatte ich selbst kein weiteres Streben. Kein Wunder, denn in diesem ausgesprochen kleinbürgerlichen Milieu, in dem ich lebte, war auch gar kein höheres Streben und daher gar keine weitere Anregung vorhanden. Mein Vater suchte uns für seine sozialistischen Anschauungen zu interessieren, doch zeigte ich zu dieser Zeit noch wenig Interesse, während mein Bruder bereits mit 14 Jahren sozialistische Bücher las und Interesse für die Politik bekundete. Doch hatte ich mich mit 16 Jahren geistig so weit entwickelt, dass ich es verschmähte, Jungmädchengeschichten zu lesen. Ich griff nach den Klassikern, nach der Odyssee. Mit dem erwachten Sinne für gute Literatur erwachte bereits leise eine innere Unbefriedigtheit mit dem Leben, das ein Mädchen in bürgerlicher Familie führt. Mein Vater wollte mir nun Gelegenheit zur weiteren persönlichen Entwicklung geben. Ich kam nun für einige Zeit in das Haus einer Dame in Frankfurt a.M. Die Dame war Lehrerin und gab uns Unterricht vor allem in Literatur. Es wurde in dem Hause viel gelesen und musiziert und ich empfing mancherlei geistige Anregung in dem Hause.

Nach Hause zurückgekehrt, fühlte ich mich immer unzufriedener mit dem Leben, das ich führen musste. Auch das Kleinbürgermilieu mit seiner beschränkten Weltanschauung und kleinlichen Vorurteilen bedrückte mich. Ich suchte mich nun mehr geistig zu betätigen und griff nach Gelegenheiten, die mir erreichbar waren: besuchte Vortragskurse wie Vorlesungen am Polytechnikum zu Stuttgart. Mein Bruder suchte mich nun in meinem Streben zu fördern. Er gab mir ein populäres Werkchen über Spinoza, von einem Sozialisten geschrieben. Durch dieses Büchlein bekam ich zum ersten Male Einblick in die sozialistische Ideenwelt. Ich begeisterte mich für diese Ideen, hatte aber zuerst das Bedürfnis, mich in die Werke der Sozialisten wie in die allgemeine soziale Geschichte der Menschheit zu vertiefen. Doch stand von vornherein bei mir fest, dass ich mich nicht nur geistig mit dem Sozialismus befassen wollte, sondern die erworbenen Kenntnisse sollten mir Mittel zu selbstthätiger Arbeit für den Sozialismus sein. Das zweite sozialistische Buch, das ich las, war Bebels ›Die Frau und der Sozialismus‹. Es befestigte und beflügelte mich in meinem schon gefassten Entschlusse. Dies Buch zeigte mir in seiner Skizze über die Entwicklung der Menschheitsgeschichte in ihrem sozialen Werden, dass zur gründlichen Kenntnis der sozialen wie geistigen Geschichte der Menschheit ein systematisches Studium erforderlich sei, dem man seine ganze Zeit widmen musste. Ich lebte bisher ausschließlich in einem bürgerlich-jüdischen Milieu.

Nachdem ich mich zur Sozialistin entwickelt hatte, verlangte es mich nach entsprechender Umgebung, Ich hörte meinen Vater öfters in der anerkennenswertesten Weise von Clara Zetkin sprechen. Ich erinnerte mich ihrer selbst noch dunkel, da sie in meiner Kindheit ich glaube einige Male bei meinen Eltern war. Ich suchte sie auf und bat sie, mir in meinem geplanten Studium zu helfen. Wie leicht zu begreifen ist, brachte mein Entschluss große Kämpfe mit sich. In dem Milieu, in dem ich lebte, hatte noch nie eine Frau studiert, war noch nie eine Frau zur Sozialistin geworden und sich entschlossen, ihr Leben für den Kampf um den Sozialismus zu widmen. Doch alle Widerstände bekräftigten mich nur in meinem Entschlusse. Ich war mir bewusst, dass mein Streben in der Richtung der fortschrittlichen Entwicklung ging und nichts konnte mich wankend machen. In meinem Vorhaben bekräftigte mich der innere Widerwillen gegen das bürgerliche Milieu mit seiner inneren Hohlheit und Unwahrhaftigkeit, mit seinem Hang an materiellen Gütern, dem Triebe nach materieller Bereicherung und der Ausnutzung der arbeitenden Massen. In dem Maße wie ich mich der bürgerlichen Weit innerlich entfremdete, ihr Gegner wurde, in dem Maße zog es mich hin zu den leidenden, arbeitenden Massen. Ich begann allmählich Versammlungen zu besuchen. Und ich entsann mich, dass ich damals in Stuttgart in einer großen Parteiversammlung die einzige Frau war. Nun arbeitete ich systematisch sozialistische wie allgemein historische Literatur durch. Daneben ging immer die Lektüre belletristischer Werke. Um mein Studium gründlicher und intensiver betreiben zu können, ging ich im Jahre 1915 nach Berlin und hörte als Gasthörer einige Jahre Vorlesungen über Philosophie, Geschichte und Nationalökonomie. Mein Hauptaugenmerk legte ich auf eigenes selbständiges Studium, denn es war mir klar, dass vom Standpunkt des wissenschaftlichen Sozialismus die sozialen Wissenschaften anders beleuchtet wurden als von den Vertretern der bürgerlichen Wissenschaft. Ich verkehrte zu dieser Zeit insbesonders in dem geistig führenden Kreise der Partei, der sich damals um Kautsky-Luxemburg bildete. In diesem Kreise empfing ich die mir nötige geistige Anregung und Förderung. Während eines Sommers war ich einmal in Lausanne, um mich in der französischen Sprache zu vervollkommnen. Mit manchen größeren Unterbrechungen war ich so bis zum Jahre 1911 in Berlin. Im Jahre 1911 kam mein Bruder als Redakteur an das ›Göppinger Tagblatt‹ in Württemberg. Da ich allmählich immer mehr das Bedürfnis empfand, meine Kenntnisse praktisch zu bethätigen und praktisch in der Bewegung zu wirken, folgte ich der Aufforderung, als Volontär an das Göppinger Parteiblatt zu gehen. Ich bearbeitete hauptsächlich den lokalen Teil, das Unterhaltungsblatt wie die Frauenbewegung. In dieser Zeit fing ich auch an, mich rednerisch zu bethätigen. Ich leitete Frauenbildungskurse, hielt Vorträge in Frauenversammlungen und später auch in allgemeinen Parteiversammlungen.

Im Juli 1912 verließ ich die Redaktion in Göppingen mit meinem Bruder. Die Zeitung vertrat die radikale Richtung der Partei und war dem revisionistischen württembergischen Landesvorstand nicht genehm. Es kam zu Auseinandersetzungen, in deren Verlauf mein Bruder gegen den Willen der Organisation des ganzen Wahlkreises seine Stellung verlassen musste. Ich ging nach Cannstatt zu meinen Eltern. Meine Thätigkeit, die ich in der Partei entfaltete, war vor allem in der Frauenbewegung. Eine amtliche Funktion übte ich nie in der Partei aus. Im Juli 1915 zog ich nach Stuttgart, wo mir mein Vater eine Dreizimmerwohnung einrichtete. Meine Parteithätigkeit in Stuttgart war praktisch agitatorischer, propagandistischer Art. Ich hielt nun weiter bei Frauenversammlungen Vorträge und auch in engeren Zirkeln der Partei allgemein politische Vorträge. Am 28. August 1916 verließ ich Stuttgart und ging nach Berlin ohne fest entschlossen zu sein, meinen Wohnsitz ganz hierher zu verlegen, denn ich behielt meine Wohnung in Stuttgart bei.   Berlin, 11. Januar 1917 Berta Thalheimer

Klara Thalheimer

In unserem Jahr in Australien haben wir einige größere Reisen unternommen. Zwei führten uns von Armidale über Sydney nach Wandiligong. Die Grube war stillgelegt, die meisten Bergarbeiter weggezogen oder verstorben; an manchen verlassenen Häusern rankte sich Unkraut. In einem Häuschen, das Roy Thalheimer erworben hatte, als er dort nach dem Krieg arbeitete, lebte nun seine Mutter. Sie versorgte sich selbständig, bearbeitete ihren Garten, verfolgte die laufenden Ereignisse, hatte aber bis zu unserem Besuch 1970 wenig Kontakt nach Europa. Dage-

28.3.1892-6.2.1990

gen hatte sie Verbindungen nach Melbourne zu deutschen Emigranten. Die Familie Zetschmann holte sie aus dem Städtchen und pflegte sie, wenn sie mal krank wurde. Henry Zimmermann hielt politischen Kontakt, befragte sie ab und an zur Geschichte der deutschen Arbeiterbewegung. Ein altes Lehrer-Ehepaar im Städtchen war mit ihr befreundet.

Zu den Veranstaltungen anlässlich des 100. Geburtstages von August Thalheimer wollte die Gemeinde Obersulm sie einladen. Sie fühlte sich jedoch zu alt für diese weite Reise. Sie bekam wohl eine kleine Wiedergutmachungsrente aus der BRD, sodass sie in ihrem bescheidenen Leben keine materielle Not verspüren musste.

Lebensdaten: In einem Nachruf in der Zeitschrift *Sozialismus* (4/1990) wird Klara Thalheims Arbeit gewürdigt.

1892 als älteste von sieben Kindern in Idar-Oberstein geboren, ging sie in jungen Jahren als kaufmännische Angestellte nach Berlin und heiratete dort im Kriegsjahr 1916 August Thalheimer, mit dem sie von da an bis zu dessen Tod alle Höhen und Tiefen der politischen Arbeit teilte. Zusammen mit ihrer Schwägerin Bertha half sie 1916 Leo Jogiches in Berlin bis zu ihrer Verhaftung. Da Bertha alle Verantwortung übernahm, wurde sie nach der Untersuchungshaft entlassen. Antimilitaristische Arbeit, Aufbau der KPD, in der August führende Funktionen innehatte, Absetzung Anfang 1924, Ehrenexil in Moskau 1924-1928, Rückkehr nach Deutschland 1928, Aufbau der KPD-Opposition und antifaschistischer Kampf 1928-1933, zweite Emigration 1933 über Straßburg nach Paris. 1939 trennten sich die Wege für kurze Zeit: Die beiden kamen in verschiedene Lager, Klara in das berüchtigte Lager Gurs in Südfrankreich, August durchlebte eine Odyssee durch zehn verschiedene Lager. In der weiteren Emigration nach Kuba waren sie wieder vereint. Nach Augusts Tod am 19. September 1948 in Havanna zog Klara 1950 nach Wandiligong, einem kleinen Bergarbeiterstädtchen im Staate Victoria, wo ihr Sohn Roy lebte. Dort wohnte sie in einem kleinen Holzhäuschen mit eigenem Garten bis kurz vor ihrem Tode. Sie verstarb nach einem Hüftgelenkbruch und an einer Lungenentzündung im Krankenhaus in Wangaratta am 6. Februar 1990.

Klara Thalheimer ist politisch nicht hervorgetreten, sondern hielt sich bescheiden im Hintergrunde; sie nahm aber sehr häufig an den Mitgliederversammlungen und öffentlichen Veranstaltungen der Berliner KPD-O teil. Sie sorgte für die Arbeitsfähigkeit ihres Mannes und trug in allen schwierigen Lagen sehr wesentlich zur Erhaltung der vierköpfigen Familie bei. Dazu hatte sie seit Augusts Ausschluss aus der KPD Ende 1928 reichlich Gelegenheit. Augusts Hauptarbeit galt der KPD-O, die aber nur minimale Vergütungen (etwa in der Höhe der Arbeitslosenunterstützung) zahlen konnte. Wissenschaftliche Arbeiten (u.a. die Herausgabe der Werke Franz Mehrings) erbrachten wenig. Noch schwieriger wurden materiell die Jahre der zweiten Emigration von 1933-1948. Durch Reinemachen und ähnliche Arbeiten sicherte sie die bescheidene materielle Basis der Familie. In Australien unterrichtete sie zeitweilig Französisch und Deutsch an der Schule im benachbarten Bright im Ovens Valley.

Klara Thalheimer hat in ihrem Leben keine Reichtümer erworben; aber durch ihre unermüdliche Arbeit und Energie hat sie die politische Arbeit von August wesentlich mitgetragen, geholfen, die großen Schwierigkeiten der Emigration zu überwinden, und zwei Kinder großgezogen. Auch vom fernen Australien aus hat sie mit einigen alten KPD- bzw. KPD-O-Freunden brieflichen Kontakt gehalten und sich bis zuletzt für die politischen Entwicklungen interessiert. Sie hat so auf ihre Weise zur Erhaltung der antistalinistischen Tradition im Kommunismus mitgewirkt.

Ihr persönlicher Lebensweg – Idar-Oberstein – Berlin – Moskau – Berlin – Straßburg – Paris – Gurs – Havanna – Wandiligong – spiegelt das schwere Schicksal der deutschen Arbeiterbewegung und ihrer politischen Emigration wider, das alle ihre Funktionäre und Mitstreiter betraf, die klarsichtigen Thalheimers nicht minder als die Blinden. Ihre wenigen verbliebenen Freunde werden sich Klara Thalheimers erinnern als einer Genossin, die ihre Leistung und ihr Leben in die Arbeiterbewegung eingebracht hat.

Roy Thalheimer

August und Klara Thal-
heimer habe ich noch in
Berlin vor 1933 ken-
nengelernt. Ihre bei-
den Kinder, jünger
als ich, gingen in die
Schule, und unsere
Wege kreuzten sich
dort nicht. Die Tochter
Sita habe ich nie gese-
hen, nur mit ihr nach
1945 korrespondiert.
2010 konnte ich ihren
Sohn, Augusts Enkel
Tony Garst und dessen
Tochter Jessica in Chi-

1984 zu Besuch bei Gretel und Theodor Bergmann im Asemwald in Stuttgart (von links): Ruben (Roy) Thalheimer (geb.10.8.1921) und Marlene Janice Thalheimer (Melbourne), Fayga Ostrower (Sao Paolo), Gretel Bergmann, Eva Eisenschitz (London) und Theodor Bergmann

cago treffen. Aber den Sohn Roy haben wir natürlich gesucht und aufgesucht, als wir 1970 für ein Jahr nach Australien gingen. Seitdem sind wir in
Kontakt, diskutieren die Probleme der kommunistischen Bewegung in unserer Korrespondenz. Leider sind meine Arbeiten, auch die Publikationen
über seinen Vater, meist auf Deutsch verfasst; daher hat er nach 77 Jahren
Abwesenheit von Deutschland Schwierigkeiten mit meinen Texten.

Roy hatte kein leichtes Leben als Sohn eines unabhängigen Kommunisten, dessen ganzes Lebenswerk dem Kommunismus diente. Er wurde am 10.
August 1921 in Berlin geboren und kam als Dreijähriger mit seinen Eltern
nach Moskau, wo er bis 1928 die Schule für die Kinder der»Immigranten«
(dann Karl-Liebknecht-Schule, später aufgelöst) besuchte. 1928 konnte er
nach Berlin zurückkehren und besuchte bis zur Emigration 1933 die Karl-
Marx-Schule in Neukölln, in der es viele sozialistische Schüler und Schülerinnen gab. Dann begann für den jungen Roy eine Odyssee, etwas erleichtert
durch solidarische Hilfe. Die Eltern konnten ihn kaum materiell unterstützen. Aber der norwegische sozialistische Arzt Dr. Karl Evang nahm ihn für
einige Jahre auf. Noch vor Kriegsbeginn wanderte er weiter nach England
und begann eine Gärtnerlehre.

August bemühte sich aus der Ferne (er lebte bis 1939 in Paris) um die
Weiterbildung von Roy, der ja 1933 die Schule verlassen musste und kein
Abschluss-Examen hatte. In seinen Briefen gab er Hinweise auf wichtige
Bücher. Auch aus den etwa zehn französischen Internierungslagern, durch

die August nach Kriegsbeginn wandern musste, schrieb er regelmäßig an Roy, ihn aufmunternd, nie klagend über die miserablen Lebensbedingungen. Roy versuchte, Geld zu überweisen; der Vater bat ihn, das einzustellen – er würde schon zurechtkommen. 1940 bricht die Korrespondenz für eine längere Zeit ab. Die englische Regierung lädt Tausende *enemy aliens* auf zwei Schiffe. Das Schiff in die USA wird von der deutschen Kriegsmarine versenkt – es gibt keine Überlebenden. Auf dem anderen Schiff, der Dunera, fährt mit 2.731 anderen Emigranten auch Roy nach Australien; von diesen sind 200 deutsche Nazis, etwa 200 (wohl unschuldige) Italiener und 2.200 männliche Antifaschisten, meist Juden. Die konservative Regierung in Canberra steckt sie alle in zwei primitive Lager in Hay, einem Dorf im Norden von Victoria, und Tantura. Nach der Regierungsübernahme durch Dr. Evatt von der Labor Party werden die Lagertore geöffnet. Manche der Insassen werden später Professoren, Ärzte, Lehrer, Anwälte. Roy wird Armierungssoldat in der 8. Australischen Arbeitskompanie im Northern Territory bei Port Darwin, das später von der japanischen Armee erobert wird. Er erkrankt 1944 an Tuberkulose; nach einem langen Heilungsprozess wird er 1949 Forstarbeiter, kauft ein Holzhäuschen (pioneers cottage) im Bergarbeiterstädtchen Wandiligong bei Bright im Ovens Valley, westlich von Canberra. Er heiratet 1961 seine Krankenschwester Marlene Janice Ritchard. Nach zwölf Jahren Arbeit am Bau von Gebirgsstraßen arbeitet er 13 Jahre bis 1974 in der Forstverwaltung des Staates Victoria und schließlich zehn Jahre bis 1984 als Lagerverwalter der Staatsdruckerei in Melbourne.

Nach der Wende im Krieg beginnt wieder die Korrespondenz mit den Eltern in Havanna. Nachdem die Versuche gescheitert sind, nach Deutschland zurückzukehren, bemüht sich Roy auf Wunsch des Vaters um eine Arbeit. August schildert die Fächer und Sprachen, in denen er unterrichten könnte, und beschreibt, wie schön es wäre, wenn die Familie wieder beieinander wäre. Roys Suche ist ohne Erfolg. August stirbt im September 1948 in Havanna.

Einige Jahre nach Kriegsende kommt seine Mutter nach Australien; er überlässt ihr das Häuschen und zieht nach Melbourne. Seine Frau studiert Theologie und Volkswirtschaft und wird Pfarrerin der Presbyterianer. Roy wird 1981 pensioniert. Die beiden ziehen in das Städtchen Sebastian nördlich von Melbourne. 1991 stirbt seine Frau Marlene. Er betreibt heute einen kleinen Buchhandel.

Meine Korrespondenz mit Roy beginnt Anfang der 1960er Jahre. Er denkt nicht an Rückkehr, möchte aber politische Informationen. Als meine Stuttgarter Freunde zusammen mit der Gemeinde Obersulm, in der August geboren wurde, 1984 an seinen 100. Geburtstag erinnern wollen, gibt es eine Möglichkeit, Roy und Marlene für die Veranstaltungen einzuladen. Die alten KPD-O-Freunde und die Gemeinde finanzierten Roys einzige Europareise. In Obersulm werden die beiden jungen Thalheimers geehrt; auch an dem Seminar in Stuttgart können sie teilnehmen.

Nach Besichtigungen und langen Aussprachen reisen die beiden nach England und von dort zurück nach Australien. Der Besuch in der BRD intensiviert unseren brieflichen Gedankenaustausch. Wir diskutieren den Niedergang der europäischen Arbeiterbewegung, den Aufstieg der VR China und den Charakter des dortigen Systems, den Konflikt im Nahen Osten und manches andere, wenig über australische Entwicklungen.

Roy und ich diskutieren weiter, vielleicht bis zum Lebensende.

Quelle: Bergmann (2004).

Hans Tittel

Vielleicht habe ich Hans Tittel auf den KPD-O-Konferenzen in Berlin gesehen, die ich als Gast besuchte. Richtig bekannt wurde ich mit ihm erst in der Tschechoslowakei, als ich 1936 dort mein landwirtschaftliches Studium begann. Hans lebte in Aš (Asch), im Nordwesten Böhmens, nahe der deutschen Grenze. Er wohnte im Arbeiterheim in einem der Gästezimmer. Es war eng, die Ausstattung war wenig modern; auf einem Waschtisch stand eine Porzellanschüssel, ein Wasserkrug. Hatte man sich gewaschen, musste man das Wasser hinaustragen. Die Toilette stand im Trep-

1.9.1894-8.8.1983

penhaus. Essen bekam er im Arbeiterheim. Dieses stand unter der Leitung des Genossen Christian Blos, der ein führender Kopf der KPO der Tschechoslowakei war. In diesem Zimmer ging Hans seiner Arbeit nach; er war Mitglied des Auslandskomitees der KPD-O und verantwortlich für die Grenzarbeit ins Dritte Reich. Es war eine sehr verantwortungsvolle und zugleich gefährliche Arbeit. Man musste die Kuriere vor Spitzeln schützen, und man konnte nicht vor Gewaltaktionen der nazistischen Organe jenseits der nahen Grenze sicher sein.

Das Zimmer war klein, die materielle Lage ärmlich; aber ich habe Hans nie über seine Lebensbedingungen klagen gehört.

Neben dieser Arbeit war er verantwortlich für die Herausgabe der Ascher *Arbeiterpolitik* und für den Kontakt mit den Genossen und den wenigen Ortsgruppen der KPČ-O. Die Mitglieder konzentrierten sich im Wesentlichen in dem deutschsprachigen Gebiet von Nordböhmen. In diesem Industriegebiet gab es eine ältere Tradition aus dem Antimilitarismus des Ersten Weltkriegs und Beziehungen zum Spartakusbund. Aber noch viel früher hatte sich hier der proletarische Internationalismus bewährt. Als in den 1870er Jahren der deutsche Nationalismus auch im Norden von Österreich-Ungarn stärker wurde, appellierten die Sozialisten (unter ihnen Kreibich senior) an die Gemeinsamkeit der deutschen und tschechischen Werktätigen. »Reste« dieser großen Tradition blieben auch nach der Machtübergabe an Hitler 1933 erhalten und führten zum Widerstand gegen den erstarkenden Faschismus, der aus Hitlerdeutschland mit allen Mitteln gefördert wurde: Geld, Waffen, militärische Ausbildung in Deutschland. Die stark exportorientierte Industrie, größtenteils im Grenzgebiet von Pilsen bis Reichenberg und Mährisch-Ostrau angesiedelt, litt schwer unter der Wirtschaftskrise; die pseudosoziale Demagogie der Sudetendeutschen Partei (= NSDAP) fand daher fruchtbaren Boden.

Hans war auch verantwortlich für die Hilfe für jene Genossen, die wegen ihrer Gefährdung Deutschland verlassen mussten. Da sie selten eine Arbeitserlaubnis bekamen, sorgte er nach Möglichkeit für ihre Weiterreise.

Sein äußerst bescheidener Lebenswandel und seine politische Arbeit waren in der Krise nur mit Mühe zu finanzieren.

Seine Frau war früh gestorben. Als er emigrieren musste, ließ er seinen einzigen Sohn bei seiner Schwester in Dresden, die mit einem Nationalsozialisten verheiratet war. Es traf ihn sehr, als er später in Asch erfuhr, dass die Schwester nicht verhindert hatte, dass der Junge zur HJ gezwungen wurde. (Nach dem Krieg erfuhr er, dass sein Sohn vor Leningrad gefallen war.)

Wenn die neuen Fragen der Arbeiterbewegung im Pariser Auslandskomitee der KPD-O diskutiert wurden, war Hans immer dorthin geflogen. Wenn er zurückkam, besuchte ich ihn, um die neuen Stellungnahmen und Beschlüsse zu erfahren. So wurden unsere Kontakte häufiger, weil wichtige Fragen auftauchten.

Es fing an mit dem Spanischen Bürgerkrieg. Wir waren begeistert von dem erfolgreichen spontanen Widerstand der spanischen Arbeiter und Bauern gegen den faschistischen Putsch des Generals Franco, der bald offen von Mussolinis und Hitlers Armeen unterstützt wurde. Ich wollte mich als Freiwilliger melden. Aber sehr bald wurden wir ernüchtert, als unsere Genossen, die aus der französischen Emigration nach Spanien gegangen waren, von den stalinistischen Organen eingesperrt wurden.

Bei unseren Gesprächen in Asch ging es auch um eine neue Entwicklung: die auf dem VII. Weltkongress der Komintern (25.7. bis 30.8.1935) proklamierte Volksfrontpolitik. Im Interesse der von der UdSSR gesuchten Annäherung an die westlichen Demokratien wurden die westeuropäischen kommunistischen Parteien gezwungen, auf jede revolutionäre Zielsetzung zu verzichten. In Spanien bedeutete das Verzicht auf die (für den Sieg über Franco notwendige) Fortsetzung der Revolution, für Deutschland die Forderung nach einem bürgerlich-demokratischen Staat und ein Bündnisangebot an »die demokratischen Teile der deutschen Bourgeoisie«. Bald wurde klar, dass diese neue Generallinie zur Niederlage der Spanischen Revolution führen musste.

Die nächste Entwicklung, die die kommunistische Bewegung noch tiefer erschütterte, waren die Moskauer Schauprozesse, die im August 1936 begannen. Die internen Debatten unter uns Emigranten wurden noch intensiver. Als die ersten abstrusen Geständnisse der angeklagten Bolschewisten in den großen Zeitungen veröffentlicht wurden, waren wir »verwirrt«. Wenn die »Geständnisse« stimmten und diese Revolutionäre von 1917 und Kampfgefährten Lenins Konterrevolutionäre waren und Partner der deutschen Faschisten, wie konnte die Revolution 1917 gesiegt haben? Waren die »Geständnisse« aber unwahr, so war Stalin ein Verbrecher, dem man kein Wort glauben konnte. Nach wenigen Prozesstagen wurde eindeutig klar, dass die »Geständnisse« durch psychische und physische Folter erreicht worden waren. Das wurde in Paris intensiv diskutiert. Hans Tittel kam von dort zurück mit der Antwort: »Wir haben klare und scharfe Kritik an diesem Schwindel beschlossen. Stalins Vorgehen ist ein Verbrechen, schädigt die kommunistische Bewegung und den weltpolitischen Kredit der Sowjetunion. Im Interesse der Verteidigung der sozialistischen Sowjetunion hoffen wir, dass die dortigen Kommunisten die Kraft haben werden, die Stalin-Fraktion abzusetzen.«

Unsere Zweifel waren beseitigt, aber zugleich wurde die Kriegsgefahr, die vom faschistischen Deutschland ausging, immer deutlicher. Der Expansionsdrang des deutschen Imperialismus wurde durch die wachsende Sympathie der Bourgeoisie in vielen Ländern Europas und vor allem in England und Frankreich und die Selbstschwächung der Sowjetunion beflügelt. Nach dem »Anschluss« Österreichs im März 1938 wurde die akute Gefährdung der ČSR klar erkenntlich.

Im Sommer 1938 nach dem Besuch von Walter Runciman, Emissär des britischen Außenministeriums, bei den sudetendeutschen Naziführern, trafen wir uns das letzte Mal in Asch. Hans wusste, dass er das Land bald verlassen musste, ich wusste ebenso, dass ich nicht mehr lange bleiben konnte.

Hans hatte auch für die übrigen KPD-O-Emigranten zu »sorgen«, soweit er Verbindungen hatte, und für die Genossen in Asch, die gefährdet waren.

Hans Tittel hatte einen langen Weg vor sich, und wir sahen uns erst wieder, nachdem er 1962 in die BRD zurückgekehrt war. – In Frankreich, seinem zweiten Exilland, begann ein scheinbar politischer Streit unter den Pariser KPD-O-Genossen, den ich mir eher psychologisch erkläre. Der deutsche Faschismus drang immer weiter vor und drängte die Emigranten an die Küste des Atlantik; um diesen zu überqueren, brauchte man Visa und viel Geld. Beides fehlte unseren Genossen, und keine der großen Hilfsorganisationen wollte ihnen helfen. Die Kriegsgefahr rückte immer näher. Es entstand ein Streit in der KPD-O-Emigration, vorgeblich um einen Artikel von August Thalheimer in der Straßburger *Arbeiterpolitik*. Eine Minderheit meinte, er habe die Kriegsgefahr falsch eingeschätzt. Hans gehörte zu dieser Minderheit, die sich von der KPD-O trennte.

Nun mischten sich die Genossen aus den USA ein, faktisch die letzten »Verbündeten« in der sich auflösenden Internationalen Vereinigung der Kommunistischen Opposition. Ihre Führung – 1919 die Begründer der KPUSA – war eindeutig auf dem Weg zum harten Antikommunismus. Diese beschloss, die nun dringende solidarische Hilfe nur der Minderheit zu gewähren. Damit war der Bruch zwischen den alten Kampfgefährten vollzogen und endgültig. Sie gingen nun völlig getrennte Wege. Aber auch diese Minderheitsgruppe löste sich auf. (Aus späteren Gesprächen mit Hans Tittel entnehme ich, dass diese Trennung von Brandler und Thalheimer den alten Spartakisten Hans sehr schmerzte.) Dieser Streit blieb – wie viele andere Auseinandersetzungen unter den zur Passivität verurteilten Emigranten – auf diese beschränkt. Die illegal arbeitenden Genossen hatten andere Sorgen und wussten nicht einmal davon.

In den USA fand Hans Arbeit in seinem Beruf als Lithograph. Einige der »Minderheitler« arbeiteten für Jay Lovestone, dessen antikommunistische Aktivitäten vom CIA und der Gewerkschaftszentrale AFoL-CIA intensiv unterstützt wurden. Hans und sein Freund Erich Hausen trennten sich von den anderen und verzichteten auf politische Betätigung.

Nach dem Ende des Krieges konnte Hans seine Partnerin in die USA holen, und sie heirateten. Nach seiner Rückkehr im Jahre 1962 nahmen wir wieder freundschaftlichen Kontakt miteinander auf. Er zog nach Nürnberg, wo Verwandte seiner Frau Gerda lebten. Er trat der SPD bei, gewiss nicht aus Überzeugung, sondern weil er so leichter eine städtische Zweizimmer-Wohnung bekam, in der er bis zu seinem Tode wohnte.

Wir trafen uns einige Male bei den runden Geburtstagen von Rosi Wolfstein, die in Frankfurt am Main lebte, liebevoll umsorgt von den SPD-

Frauen. Sie merkte in den letzten Jahren nicht mehr, wie sie – die Freundin von Rosa Luxemburg und alte Kommunistin – in den Geburtstagsreden der SPD-Funktionäre zur Sozialdemokratin erklärt wurde.

Hans dagegen war bis zum Schluss hellwach und konnte sich ironischer Kommentare nicht enthalten. Ich besuchte ihn einige Male in seiner Wohnung in Nürnberg. Wir besprachen die wichtigen politischen Entwicklungen. In manchem waren wir uneins; aber seine Kritik blieb freundlich, nicht aggressiv, manchmal mit einem spitzbübischen Lächeln. Wenn er an »seine« Partei SPD denke, werde es ihm »speiübel«. Mir riet er von jeder politischen Aktivität ab; eine »Neuauflage« der KPD-O lehnte er ab. Nach dem Tode von Heinrich Brandler bedauerte er, dass er nach seiner Rückkehr nicht mehr mit ihm gesprochen hatte, nachdem man vom Spartakusbund an und bis 1939 so eng zusammengearbeitet hatte.

Allmählich erblindete er. Gerda umsorgte ihn, las ihm die Zeitung vor, schrieb seine diktierten Briefe. Sein Gedächtnis war sehr gut, sodass manche Forscher ihn befragen konnten, unter ihnen auch Hermann Weber. Mit einigen wenigen ehemaligen Genossen hielt er noch Kontakt, aber nicht mit zu Antikommunisten mutierten Genossen aus Paris. Nicht nur vom Stalinismus, sondern auch vom sowjetischen Weg hielt er gar nichts mehr, gleichwohl wurde er kein Antikommunist; es war eher ein allgemeiner Pessimismus über die nahen Perspektiven der deutschen Arbeiterbewegung.

Hans starb in Nürnberg in seiner Wohnung am 8. August 1983. Er hatte gebeten, keine Trauerfeier zu veranstalten. Stattdessen kamen seine wenigen alten Freunde etwas später in Nürnberg zusammen, um seiner zu gedenken. Ich hatte die große Ehre, ihn in einer Gedenkrede zu würdigen als einen Sozialisten, der sein ganzes Leben zur Arbeiterbewegung gehört und ihr seine ganze Kraft gegeben hatte.

Lebensdaten: *Hans Tittel* wurde am 1. September 1894 in Striesen bei Dresden geboren. Nach der Volksschule ging er in die Lehre als Steindrucker. 1909, als 15-Jähriger, trat er der Gewerkschaft und der Sozialistischen Jugend bei. 1912 ging er in die SPD. Er ging nach Württemberg, arbeitete in Ulm und nahm bald Kontakt auf mit Friedrich Westmeyer und Clara Zetkin, den führenden Linken in Stuttgart. Nach Kriegsbeginn 1914 wurde er aus der SPD ausgeschlossen. Wegen seiner antimilitaristischen Arbeit und Verbindung zum Internationalen Sozialistischen Jugendsekretariat in Bern wurde er zusammen mit Westmeyer und Zetkin verhaftet, nach acht Monaten Haft zum Heer eingezogen und kam als Infanterist an die Westfront. Er war Mitbegründer der KPD in Württemberg und Delegierter auf dem Gründungsparteitag Ende Dezember 1918. Auf den Parteitagen 1919 und 1920 war er Delegierter, auf dem IV. Parteitag Schriftführer. Von 1920 bis 1923 gehörte er dem Zentralausschuss der KPD an. 1921 stimmte er zusammen mit Clara Zetkin gegen den Ausschluss von Paul Levi, den er in jeder Hinsicht sehr schätzte; aber anders als Clara Zetkin legte er seine Funktionen nicht nieder.

Seit Ende 1919 war er Polleiter der KPD in Württemberg. Auf den Parteitagen unterstützte er die Positionen der »Rechten«, wandte sich gegen den bürokratischen Zentralismus und inspirierte die »Stuttgarter Forderungen« von 1922. Der VIII. Parteitag (1923) wählte ihn in die Revisionskommission. 1923 wurde er von der KPD-Zentrale nach Thüringen entsandt und dort zum Polleiter gewählt. Nach dem Oktober 1923 (der Absetzung der sozialistisch-kommunistischen Landesregierung durch die Reichswehr) war er vom 23. November bis Mitte 1924 in Haft und wurde dann als Landtagskandidat freigelassen.

Nach der ersten ultralinken Wende Ende 1923 wurde er von der Fischer-Maslow-Zentrale als Polleiter abgesetzt und kam zur Roten Hilfe nach Berlin. 1926 nach Absetzung dieser Zentrale kam er zurück zur KPD als Leiter des Pressebüros. Ende 1926 wurde er wieder Polleiter in Thüringen. Im Januar 1927 wurde er in den Landtag gewählt. Er nahm am XI. Parteitag der KPD in Essen teil. 1928 war er Delegierter von Thüringen auf dem VI. Weltkongress der Komintern. Er war der einzige deutsche »Rechte« und vertrat mutig und offen seine kritische Position gegen die neue ultralinke Wende. Daher wurde er als einer der ersten im Herbst 1928 ausgeschlossen. Große Teile der Mitglieder und der führenden Funktionäre in Thüringen solidarisierten sich mit ihm und gingen zur KPD-O, die er Ende 1928 mitbegründete und die in Thüringen eines ihrer Kerngebiete hatte. Er war Redakteur der *Arbeiterpolitik*, solange sie in Leipzig erschien, Polleiter der KPD-O in Thüringen und Mitglied ihrer Reichsleitung. 1931 lehnte er die Gründung der SAP ab und gewann einige SAP-Mitglieder für die KPD-O.

Nach der Machtübergabe war er Polleiter des illegalen Berliner Komitees der KPD-O, musste aber bald emigrieren. Er ging in die Tschechoslowakei, organisierte die Grenzarbeit, gab die Zeitschrift *Arbeiterpolitik* heraus und hielt den Kontakt mit den Gruppen der KPC-O. Im Sommer 1938 musste er die ČSR verlassen und ging nach Paris. Im Herbst 1939 verließ er mit der AK-Minderheit die KPD-O. Bei Kriegsausbruch wurde er in Le Vernet, Südfrankreich, interniert. Die Genossen in den USA, die die Minderheit unterstützten, beschafften ihm und seinen wenigen Freunden Visa für die USA. Später erklärte er, er und die meisten der Pariser Minderheit hätten 1939 noch nicht erkannt, dass ihre Genossen in den USA bereits mit dem Kommunismus abgeschlossen hatten. Ende 1941 beschlossen diese deutschen Emigranten, sich nicht mehr politisch zu betätigen. Hans Tittel lebte in einem Vorort von New York und arbeitete wieder in seinem Beruf als Lithograph.

1962 kehrte er als Rentner in die BRD zurück und lebte in Nürnberg. Er wurde Mitglied der SPD, blieb aber kritisch gegenüber deren Politik. Er hielt freundschaftlichen Kontakt mit einigen alten KPD-O-Genossen, lehnte aber eine Erneuerung der KPD-O ab. An den politischen Entwicklungen blieb er bis zuletzt sehr interessiert. Da er zuletzt blind war, las ihm seine Frau Gerda Zeitungen und Teile von Büchern vor. Er starb am 8. August 1983 in Nürnberg.

Walter Uhlmann

Walter war kommunistischer Jugendfunktionär, Arbeitsloser trotz großer fachlicher Fähigkeiten, illegaler KPD-O-Funktionär, Zuchthäusler, Facharbeiter, Gewerkschaftsredakteur – ein langes wechselvolles Leben, das die Peripetien deutscher Geschichte und Politik widerspiegelt. Walter Uhlmann lernte ich 1929 im Junius-Verlag kennen; er war Leiter der kommunistischen Jugendopposition, ich war das jüngste Mitglied. Es ging ihm materiell schlecht. Obwohl hervorragender Feinmechaniker, war er arbeitslos und »ausgesteuert«, bekam keinerlei Unterstützung,

14.6.1904-11.6.1991

da er niemanden zu versorgen hatte. Er gab die Zeitschrift der KJO *Junge Kämpfer* heraus.

Er wohnte zusammen mit seinem Kollegen Nitschke, auch er arbeitsloser Feinmechaniker, in einem Zimmer in einer Pension in der Wilhelmstraße, unweit des Junius-Verlages. Zur Körperpflege gab es einen »Waschtisch« mit Schüssel und Wasserkrug. Ab und zu brachte ich von zuhause einige Lebensmittel mit. Walter war Angestellter der KPD gewesen; in der großen Säuberung aller »rechten Abweichler« Ende 1928 zog er die Arbeitslosigkeit der politischen Unterwerfung vor. Wenn die KPD-O Geld hatte, bekam er vielleicht eine kleine Beihilfe; das wurde aber mit der sich vertiefenden Wirtschaftskrise immer seltener.

Das letzte längere Zusammentreffen war Pfingsten 1932. Auf dieser letzten Reichskonferenz der KJO vor der Machtübergabe an die NSDAP sollte u.a. die illegale Arbeit vorbereitet werden, da man bei der KPD-O zwar weiter intensiv für eine proletarische Einheitsfront warb, aber auch die Niederlage der deutschen Werktätigen für möglich hielt. Die Jugendkonferenz sollte ursprünglich jenseits der deutschen Grenze im deutschsprachigen Städtchen Asch stattfinden, im Arbeiterheim, das von dem KPO-Genossen Christian Blos geleitet wurde.

Walter Uhlmann war auf einem Motorrad aus Berlin gekommen, wurde aber an der Grenze gefilzt und ihm wurde die Einreise in die ČSR verweigert. So mussten wir Konferenzteilnehmer unverrichteter Dinge nach Deutschland zurückkehren. Die Tagung fand dann in Oelsnitz/Vogtland statt. Der Bürgermeister Otto Bachmann, gleichfalls KPD-O-Genosse, half, die Konferenz trotz des Missgeschicks und der notwendigen Improvisation geordnet durchzuführen.

Danach traf ich Walter ab und zu im Junius-Verlag und bei Veranstaltungen der Kommunistischen Opposition. Mit meiner Emigration am 7. März 1933 brach der persönliche Kontakt ab. 1937 erfuhr ich von seiner Verhaftung, dem Prozess und der Verurteilung. Walter hatte nach der Verhaftung der Genossen des zweiten Berliner (Leitungs-)Komitees der KPD-O sich noch intensiver in die illegale politische Leitungsarbeit der KPD-O eingeschaltet. Die Verhaftung des Kuriers Hans Löwendahl führte die Gestapo auf die Spur des dritten Berliner Komitees, dessen Mitglieder gefunden, verhaftet und verurteilt wurden – Walter zu acht Jahren Zuchthaus, die er fast ganz in Brandenburg-Göhrden absaß. Im Prozess hatte er sich als Sprecher seiner Genossen mutig zum Kommunismus bekannt, dessen Anhänger er sei, da ihm kein besseres Ziel bekannt sei.

In Brandenburg hatte er Unterschiedliches erlebt und immer Solidarität geübt, u.a. hatte er dem fast blinden Ernst Niekisch vorgelesen. Sein Kollege Nitschke wurde mit dem Fallbeil hingerichtet. Vom Scharfrichter aufgefordert, das Beil zu schärfen, konnte er das verweigern. Nach den schweren Bombardements von Berlin half er als Lastwagenfahrer und konnte so einige Male seine Grete Müller sehen und sich über die politische Lage informieren. Dann konnte er seinen Genossen im Zuchthaus berichten.

Ende 1946 traf ich ihn wieder. Grete Müller und Walter hatten gleich nach der Befreiung 1945 geheiratet, Vera war geboren; sie wohnten in Zehlendorf, wo bis 1945 die SS gewohnt hatte. Er hatte bei der Berliner Verkehrsgesellschaft Arbeit gefunden als Verantwortlicher für den Fuhrpark. Die Zentrale der BVG lag im Ostsektor der schon politisch in Sektoren geteilten Stadt. Wir diskutierten die politische Lage, auch zusammen mit unserem Freund Eugen Podrabsky. Er hielt Kontakt zu anderen KPD-O-Genossen aus der Vor-Hitler-Zeit; aber sein Hauptinteresse galt nun dem Wiederaufbau bei der BVG; und Grete hatte ihre Freude an der kleinen Vera.

Mit der Blockade Westberlins ab 1948 wurde die Lage für die Uhlmanns schwierig; die Versorgung wurde knapp, was vor allem für das Kind kompliziert wurde. Und vermutlich drängte die BVG-Leitung ihre verantwortlichen Leiter zum Umzug in den Ostsektor. Dem Drängen gaben auch die Uhlmanns nach und zogen nach Berlin-Adlershof, wo sie eine Wohnung in einer GAGFAH-Siedlung bekamen. Aber die Freude an der besseren Versorgung währte nicht lange. Im März 1950 wurde Grete Uhlmanns Bruder Kurt Müller verhaftet. Er war partei- und linientreu, 2. Vorsitzender der noch legalen westdeutschen KPD, ihr Fraktionsvorsitzender im ersten Bonner Bundestag, in dem die KPD 15 Abgeordnete hatte. Der Parteivorsitzende Max Reimann lud ihn zu einer Sitzung in Berlin ein und ließ ihn bei der Einreise in die DDR verhaften. Kurt war unschuldig Opfer der idiotischen »Säuberung« der KPD geworden.

Für ihn und seine Verwandten begannen nun schwierige Jahre. Er kam ins Untersuchungsgefängnis in Ost-Berlin; sein »Jugendfreund« Mielke, inzwischen Chef des Staatssicherheitsdienstes, wollte ihn nicht mehr kennen. Grete Uhlmann und ihre Mutter, auch eine alte Kommunistin, liefen von Behörde zu Behörde, schrieben Briefe, auch an Wilhelm Pieck. Angeblich wusste niemand über Kurts Aufenthalt Bescheid, der derweil in Berlin im Gefängnis saß. Grete und Walter wurden bedrängt und verließen nach harten Verhören die SED. Schließlich siedelten sie wieder um mit Sack und Pack – jetzt in die umgekehrte Richtung. Es gab noch keine Mauer, aber intensive Beobachtung der engsten Verwandten von Kurt Müller durch die Staatsorgane, sodass sie beim Umzug Umsicht walten lassen mussten.

Erste Station war Dingelsdorf, Am Klausenhorn 25. Kurt Müllers Frau, Hertha Fischer, war mit ihrem kleinen Sohn Paul nach Kurts Verhaftung an das andere Ende der BRD, an den Bodensee gegangen; sie wollte Abstand von der deutsch-deutschen Grenze. Sie nahm für eine Zeit ihre Verwandten dort auf. Walter begann, wieder als Feinmechaniker in Konstanz zu arbeiten.

Dann holte ihn die IG Metall in ihre Frankfurter Zentrale; er wurde Redakteur des Funktionärsorgans *Der Gewerkschafter*. Die Familie zog nach Frankfurt, in ein Einfamilien-Reihenhaus in der Dornbuschsiedlung.

Nun trafen wir uns wieder öfter – mal bei Besuchen in Frankfurt, manchmal auch, wenn wir bei unseren Fernreisen auf dem Flughafen einen längeren Zwischenaufenthalt hatten. Walter musste der SPD beitreten; dafür sorgte der Politkommissar der SPD im Vorstand der IG Metall Siegmund Neumann, der vor Zeiten treues KPD-Mitglied gewesen war. Dennoch behielt Walter Distanz zu dieser Partei und ihrem Kurs auf Konsens mit der deutschen Bourgeoisie. Er verheimlichte seine lange politische Vergangenheit bis 1945 in KPD und KPD-O keineswegs. Im *Gewerkschafter* behandelte er den mutigen Widerstand der KPD-O während des Faschismus, an dem er führend beteiligt gewesen war. Aber das Schicksal seines Schwagers Kurt Müller und die Folgen für seine Familie stießen den sensiblen und opferbereiten Kommunisten ab. Auch die 7½ Jahre im Zuchthaus Brandenburg hatten an seiner Kraft gezehrt. Die Solidarität blieb, aber das revolutionäre Feuer wurde immer schwächer. Bei meinen regelmäßigen Besuchen sprachen wir über unsere alten Genossinnen und Genossen aus KJO und KPD-O. Mit einigen hielt er brieflich Kontakt. Wir diskutierten vor allem die politische und ökonomische Entwicklung der BRD, die Rekonsolidierung des Kapitalismus; dafür hatte er nicht gekämpft.

Grete Uhlmann wurde bald schwächer und bekam schließlich Alzheimer. Er siedelte erneut um, nun in ein Zimmer im Kirchner-Altersheim der Arbeiterwohlfahrt in Frankfurt, weil er alleine seine Frau nicht mehr pflegen konnte. Nach einem schwierigen Arbeitsleben und vielen Jahren politischer Aktivität als Sozialist und Kommunist konnte er 22 Jahre lang als Rentner ohne materielle Not seinen Lebensabend genießen und seine Grete bis zu ihrem Tode im Jahre 1990 betreuen. Walter überlebte sie nur um ein halbes Jahr.

■■■■■■■ Lebensdaten: *Walter Uhlmann* wurde am 14. Juni 1904 in Leipzig geboren. Nach der Realschule wurde er Feinmechaniker. Als 15-Jähriger trat er 1919 der Freien Sozialistischen Jugend bei, mit 16 dem DMV, mit 19 dem KJVD. Bald wurde er Mitglied der Bezirksleitung Westsachsen des KJV, später Bezirksleiter Mittelrhein des KJV. 1928 kehrte er nach Leipzig zurück. Im Dezember 1928 wurde er aus der KPD ausgeschlossen und trat der KPD-O bei. Anfang 1929 zog er nach Berlin, wurde Mitglied er Reichsleitung der KJVD-O und verantwortlicher Redakteur ihres Monatsorgans *Junge Kämpfer*. Nach der Machtübergabe an die NSDAP begann er sofort mit der illegalen Arbeit in Berlin. Er organisierte Kerngruppen illegaler Gewerkschafter und gab deren Zeitschrift *Der Metallarbeiter* heraus. Er musste illegal und ohne festen Wohnsitz leben. Nach der Verhaftung des 1. Berliner Komitees der KPD-O gehörte er ab 1934 dem 2. BK an. Am 22. Februar 1937 wurden er und weitere BK-Mitglieder verhaftet und am 24. November 1937 verurteilt. Er erhielt eine Strafe von acht Jahren Zuchthaus und acht Jahren Ehrverlust. Er kam ins Zuchthaus Brandenburg-Göhrden. Vor allem während des Bombenkriegs war er mit Außenarbeiten beschäftigt und konnte so politische Nachrichten ins Zuchthaus mitbringen.

Nach der Befreiung lebte er zuerst in Westberlin und wurde Angestellter der Berliner Verkehrsgesellschaft, die ihren Sitz in Berlin-Ost hatte. Auf deren Wunsch zog er bald nach Berlin-Adlershof. Er wurde SED-Mitglied. Nach der Verhaftung (in der DDR) seines Schwagers Kurt Müller (2. Vorsitzender der KPD in der BRD) im Jahre 1950 wurden er und seine Frau intensiven Verhören unterworfen; sie verließen 1953 die DDR und übersiedelten in die BRD. Nach Arbeit in einem feinmechanischen Unternehmen in Konstanz wurde er Schriftleiter des Funktionärsorgans der IGM bis zu seiner Pensionierung 1969. In dieser Funktion wurde ihm die Mitgliedschaft in der SPD »nahegelegt«. Er lebte in Frankfurt am Main und starb am 11. Juni 1991.

Wang Guangmei

1966 begann Mao Zedong seinen offenen fraktionellen Kampf gegen seine Opponenten in der KP Chinas, die so genannte Große proletarische Kulturrevolution. Seine Kritiker bezeichnete er als Capitalist roaders; Liu Shaoqi (1898-1969), bis dahin Staatspräsident und faktischer Leiter der KP Chinas, wurde zur Unperson: »Der chinesische Chruschtschow, der China auf den Weg des Kapitalismus führen will«. Er kam ins Gefängnis und starb dort wegen unterlassener (verbotener) medizinischer Behandlung. Lius Frau Wang Guangmei wurde gleichfalls mit ihren vier

26.9.1921-13.10.2006

Kindern ins Gefängnis gesperrt. Lius Schicksal interessierte und bewegte mich. Ich protestierte in meinen Publikationen und Vorträgen gegen diese überaus schädliche Verleumdung, sah in der »Kulturrevolution« eine Parallele zu Stalins Moskauer Schauprozessen und begann, alles von und über Liu Shaoqi zu sammeln.

1971 fand ich in einem kommunistischen Buchladen in Melbourne ein kleines Büchlein, in gelbem Plastikeinband, im Format der Mao-Bibel: *Quotations from President Liu Shaoqi* mit Auszügen aus seinen wichtigsten Reden in den Jahren 1941 bis 1966, in denen er führende Funktionen in Staat und Partei innehatte und mit Zhou Enlai, Deng Xiaoping und Marschall Zhu De eng zusammenarbeitete. In dieser Zeit versuchten sie, die schlimmsten Folgen des »Großen Sprungs« zu korrigieren. Das Büchlein machte mir das Bild eines unabhängigen Marxisten noch deutlicher.

Zwei Jahre nach Maos Tod konnte ich 1978 zum ersten Mal mit einer Gruppe von 24 Kolleginnen und Kollegen eine Studienreise durch Teile der

VR China machen; man durfte selber zahlen und seine Besichtigungswünsche äußern. Man spürte schon auf verschiedene Weise den großen Wandel vom Maoismus zur kommunistischen Alternative, die vorsichtige Offenheit unserer hervorragenden Reiseführerin; man sah die ersten Bilder von Liu Shaoqi; Deng war wieder auf dem Weg in die Führung.

Ich sammelte weiter alles über Liu und publizierte 1982 zusammen mit U. Menzel und U. Menzel-Fischer: *Liu Shaoqi. Ausgewählte Schriften und Materialien.*[5] Die zwei Bände übermittelte ich 1984 an Wang Guangmei, Lius Witwe. Als Antwort lud sie mich zu einem Besuch ein. 1989 war ich erneut in der VR China – etwa vier Monate nach den Tian Anmen-Vorfällen. Auf manchen Bürgersteigen lagen noch die von Panzern zerstörten Platten. Man merkte in den Gesprächen Zurückhaltung, vielleicht Furcht. Wang Guangmei ließ mir mitteilen, dass sie erkrankt sei und mich leider nicht empfangen könne.

1994 war ich wieder auf einer Studienreise in China und ließ sie wissen, dass ich in Beijing sei. Sie lud mich zu einem Gespräch am 5. November ein in einem der Empfangsräume der Politischen Konsultativkonferenz des chinesischen Volkes, deren führendes Mitglied sie war.

Ich hatte meinen Freund Prof. Yin Xuyi als Dolmetscher mitgebracht; sie hatte gleichfalls eine Dolmetscherin; obwohl sie auf internationalen Verhandlungen Regierungs-Übersetzerin gewesen war, sprach sie nur chinesisch. Ein großer Raum, schwere tiefe Sessel mit weißen Schonern auf den Armlehnen. Eine große Frau, einfach gekleidet, schon weißes Haar, sehr aufrecht. Begrüßung, Tee, wir tauschten Geschenke aus. Sie erwähnte ihre Erkrankung 1989 und die bedauerliche Absage.

Nach meiner ersten Frage, wie sie Charakter, Zweck und Ziel der Kulturrevolution sehe, sprach sie über eine Stunde; jeder Satz wurde übersetzt: Sie rühmte die Bedeutung der chinesischen Revolution und berichtete über die großen Fortschritte nach 1949.

Anfangs und bis 1949 habe es keine Meinungsverschiedenheiten zwischen Liu und Mao gegeben. 1942 wurde Liu als der zweite Mann in der politischen Führung betrachtet; schwierige Funktionen wurden ihm übertragen. Auf der 2. Plenartagung des VII. Parteitages (1945) erklärte man, der neudemokratische Weg würde wohl 15 Jahre dauern; erst dann könne man einen weiteren Schritt zum Sozialismus nehmen. Damals herrschte Demokratie in der KP; es gab keine Fraktionen in der Partei, und Liu hat bis zu

---

[5] In China wurden Lius Werke erst 1991 auf Englisch herausgegeben. Aber seine offizielle Rehabilitierung wurde bereits 1981 in einer langen Resolution der KP Chinas erklärt.

seinem Tode keine Fraktion gebildet. Aber Maos Denken habe sich geändert und nach 1954 habe er die »Entwicklung zum Sozialismus« beschleunigen wollen. Bis dahin habe man in den Führungsgremien offen über die Aufgaben und den Weg diskutiert. Nun hatten die Erfolgsberichte »von unten« (aus den Orten und Provinzen) eine negative Wirkung. Es ergab sich während und nach dem »Großen Sprung nach vorn«,[6] der eine politische, ökonomische und technologische Katastrophe war, eine Zusammenarbeit von Liu Shaoqi mit Zhou Enlai und Deng Xiaoping.

Die »große proletarische Kulturrevolution« – so erklärte Wang Guangmei weiter, war »sehr kompliziert« und bedeutete Verfolgung der Kritiker Maos, der damals hoch geachtet war. Schuld daran sei die ganze Führungsgruppe, die ganze Partei, sie selbst auch, obwohl sie und ihre ganze Familie verfolgt worden seien. Die Selbstkritik der KP habe die weitere Arbeit ermöglicht. Fehler seien wohl unvermeidlich; die KP habe zweimal ihre Fehler öffentlich kritisiert. Auch die Wirtschaftsreform gehe nicht ohne Schmerzen und Opfer vor sich. Sie hob die führende Rolle von Deng Xiaoping hervor; es habe keine fraktionellen Kontakte ihres Mannes mit Deng gegeben.

Weitere Fragen waren nicht möglich. Ihr letzter Satz galt der Kulturrevolution, die sie als großes Verbrechen bezeichnete und als schweren Schaden für die Entwicklung. Und: »Wir Kommunisten sind daran schuld und müssen derartiges in Zukunft verhindern.« Meine Antwort: »Es gibt verschiedene Arten von Schuld, die aktive Schuld dessen, der ein Verbrechen begeht, und die passive Schuld dessen, der das Verbrechen nicht verhindert, weil er zu schwach oder ängstlich ist.« Dann kam der Abschied mit vielen höflichen Worten.

Warum gab es keine Fragen mehr? Weil sie eine offizielle Persönlichkeit war, deren Worte von einem unbekannten Interviewer missbraucht werden könnten? War es der Stolz eines jungen Staates von Revolutionären, den Fehler fast zu übergehen? Saß ihr noch die Erfahrung der langen Haft und die Unsicherheit in den Knochen, ob sich das Schreckliche wiederholen könnte?

---

[6] Im »Großen Sprung nach vorn« setzte Mao durch, dass in kürzester Frist die 122 Millionen Bauernfamilien in 24.000 Volkskommunen zusammengefasst wurden. Auf den Dörfern sollten die Bauern in »Dorfhochöfen« Stahl produzieren. Nach der Katastrophe wurde Mao abgesetzt; Liu wurde Staatspräsident und faktisch Vorsitzender der KP Chinas; Zhou blieb Ministerpräsident, Deng sein engster Mitarbeiter. In der »Kulturrevolution« kehrte Mao mit Hilfe eines Teils der Militärführung (vor allem Lin Biao) in die führenden Positionen zurück.

Lebensdaten: *Wang Guangmei* wurde 1921 als Tochter des Beamten Wang Chichang geboren. Die Mutter Dong Jieru kam aus der Familie eines reichen Salzhändlers in Tianjin. Beide hatten studiert, er in Tokyo, sie in Tianjin. Als Lehrerin wurde die Mutter in der »Kulturrevolution« verhaftet. Wang Guangmei besuchte das Gymnasium, studierte dann Mathematik und Physik an der Furen-Universität und hat als erste Chinesin das Master-Diplom in Naturwissenschaften erworben. Zwei Empfehlungen zum fortgesetzten Studium der Physik in Stanford, USA, nutzte sie nicht. Wegen ihrer sehr guten Englisch-Kenntnisse wurde sie Übersetzerin auf wichtigen chinesischen Konferenzen. Sie ging als Kommunistin 1946 nach Yan'an. 1948 heiratete sie mit 27 Jahren den Staatspräsidenten Liu Shaoqi. Im November 1963 nahm sie am Staatsbesuch von Liu in Indonesien teil.

1967 geriet sie in das Räderwerk der »Kulturrevolution«, wurde als »hochqualifizierte strategische Spionin der CIA« bezeichnet und kam ins Gefängnis mit einem harten Regime. Über die Verfolgung der Familie von Liu seit Beginn der »Kulturrevolution« berichtet Peters (2009: 300): »Der unmittelbare Angriff auf Liu begann mit Übergriffen gegen seine Familie. Als Erstes wurde seine Schwiegermutter aus dem ZK-Gelände vertrieben, ins Gefängnis gesteckt und schrecklich gefoltert. Sie war Grundschullehrerin und Abgeordnete des Beijinger Volkskongresses der ersten drei Wahlperioden gewesen. Von ihren zehn Kindern, alle hochrangige Intellektuelle, hatten fünf vor 1949 an der Revolution teilgenommen. Liu sah sich dem Schicksal seiner Schwiegermutter wehrlos gegenüber.«

Die »Kulturrevolutionäre« entführten Wang Guangmei aus ihrer Wohnung in die Qinghua-Universität, wo sie mehrere Stunden angegriffen und beschimpft wurde. Eines Abends drangen sie in Lius Wohnung (im Regierungsviertel Zhongnanhai, also mit Genehmigung und im Auftrag von Jiang Qing) ein und klebten dort ihre hetzerischen Wandzeitungen.

Wang Guangmei mit Liu Shaoqi in Xibaipo 1948 und im Jahr 1961

171

Das alles war die Vorbereitung auf den direkten Angriff auf Liu Shaoqi, der die Verfolgung seiner Angehörigen wehrlos beobachten musste. Noch während Maos Lebzeiten starb Wang Guangmeis Vater. Am 17. August 1972 durfte sie ihre Kinder sehen und erfuhr, dass ihr Mann 1969 gestorben war. Peters (2009: 303) kommt zu folgendem Schluss:»Verantwortlich für das Schicksal Liu Shaoqis (und seiner Familie) und seinen Tod war jedoch Mao Zedong persönlich.«

Wang Guangmei ist höchstwahrscheinlich spätestens 1975 aus dem Gefängnis gekommen. Das offizielle Datum ist falsch. Vermutlich fand die formale Rehabilitierung im Jahre 1979 statt. Sie wohnte zuerst im ZK-Hotel Cuimingzhuang, wo sie ihre Kinder wieder sah. Nach der offiziellen Rehabilitierung wurde sie Mitglied der Leitung der politischen Konsultativkonferenz. Sie befasste sich mit humanitären Aufgaben und Fürsorge für arme Mütter. Nach 2005 kränkelte sie etwas und lebte im Beijinger Krankenhaus 305. Sie starb am 13. Oktober 2006 im Alter von 85 Jahren.

Wang Guangmei hatte mit Liu Shaoqi einen Sohn und drei Töchter. Der Sohn Liu Yuan arbeitet an der Militärakademie. Tochter Liu Pingping ist Dr. der Ernährungswissenschaft und arbeitete im Büro des Direktors des Wissenschaftsministeriums. Die zweite Tochter Liu Tingting hat in Harvard Wirtschaftswissenschaft studiert und arbeitet im Handel. Die jüngste Tochter Liu Xiaoxiao lebt in Übersee.

(Biografische Angaben nach einem Nachruf in der chinesischen Wochenzeitung Renmin Ribao vom 19. Oktober 2006.)

Ruth und Yaakov Yogev

Die Kooperation von Produzenten hat mich immer wieder beschäftigt. In meiner Tätigkeit als Landarbeiter in den drei Ländern Israel, Tschechoslowakei und Schweden und ebenso später als Hochschullehrer und Forscher habe ich viele Formen dieser Zusammenarbeit gesehen und erfahren. Eine davon, der israelische Kibbuz, gehört zu den am häufigsten untersuchten und beschriebenen Phänomenen. Der Kibbuz ist umstritten auch in seinem Heimatland, und seine Zukunft wird ganz widersprüchlich gesehen. Die gängige Meinung ist: Der Kibbuz ist ein Auslaufmodell; eine Minderheit denkt das Gegenteil. Und manche haben ihn lange Zeit idealisiert.

Einen erfolgreichen Kibbuz lernte ich recht gut kennen durch Vermittlung meiner Jerusalemer Freundin Thea Nathan; sie führte mich bei ihrer Tochter Ruth ein, die mit ihrem Mann Yaakov Yogev zu den Gründern des Kibbuz Revivim gehörte. Alleine und mit meinen neugierigen Freunden habe ich diese Genossenschaftssiedlung mehrfach besucht und bin mit den Yogevs und ihrer Familie gut bekannt geworden. Revivim liegt etwa 50 km südlich der Großstadt Beer Sheva, schon im ariden Ge-

Ruth Yogev, geb. Nathan (1929-14.9.2006), und Yaakov Rochlin-Yogev (1930- 21.8.2005)

biet, in der Negev-Wüste. Der Niederschlag ist dort minimal und höchst unsicher. Sparsamster Umgang mit dem Wasser ist daher äußerst wichtig. Trotzdem haben die Mitglieder eine schöne, begrünte Siedlung errichtet, in der ich bei den Yogevs in ihrer Dreizimmerwohnung Aufnahme fand. Dort erfuhr ich alles über die Geschichte, die Erfolge und die immer neuen Probleme der Siedlung.

Yaakov kannte sich hervorragend aus in den meisten landwirtschaftlichen Zweigen, weniger in der großen Plastikfabrik. Er kannte sich auch gut aus in den Beziehungen mit den benachbarten Beduinen. Ruth war in der Erziehung tätig, konnte Auskunft geben über Mitgliederbewegung, interne Diskussionen. Obwohl Revivim unweit Nitzana, der Grenzstation zu Ägypten liegt und nicht sehr weit entfernt vom Gazastreifen, ist das Land dort recht ruhig.

Die beiden Alten sind sozialistische Zionisten gewesen und wussten um die Bedeutung ihrer Siedlung, die einmal in den 1930er Jahren die südlichste jüdische Siedlung gewesen war. Aber nun war die Siedlung da; sie wählten immer die Arbeiterpartei. Für sie war ihr Kibbuz nicht mehr ein politisches Muster, das überall nachgeahmt werden konnte oder sollte, sondern die von ihnen gewählte Lebensform, die wohl nicht für viele Menschen passe. Man hat immer wieder über Privatisierung diskutiert, meist auf den Mitgliederversammlungen; aber diese sei immer wieder abgelehnt worden. Es gab und gibt keine (unterschiedliche) Bewertung der Arbeit der Mitglieder (Differentiallohn); jeder bekomme das gleiche »persönliche Budget«, allerdings variiert dieses nach Zahl der Familienmitglieder. Man isst im schönen großen Speisesaal, wenigstens Frühstück und Mittagessen; jeder hat den gleichen Chip und geht mit dem gewählten Essen an einer Kasse vorbei. Dort sitzt eine junge Frau, schätzt kurz den Wert ab und »trägt diesen ein«. Das dient

– so glaubt man – dem Kampf gegen die Verschwendung von Lebensmitteln; aber die Gleichheit blieb.

Die Wohnungen sind einfach und recht ähnlich, haben aber alle wichtigen Installationen, Dusche, Warmwasser, Klimaanlage. Die ersten Wohnhäuser waren nur ebenerdig, die neueren sind meist zweistöckig. Bei jedem Haus ist ein kleiner Garten zur eigenen Gestaltung und Pflege vorhanden.

Jahrelang war die Mitgliederzahl fast konstant. In den letzten Jahren haben einige der Einwanderer, die hier Hebräisch lernten und sich akklimatisierten, die Aufnahme in den Kibbuz beantragt und wurden von der Gemeinschaft aufgenommen, meist späte russische Immigranten. In der Nachbarschaft leben einige Beduinen-Dörfer. Diese gehen mit ihren Ziegen und Schafen in Notzeiten auch mal über die Kibbuz-Kulturen. Das müsse man tolerieren.

Der Boden ist flachgrundig und leicht, hält also wenig Feuchtigkeit. Das Wasser kommt aus drei Quellen, aus der zentralen Wasserleitung (hohe Qualität), aus gereinigtem Abwasser aus der Agglomeration Tel Aviv und aus einem großen unterirdischen natürlichen Wasserbecken. Die Zuteilung ist von der staatlichen Wassergesellschaft festgelegt. Das Abwasser der Siedlung wird genutzt zur Bewässerung und für die Fischzucht.

Der Getreideanbau und die Blumenzwiebel-Zucht – letzteres ein nur zeitweise erfolgreiches Projekt von Yaakov – sind wegen Wassermangel praktisch aufgegeben. Aber eine Oliven-Pflanzung ist entstanden, zuerst als Versuch, aufgrund des Erfolges auf einige hundert Hektar ausgedehnt. Anfangs zweifelte man, ob Oliven in der Wüste, mit Brauchwasser bewässert, gedeihen würden.

Die Anlage ist so groß, dass sie jetzt gemeinsam mit einem auswärtigen »Investor« finanziert wird. Die Bearbeitung geschieht mit modernsten Methoden; bewässert wird sparsamst mit Tröpfchenbewässerung. (Die schwarzen Plastikrohre werden in einem Nachbarkibbuz produziert.) – Eine Herde mit 300 Milchkühen ist gleichfalls ein Joint Venture, allerdings mit benachbarten Kibbuzim. Dazu kommen ca. 80 Kälber und Färsen zur Nachzucht. Die Einrichtung ist auf dem neuesten Stand der Technik, z.B. Kraftfuttergaben je nach Milchleistung, automatisch gemessen und während des Melkvorgangs automatisch zugeteilt.

Erfolgreich ist schließlich auch die Fischzucht. Mit Abwasser und intensiver Zufütterung werden Tilapia produziert, ein schnell wachsender ertragreicher Süßwasserfisch. Wichtigster Wirtschaftszweig ist nach den erzwungenen Einschränkungen der Landwirtschaft eine große Fabrik, die Plastikmaterial für mehrere europäische Autoproduzenten produziert, u.a. Verschlüsse für Benzintanks nach einem besonderen Patent, das Selbstentzündung verhindert. Auch dies ein Joint Venture mit einem externen Finanzier.

Yaakov Yogev und Frau Ruth, nicht nur Pioniere der ersten Stunde, sondern Motoren der Entwicklung des Kibbuz, berichten von den Plänen für die Region. Sie sprechen auch über ihre Probleme, die eventuell Einfluss auf den spezifischen sozialen Charakter der Siedlung haben könnten.

Der Wunsch einzelner Mitglieder, differenzierte Arbeitsvergütungen einzuführen, sei nicht mehr aktuell; das wurde – wie erwähnt – nach ausgiebiger Debatte abgelehnt. Und da der Kibbuz ökonomisch erfolgreich sei, sei diese im Grunde von außen eingedrungene Frage nicht mehr relevant. Die Arbeitsmotivation jedes Mitglieds sei gegeben, und jeder könne sich am Erfolg freuen, an dem er immer irgendwie Anteil hat und materiell durch Verbesserung des Lebensstandards auch teilnimmt. Meine Gesprächspartner, längst im Rentenalter, arbeiteten auch mit – physisch mit leichteren Tätigkeiten, aber mit ihren großen Erfahrungen immer wieder um Rat gefragt.

Ein Problem sei das Verhältnis zu den Beduinen, die in nächster Nachbarschaft siedeln; ihre Zahl nimmt durch Reproduktion und durch nicht kontrollierbare Zuwanderung aus den Nachbarstaaten und aus den besetzten Gebieten zu. Jedoch bleiben die materiellen Lebensgrundlagen begrenzt, und ihre Sedentarisierung ist trotz der attraktiven staatlichen Wohnungsangebote ein sehr langwieriger Prozess. Die neuen Kleinstädte der Beduinen verlangen nicht nur eine andere Lebensweise, auch das Angebot einer anderen, produktiveren Einkommensquelle.

Für Arbeitsspitzen, besonders in der großen Olivenpflanzung, kommen die Beduinen als Erntehelfer. Da gebe es kaum Schwierigkeiten. Ich besichtigte eine feste, im Aufbau befindliche Beduinen-Ortschaft mit schon fertigem Schulbau. Aber die Siedlung scheint von den Beduinen noch nicht ganz »angenommen«.

Ein weiteres Problem, das die beiden Mitbegründer des Kibbuz mit mir erörterten, ist die Beschäftigung von Lohnarbeitern; sie widerspricht den ursprünglichen Prinzipien der Kibbuzim, der »eigenen Arbeit«. Die ökonomische Entwicklung hat dieses Prinzip ausgehebelt. Die Schaffung einer Industrie wurde notwendig, weil moderne Agrarproduktion wenig Menschen braucht und weil der Wassermangel die Agrarproduktion begrenzt. Aber die große Fabrik braucht mehr Menschen, als die kleine Siedlung bereitstellen kann. So wird der Kibbuz zum Unternehmer, der auswärtige Arbeitskräfte beschäftigt; es entsteht Mehrwert, den der Kibbuz sich (nicht individuell, sondern) kollektiv aneignet, teils für Investitionen, teils aber wohl auch zur Erhöhung des Lebensstandards der Mitglieder. Werden diese dadurch zu Ausbeutern?

Als dieses Problem vor Jahrzehnten auftauchte, wurde in manchen Kibbuzim versucht, diese ArbeiterInnen als Mitglieder zu werben. Das stieß auf wenig Gegenliebe. Dann gab es eine »Konventionalstrafe«, die nach der Zahl dieser Beschäftigten berechnet wurde, zu zahlen an die Vereinigung der Kibbuzim. Das gibt es nicht mehr; man hat sich mit den ökonomischen Zwängen abgefunden. Es gibt nun offenbar hart arbeitende Menschen, die gleichzeitig Mehrwert aus anderer Menschen Arbeit beziehen, die aber dennoch keine Kapitalisten sind. Der größte Teil des Mehrwerts wird in die Gemeinschaftssiedlung investiert.

Die beiden sprachen noch von einem anderen Problem. Die Beschäftigung auswärtiger Arbeiter – Beduinen, Juden aus der Stadt Beer Sheva, vielleicht auch Thais – in der Fabrik, führt zu einer »natürlichen« Schichtung. Die Kibbuz-Mitglieder werden am gleichen Platz im Allgemeinen die verantwortungsvollsten Arbeiten ausführen, während Routine-Funktionen vorwiegend von den Auswärtigen übernommen werden, manchmal auch von alten Mitgliedern, die nicht mehr voll arbeitsfähig sind.

Die beiden Yogevs sprachen auch über ihre Siedlung. Man hatte schon einige nicht-produktive Anlagen geschaffen; ein Mitglied hatte ein größeres Stück Ödland im Ort mit einem botanischen Garten bepflanzt – Kakteen verschiedenster Formen und andere Xerophyten. Ferner war ein anderes Stück Ödland zu einem »chinesischen« Garten geworden. Bäume waren in unterschiedlichen Formen aufgezogen worden. Andere Freizeiteinrichtungen für Touristen wurden geplant. Man plant, zusammen mit den anderen Kibbuzim der Region ein Erholungsgebiet für die Agglomeration Tel Aviv zu schaffen. Dort lebt man beengt; hier gibt es Raum für Freizeitaktivitäten, von der Großstadt aus in knapp zwei Autostunden auf einer guten Straße erreichbar.

In der Nachbarschaft von Revivim gibt es eine heiße Quelle mit einem Hotel und einen größeren Park mit einem Teich im Zentrum, nach Golda Meir benannt, deren Tochter in Revivim Mitglied war.

Yaakov und Ruth haben ihre Lebensaufgabe kurz in dem Film dargestellt, den vier junge Freunde gedreht haben. Sie haben eine Aufgabe begonnen, die noch lange nicht beendet ist, an der andere weiter arbeiten, die Besiedlung der Negev-Wüste, die etwa zwei Drittel der Landfläche Israels ausmacht. Dort, so meinten sie, gibt es genügend Platz für weitere Möglichkeiten; man brauche keine Siedlungen in den besetzten Gebieten – und die beiden wollten auch keine.

Die Yogevs hatten vier Kinder, von denen einer im Kibbuz geblieben ist; er und seine Frau und ihre drei Kinder sind genauso gastfreundlich, wie die Älteren gewesen waren, und ebenso am Fortbestand ihrer Kollektivsiedlung interessiert. Sie treiben die Entwicklung aktiv voran, aber ohne Privilegien oder besondere Vergütung; nur ihre Wohnung ist etwas größer als die der Eltern.

Yaakov und Ruth starben kurz nacheinander in den Jahren 2005 und 2006. Ein Gedenkstein auf einer kahlen Anhöhe oberhalb des Golda-Meir-Parks erinnert an die Pioniere. Von diesem Stein aus hat man einen guten Blick über die Weite der Wüste; man sieht aber in der Ferne auch einige weitere Siedlungen.

Ruth war aus Berlin gekommen, Yaakov aus Kefar Saba, Israel; sie war Vertriebene des deutschen Faschismus, er ein Kind des Landes, beide sozialistische Zionisten. Sie hatten ihre Aufgabe erfüllt, indem sie mitgeholfen hatten, in unwirtlicher Wüste einen lebenswerten Platz für 800 Vertriebene zu schaffen. Damit sahen sie die Aufgabe des Zionismus als ausgeführt an. Sie wollten keine Expansion in Gebiete außerhalb der Grenzen, die von 1948 bis 1967 erkämpft und verteidigt worden waren. Dort wollten sie in Frieden arbeiten.

Seit unserer ersten Bekanntschaft besuchte ich die beiden jedes Jahr, manchmal allein, manchmal mit einigen Freunden, die das Land und meine Freunde kennenlernen wollten. Sie zeigten immer die gleiche Gastfreundschaft und Offenheit. Sie erzählten von den ersten Anfängen in den 1930er Jahren, den manchmal fehlgeschlagenen wirtschaftlichen Versuchen der noch unerfahrenen Siedler in der Wüste und von den schweren Kämpfen 1947-48. Was wir Besucher nach über 60 Jahren harter Arbeit sahen, bewies, was Menschen in gemeinsamer Arbeit in widrigen natürlichen Bedingungen schaffen können, und auch, dass Menschen ohne Bezahlung etwas für die Gesellschaft tun, wenn sie sich mit ihr identifizieren. Auch wenn der Kibbuz nirgendwo kopiert werden kann, bleiben die Kibbuzim Teil der sozialistischen Bewegung. Durch ihre Existenz widerlegen sie manche gängige Theorie der bürgerlichen Ökonomie.

▮▮▮▮▮▮▮ **Lebensdaten:** *Ruth Nathan-Yogev* wurde 1929 in Deutschland geboren als Tochter von Max und Elisabeth Nathan. Sie hatte eine Schwester und einen Bruder. Da die Mutter schwer erkrankte, kam Ruth 1931 mit ihren Geschwistern in ein Heim in Caputh (bei Potsdam). 1933 – Ruth war vier Jahre alt – wanderte die Familie nach Palästina aus und siedelte sich in Tel Aviv an. Die wirtschaftliche Lage der Familie war schwierig; die Mutter starb nach kurzer Zeit. Ruth ging in die sozialistische Jugendbewegung Machanot Olim. Von dort kam sie in eine pädagogische Anstalt im Norden; hier erhielt sie eine sozialistische Erziehung. In der 12. Klasse verließ sie diese Schule.

177

Mit 17 wurde sie zur militärischen Ausbildung in eine Einrichtung des Palmach in Jagur (bei Haifa) aufgenommen. Von dort entsandte man sie zur Ausbildung als Funkerin, bei der sie das Morsen erlernte. Im Unabhängigkeitskrieg 1947/48 arbeitete sie als Funkerin in einer Einheit unter dem Befehl von Jitzchak Rabin. Nach dem Krieg, der etwa ein Jahr dauerte, meinte sie, das würde der letzte Krieg sein.

Nach dem Sieg der Israelis schloss sie sich einer Gruppe an, die nach Revivim ging und dort einen Kibbuz gründete. Revivim, 50 km südlich von Beer Sheva, war damals der südlichste jüdische Siedlungspunkt. Dort lernte sie ihren Partner Yaakov kennen. Nach einem Jahr als Erzieherin in einem Einwandererlager heirateten sie und hebraisierten ihren Namen in Yogev. 1953 wurde ihr Sohn Ilan geboren. Die Familie wurde 1956 für ein Jahr nach Frankreich entsandt, um dort für die Einwanderung nach Israel zu werben und junge Juden beruflich auf Landwirtschaft und Kibbuz-Leben vorzubereiten. 1958 wurde die Tochter Nira geboren.

Die sozialdemokratische Kibbuz-Bewegung entsandte sie in einen neuen Kibbuz nördlich von Tel Aviv. Sie kehrten nach Revivim mit einem dritten Kind zurück. Ruth arbeitete in der Wäscherei (wo es noch keine Maschinen gab), in der Pflanzung der ersten, erfolglosen Obstanlage für Pfirsiche und Aprikosen, pflanzte die ersten Laubbäume in der Wohnsiedlung. Später machte sie eine Ausbildung als Erzieherin für Problemkinder und arbeitete mit Gruppen behinderter Kinder.

1973 wurde sie zur Sekretärin des Kibbuz Revivim gewählt. Im Jom-Kippur-Krieg gab sie die Funktion vorübergehend auf, um soziale Hilfsdienste für die Soldaten zu leisten. (Sohn Uri gehörte im Krieg zu den Fallschirmspringern.) Nach dem Ende der zwei Jahre als Kibbuz-Sekretärin ging sie in das Ruppin-College und nahm an einem Kursus für Sozialarbeiter teil. Teil dieser Ausbildung war ein Praktikum in der Psychiatrie in Pardessia. Danach arbeitete sie 16 Jahre als Sozialarbeiterin in einigen Kibbuzim im Süden des Landes. Dann leitete sie vier Jahre den Ulpan von Revivim. Im Alter von 65 Jahren beschloss sie, die normale »Arbeitspflicht« im Kibbuz aufzugeben und nur noch Freiwilligenarbeit zu übernehmen. Sie lernte mit 70 Jahren den PC zu bedienen und half ihrem Yaakov bei seinen Rechnungen, Bewertungen und Planungen. Ferner arbeitete sie als Beraterin für Arbeitsbeziehungen in der großen Plastikfabrik des Kibbuz. Nachdem sie alle Funktionen aufgegeben hatte, war sie an vielen Stellen in Revivim Helferin in materiellen und menschlichen Nöten.

Im Kibbuz gehörte sie zu den Engagiertesten, die den Geist der Gemeinschaft und des Zusammenhalts stärkte. In Erziehungsfragen war sie »individualistisch« und lehnte die Gemeinschaftserziehung im Kinderhaus ab.

Yaakov erkrankte 2004 an einem Tumor; Ruth pflegte ihn in der Wohnung bis zu seinem Tode 2005. Ihr Bruder Michael starb im November 2006 in einem Kibbuz im Norden Israels. Sie erkrankte gleichfalls an einem Lungentumor. Ihre Kinder pflegten sie in ihrer Wohnung, wo sie am 14. September 2006 starb.

Quelle: Bericht ihrer Tochter Nira Volinetz.

Lebensdaten: *Yaakov Rochlin-Yogev* wurde 1930 in Kefar Saba, Israel, geboren. Er war aktiv in der Arbeiterjugend, der Jugendorganisation der sozialdemokratischen Arbeiterpartei (Mapai). Mit 16 konnte er dank guter Noten in die Landwirtschaftsschule Kaduri eintreten. Diese unterstand den englischen Behörden; aber in ihr gab es eine illegale Gruppe der Hagana, der Verteidigungsorganisation der jüdischen Siedler. 1947-49 nahm er mit dem Palmach am Unabhängigkeitskrieg teil. Nach dem Krieg und der Staatsgründung ging er mit etwa 100 Mitkämpfern nach Revivim und begann den Aufbau des Kibbuz mitten in der Negev-Wüste. 1950 heiratete er Ruth Nathan.

1953 ging er mit seiner jungen Familie nach Toulouse; auf einem landwirtschaftlichen Betrieb bildeten sie Jugendliche aus Marokko und Frankreich zu Landwirten aus. Sie kehrten nach Revivim zurück. 1970 begann Yaakov ein Landwirtschaftsstudium an der Landwirtschaftlichen Fakultät in Rehovot. Nach drei Jahren übernahm er die Leitung des Ackerbaus in seinem Kibbuz. (Wegen Wassermangels gibt es heute dort keinen Getreidebau.) Daneben befasste er sich mit der Erziehung und Ausbildung von Jugendlichen. 1978 wurde er Leiter der Bezirksverwaltung für den nördlichen Negev. In den vier Jahren seiner Amtszeit arbeitete er an der Entwicklung des Negev, an der landwirtschaftlichen Forschung, an der maximalen (Kreislauf-)Nutzung des knappen Wassers, an der Fischzucht, an der Nutzung der warmen Quellen und am Aufbau des Golda-Meir-Parks.

1999 war er ein Jahr als Landwirtschaftsberater in Namibia. Nach seiner Rückkehr wurde sein Tumor diagnostiziert. Er wurde im Tel Aviver Ishiloff-Krankenhaus behandelt. Er konnte noch einige Urlaubsreisen unternehmen. 2003 unterzog er sich einer Herzoperation in Jerusalem. Er starb in seiner Wohnung im Kreise seiner Familie am 21. August 2005.

Zwei japanische Agrarökonomen

Die japanische Agrarwissenschaft hatte seit langem Kontakte zu ihren deutschen Partnern gesucht und ihn dann auch gehalten. Das galt schon vor der Nazizeit und wieder nach 1945; und das Interesse richtete sich auch auf die marxistischen Beiträge zu Agrarfragen, z.b. von Karl Kautsky, was weniger bekannt ist. Deutsche Publikationen wurden aufmerksam verfolgt.

Yukio Kumashiro

Meine Dissertation zur schwedischen Agrarreform von 1757 erschien 1956 und fand das Interesse des Agrarökonomen Prof. Dr. Yukio Kumashiro. Er bat 1958 um meine Arbeit, und so entstand ein immer intensiverer Kontakt, Material- und Gedankenaustausch. Prof. Kumashiro bat um den »Grünen Bericht« der Bundesregierung und andere Publikationen. Als ich 1962 mit meinem ersten größeren Forschungsauftrag nach Südasien ging, reiste ich ohne Auftrag von Indien und Südasien aus nach Japan; ich wollte wissen, wie japanische Landwirte ihre Mechanisierung bewältigt hatten: Konnten sie den Anbau und die Ernte von Reis mechanisieren?

Prof. Kumashiro erwartete meine Frau und mich am Flughafen Tokyo-Haneda. Drei Wochen begleitete er uns durch drei der vier Hauptinseln und zeigte eine intensive, gartenbaunahe Landwirtschaft, in der die meisten schweren Operationen bereits mechanisiert waren – Pflügen, Pflanzen, Ernten, Dreschen. Die Betriebsflächen der Bauern sind viel kleiner als in Europa; aber subtropisches Klima, Bewässerung und moderne Technik ermöglichen zwei Ernten pro Jahr. Daneben gibt es intensive Handarbeit, z.B. im Erdbeeranbau; dort wird mancherorts jede einzelne Erdbeere in ein Tütchen verpackt, reift so im Winter und kann dann teuer verkauft werden – in der ganzen Welt.

Völlig anders sieht dieser Sektor auf der nördlichen Insel Hokkaido aus – sehr ähnlich der Agrarproduktion in Zentraleuropa, mit seinem moderaten Klima und manchmal strengen Wintern. Während der Woche auf dieser kühlen Insel führte uns Kumashiros Schüler, Dr. Kenji Ishimitsu.

Die Kontakte, die wir auf dieser ersten Japan-Reise knüpfen konnten, blieben bestehen. Als ich 1965 als Forscher an die Universität nach Hohenheim zurückkehrte, kam Prof. Kumashiro im Sommer 1967 zum ersten Mal nach Europa, und ich hatte seine Studienreise durch die BRD vorzubereiten. Er brachte eine lange Liste von Fragen mit, die sich aus seinem Studium unserer Fachliteratur ergeben hatten. Wir besuchten Landwirte und

Kleinbauern im Südwesten, und ich lernte, dass Prof. Kumashiro noch nie eine Herde von 20 Kühen auf der Weide gesehen hatte! Von Stuttgart aus machte er eine Reise durch die Republik und besuchte Agrarökonomen in Bonn, Essen, Göttingen und Kiel. Er kannte die dortigen Kollegen aus seinem Literaturstudium; ich hatte nur den Zeit- und Reiseplan zu organisieren und die Hotels zu reservieren. Wir diskutierten die technischen und strukturellen Veränderungen der deutschen Landwirtschaft; moderne Großbetriebe wurden besucht, mit ihren Betriebsleitern diskutiert.

Nach seiner Rückkehr nach Japan schickte Prof. Kumashiro seine früheren Schüler nach Hohenheim; manche blieben ein Semester oder noch länger. So lernte ich viele Fachkollegen kennen und konnte ihnen bei ihrem Studium helfen. Daraus entstand ein Kontakt unserer Universität mit japanischen Forschern. Zwei jüngere Forscher, Dr. Toshiaki Matsuura und Dr. Hiroshi Yokogawa, übersetzten mein Buch über die Agrarpolitik sozialistischer Länder. Im Kalten Krieg war diese sachliche und zugleich kritische Darstellung leider nicht die Regel. Eine Weile nach Erscheinen des Buches in Tokyo 1978 bekam ich eine Einladung zu einer Vortragsreise zu vielen Agrarfakultäten und Forschungsinstituten von Sapporo im Norden bis Fukuoka im Süden. Die agrarpolitischen Vorträge, Diskussionen und Gespräche brachten mir die Erkenntnis von einem nicht-militaristischen Japan, von zahlreichen Akademikern, die den Marxismus kannten und zu diesem standen, die große Teile der marxistischen Theorie im deutschen Original gelesen hatten. Es gibt ein anderes Deutschland, und es gibt ein anderes Japan.

Meine Vortragsthemen reichten von der sozialistischen Landwirtschaft über den israelischen Kibbuz bis zu den Problemen der indischen Agrarökonomie. Die Referate waren ausformuliert, da ich die Schwierigkeiten des Dolmetschens in Japan kannte. Diese Papiere hatte ich an alle Vortragsorte gesandt; als ich zum Vortrag kam, lagen die Übersetzungen vor jedem Hörer. Ich musste trotzdem auf Deutsch vortragen, und ein Kollege las den japanischen Text vor. Das dauerte zwar; aber es gab keine Missverständnisse, und die Diskussion konnte intensiv geführt werden.

Außer den Referaten hatte ich meinen Lebenslauf auf einem Bogen mitgeteilt; so hatten es die Organisatoren verlangt. Daher kannten die Teilnehmer meinen nicht ganz gewöhnlichen Werdegang, meine politische Position und meine 13 Jahre in der Emigration. Der Lebenslauf war meine politische Visitenkarte. Was mir in der BRD oft zum Nachteil gereichte, schuf mir in Japan bei vielen Forschern meines Faches Sympathie und Offenheit.

Auch nach fast drei Jahrzehnten als Rentner bestehen die Kontakte. Wenn meine Kollegen nach Deutschland reisen, kann ich ihnen noch ein wenig helfen und mit ihnen Gedanken austauschen. Bei jeder späteren Japan-Reise kamen meine Kollegen und Freunde, unter ihnen auch drei Forscherinnen aus dem Lande, nach Tokyo zu einem Freundschaftstreffen und fachlichen Erfahrungsaustausch.

Lebensdaten: Yukio Kumashiro wurde am 1. März 1911 in der Stadt Mikasa auf Hokkaido geboren, der nördlichen Hauptinsel Japans. Sein Vater war Angestellter einer Bergwerksgesellschaft. Er hatte vier jüngere Geschwister. Die Firma schickte den Vater einige Jahre später nach Fukuoka, auf der südlichen Hauptinsel Kyushu. Der Junge besuchte in Fukuoka das Gymnasium, dessen naturwissenschaftlichen Zweig er wählte. Erste Fremdsprache war dort Deutsch. Nach dem Abitur im Jahre 1931 studierte er zwei Jahre (bis 1934) Agrarökonomie an der Landwirtschaftlichen Fakultät der Staatlichen Universität Tokyo. Als Diplomand war er von 1934-1940 Assistent am Lehrstuhl für Agrarökonomie der Tokioter Universität. 1937-1940 war er im Statistikamt des Premierministers beschäftigt. Er heiratete 1940 und hatte zwei Söhne und eine Tochter.

1940 bis 1945 – während der japanischen Okkupation großer Gebiete im Osten Chinas – arbeitete er zwei Jahre als Assistenzprofessor am Institut für Wirtschaftsforschung und drei Jahre als Professor an der »Landwirtschaftlichen Fakultät« in Beijing.

1946-1950 war er Professor an der landwirtschaftlichen Fachschule in Fukuoka – dann bis zur Emeritierung 1974 an der landwirtschaftlichen Fakultät der Universität Utsunomiya. Danach übernahm er eine Professur an der Universität Niigata und ging 1976 in Pension. Er starb 1979.

Er hat mehrere Auszeichnungen erhalten und eine Reihe Bücher verfasst sowie Bücher deutscher Agrarökonomen ins Japanische übersetzt. Er beherrschte Deutsch im Lesen und Schreiben, nicht jedoch in der Rede. Bei seinem Deutschlandbesuch 1967 galt sein besonderes Interesse den Maschinenringen und der Kooperation von Bauern.

Takakazu T. Ogura

Auf der von meinen Kollegen organisierten Vortragsreise war ich u.a. zum Institut von Prof. Dr. Takakazu T. Ogura eingeladen, dem Food and Agriculture Policy Research Center. Bis dahin kannte ich ihn dem Namen nach und wusste, dass er den Druck meines Buches über die sozialistische Agrarpolitik unterstützt hatte. Er bot mir eine Zusammenarbeit an, die bis zu seinem Tode andauerte. 1982 hatte er ein sehr wichtiges Buch publiziert: *Can Japanese agriculture survive?*, das ich ausführlich rezensierte. Die Besprechung fand er gut und den Inhalt angemessen. Wir gaben 1985 einen Sammelband heraus mit dem Titel *Cooperation in world agriculture*, in dem wir die Formen der Kooperation von Bauern in vielen Ländern darstellen ließen. Er lud mich ein zu einer wissenschaftlichen Tagung in Tokyo, wo ein Buch australischer Agrarökonomen diskutiert wurde. Diese hatten ausgerechnet, dass Japan billiger ernährt werden könnte, wenn das Land seinen Reisbedarf auf dem Weltmarkt decken würde, statt den heimischen Reisanbau mit hohen Subventionen zu erhalten. Das bezeichnete ich als Milchmädchenrechnung: Wenn der Bedarf von 130 Mio. Menschen plötzlich auf dem Weltmarkt gedeckt werden soll, müssen die Preise sehr schnell steigen. – In den Schriften des Centers konnte ich meine agrarpolitischen Kenntnisse und Erkenntnisse publizieren. Ogura ließ das Buch von Liegle und Bergmann *Krise und Zukunft des Kibbutz* (1994) übersetzen und veröffentlichen.

Prof. Ogura gab meiner Frau und mir Gelegenheit, die dortige Landwirtschaft noch genauer kennenzulernen; u.a. zeigte er mir agrarökonomische Projekte der Regierung, z.B. Schaffung von Rinderweiden im Gebirge oder Umwidmung von Reisfeldern für die Produktion von Gerste und Weizen – mit dem Ziel, die Reisüberproduktion abzubauen.

Ogura kämpfte für die Erhaltung der Agrarproduktion und war ein Befürworter der bäuerlichen Kooperation in allen ihren Formen. In diesen Fragen trafen wir uns. Wann immer ich in Tokyo war, lud er uns in seine Wohnung ein. Nach einem einfachen Essen wurden intensiv Erfahrungen und Kenntnisse ausgetauscht. – Er hatte mich in sein Herz geschlossen; ich wusste nicht warum. Eines Tages erzählte mir ein junger Kollege den Grund: Herr Ogura war ein Gegner des Militärregimes und des imperialistischen Krieges. Nachdem er meine Lebensdaten erfahren hatte, fühlte er politische Sympathie für mich.

Nach der Niederlage Japans im Zweiten Weltkrieg war er ein einflussreicher hoher Beamter im Agrarministerium geworden. Dort vertrat er mit Sachkenntnis und Geschick die Interessen der Landwirtschaft. Nach dem Ausscheiden aus dem aktiven Staatsdienst schuf er sich mit dem Forschungszentrum einen Arbeitsplatz, von dem aus er auch Einfluss auf die staatliche Agrarpolitik im Interesse der Bauern zu nehmen versuchte. Aus seiner politischen Biografie kam seine Wertschätzung für mich, die mir half, die dortigen Probleme besser zu verstehen.

■■■■■■■■■ **Lebensdaten:** *Takekazu Ogura* wurde am 10. Februar 1902 in der Stadt Takeo, Präfektur Hukui, geboren. Nach Schule und Jurastudium wurde er 1934 an der Staatsuniversität Tokyo zum Dr. jur. promoviert. Er kam 1934 ins Landwirtschaftsministerium und wurde im Jahr 1938 zum

Militärdienst nach China geschickt. 1941 kam er als Botschaftsattaché für zwei Jahre nach Hanoi, damals von Frankreich okkupiert. Nach der Niederlage Japans 1945 war er von 1946 bis 1949 mit der Gesetzgebung zur Agrarreform beschäftigt. 1947-61 lehrte er als Dozent an die Universität Tokyo Agrarrecht. 1956 übernahm er die Leitung des Ernährungsamtes und wurde 1960 Stellvertreter des Landwirtschaftsministers; er leitete die Arbeit am Grundgesetz für die Landwirtschaft. 1961 verließ er das Ministerium und arbeitete nun in der Agrarforschung; hier hielt er führende Positionen in den Forschungseinrichtungen für Mechanisierung, für Agrarrecht und für Entwicklungspolitik. Er forschte selbst über das ländliche Genossenschaftswesen. Mehrfach war er Gutachter für die Regierung in Fragen der Agrarpolitik, der Entwicklungspolitik, des Steuerrechts. Er leitete das Food and Agriculture Policy Research Center und organisierte wissenschaftliche Konferenzen zu Fragen der Entwicklungsperspektiven der japanischer Landwirtschaft.

Eine seiner Idealfiguren war der japanische Anarchist Sakae Osugi, der nach dem großen Erdbeben von 1923 mit seiner Frau und seinem Neffen von der Militärpolizei ermordet worden war. Ogura hat zahlreiche Bücher geschrieben, u.a. über die Zukunft der japanischen Landwirtschaft.

T. Ogura starb am 14. Februar 2002.

Drei Spezialisten der indischen Agrarpolitik

Nach intensiver Vorbereitung begann ich im November 1962 meine Forschungen über einige Probleme der indischen Agrarentwicklung. Auf meinen Studienreisen lernte ich drei wichtige Kenner der dortigen Agrarpolitik kennen, den Inder E. M. S. Namboodiripad sowie die US-Amerikaner Wolf Ladejinsky und Daniel Thorner.

Elamkulam Manakkal Sankaran Namboodiripad

Auf meiner ersten, fast halbjährigen Studienreise durch Indien, Ceylon und Pakistan (damals noch ungeteilt aus Ost- und Westpakistan bestehend) besuchte ich E. M. S. Namboodiripad, Generalsekretär der Kommunistischen Partei Indiens (CPI), die sich erst 1964 spaltete. Es war keine Schwierigkeit, als Unbekannter einen Gesprächstermin im KP-Sekretariat in der Assaf-Ali-Road 14 in New Delhi zu bekommen. Sein wichtigstes Buch zur Agrarfrage (1954) hatte ich gelesen. Unter seinem halboffenen Hemd sah man deutlich

die Brahmanenschnur. Sein Englisch war hervorragend, sodass unser Gespräch ohne Dolmetscher
geführt werden konnte.

Namboodiripad war ein ausgezeichneter Kenner der äußerst komplizierten, weitgehend feuda-
listischen Agrarstrukturen. Großgrundbesitz dominierte noch in weiten Teilen des Landes; dieser
wurde von Teilpächtern auf kleinen Flächen bear-
beitet, während der Grundbesitzer meist ein *ab-
sentee landlord* war. Um die wichtige Agrarsteuer
erheben zu können, hatte die britische Krone (die
Kolonialmacht) die Erhebung an Steuerpächter

13.6.1909-19.3.1998

vergeben, die so viel Steuern erheben durften, wie sie den Bodenbearbei-
tern abpressen konnte, aber der Krone nur den vereinbarten Satz abzulie-
fern hatten. Mit der Zeit wurden die Steuerpächter zu Grundbesitzern. Die
britische Verwaltung hatte oft muslimische Steuerpächter in Gebieten der
Hindu-Religion bevorzugt und hinduistische Steuerpächter in muslimischen
Gebieten. Ferner gab es Grund und Boden, der den Tempeln und Moscheen
gehörte, und von diesen an Teilpächter zur Bearbeitung vergeben wurde.
Darüber hinaus bestanden große regionale Unterschiede.

Die von den Sozialisten geforderte Agrarreform fand faktisch nur statt in
den von Kommunisten geführten Bundesstaaten Kerala und West-Bengal.
Dort war sie insoweit erfolgreich, als sie die unproduktiven Zahlungen an
die Bodeneigentümer beseitigte; die Pächter wurden zu Eigentümern. Da
sich jedoch die Industrie nur langsam entwickelte, blieb das Problem der
Unterbeschäftigung ungelöst; denn die nun freien Agrarproduzenten hatten
und haben zu geringe Nutzflächen. Die von den Kommunisten dominierten
Kleinbauernorganisationen waren die Promotoren der (notwendig unvoll-
kommenen) Agrarreformen, die auch der sozialistische erste Premier Jawaharlal Nehru wünschte. Die Grundbesitzer griffen dagegen die auch und vor
allem von »Beratern« aus kapitalistischen Ländern propagierte »grüne Revolution« auf. Sie sollte in der verstärkten Anwendung von verbessertem
Saatgut und Handelsdünger bestehen, die ja jedem, auch dem kleinsten Produzenten verfügbar seien. Diese Grundfragen der Agrarpolitik diskutierte
ich mit Namboodiripad.

1962 stand die spätere Spaltung der CPI noch nicht auf der Tagesordnung.
Sie erfolgte erst 1964. E.M.S. wurde der führende Kopf der CPI(M), die ihre
Hauptstützpunke in Kerala und West-Bengal hatte. Er wurde Chiefminis-
ter in Kerala und führte dort die Agrarreform durch. Die Zentralregierung
in New Delhi versuchte in den Folgejahren zweimal, die kommunistische

185

Landesregierung abzusetzen. Unter dieser Führung blieb die CPI(M) beliebt und konnte beide Male nach der Absetzung die Wahlen gewinnen und erneut die Regierung bilden. Bis jetzt unternahm New Delhi diesen Versuch nicht mehr. Ich war noch einige Male zu längeren Forschungsaufenthalten in Indien. Diesen eindrucksvollen kommunistischen Politiker habe ich nicht mehr getroffen; er starb im Jahre 1998.

Lebensdaten: *E. M. S. Namboodiripad* wurde am 13. Juni 1909 in Elankulam, Kerala, Südindien geboren. Der Vater starb, als er noch ein Kind war. Schon im Alter von zwölf Jahren war sein politisches und soziales Interesse wach. Er besuchte höhere christliche Schulen in Kerala. Mit seiner Frau hatte er zwei Söhne und zwei Töchter.

Als junger Erwachsener wandte er sich zusammen mit anderen gegen das Kastensystem und den Konservatismus. Er wurde Sekretär einer fortschrittlichen Jugendorganisation in Namboothiri. Als Student im College war er aktiv im Indischen Nationalkongress, der Unabhängigkeitsbewegung. Er wurde von bürgerlichen Führern (Gandhi, Gokhale und Tilak) beeinflusst und wegen Teilnahme an Gandhis Nichtkooperations-Bewegung zu drei Jahren Haft verurteilt. Als Gandhi die Bewegung 1933 einstellte, wurde er freigelassen. Seine Mithäftlinge inspirierten ihn zur Gründung der Congress Socialist Party, einer Gruppierung innerhalb des INC. Von 1934 bis 1940 war er Generalsekretär der CSP. 1937 wurde er in die Gesetzgebende Versammlung von Madras gewählt. 1940 wurde die CSP zur CPI von Kerala. 1943 wurde er in das Zentralkomitee der CPI gewählt, dessen Mitglied er bis zur Spaltung 1964 blieb.

1962 brach ein kurzer Grenzkrieg zwischen China und Indien aus, der zur Spaltung der CPI führte; die CPI lehnte die Politik Beijings ab und stellte sich auch im Streit der KP Chinas mit der KPdSU auf die Seite der sowjetischen Partei. Der pro-chinesische Flügel gründete 1964 die CPI (M), der sich E. M. S. Namboodiripad anschloss. Er gehörte dem ZK und dem Politbüro der Partei an und wurde von 1974 bis 1982 Generalsekretär. Bis zu seinem Tode blieb er Mitglied des Politbüros.

1957 gelang es der CPI unter seiner Führung, in Kerala die Landeswahlen zu gewinnen und die Regierung des Bundesstaates Kerala zu bilden; er wurde am 5. April 1957 zum Chief Minister von Kerala ernannt. Es war das erste Mal, dass die KP eine Wahl gewann. Seine Regierung führte eine erfolgreiche Agrarreform und eine Reform des Erziehungswesens durch. Mitte 1959 wurde seine Landesregierung von New Delhi abgesetzt und Governors Rule erklärt, weil angeblich die Reformen zu bürgerkriegsähnlichen Zuständen geführt hätten. Am 5. März 1967 wurde er erneut Chief Minister als Führer eines Bündnisses von sieben linksorientierten Parteien, zu denen auch die regionale Muslim-League gehörte. (Die Muslim-Bevölkerung in Kerala gehört faktisch zu den niederen Kasten.) Diese Regierungskoalition hielt sich 2½ Jahre. In den Zeiten von Governors Rule war E. M. S. Oppositionsführer. In seiner Regierungszeit führte er einen Alphabetisierungsplan durch und eine Dezentralisierung der Staatsgewalt. Er »gilt als Vater des modernen Kerala«.

Er war Marxist mit einem pragmatischen Sinn, dem manche eine gewisse Nähe zu Gandhis Denkweise zuschrieben. Er lebte sehr einfach und war außerordentlich populär. Er schrieb zahlreiche Bücher auf Englisch und in der Landessprache Malayalam, die sich mit Agrar- und Ernährungsproblemen, mit der Organisation des Staates, mit der Geschichte der CP befassten.

E. M. S. Namboodiripad starb am 19. März 1998 an Lungenentzündung und Herzschwäche in einem Krankenhaus in Thiruvananthrapuram, der Hauptstadt von Kerala. In einem Nachruf wird er als führender Theoretiker, berühmter Kommunist, ein Revolutionär im Selbstverständnis, aber Gandhi-»Anhänger« in der Praxis bezeichnet.

Quelle: Namboodiripad (1954; 1956)

Wolf Ladejinsky

Auf der zweiten Studienreise nach Indien (1968) durften wir, da ich nun als Forscher anerkannt war, in den Gästehäusern übernachten, die für nichtkommerzielle Reisende offen sind. Diese sind »einfacher« als die normalen Hotels, bieten aber alle wichtigen Dienste und Hilfen, auch ein Bücherregal und einen Tisch zum Schreiben. Ihre Gebühren sind niedrig. Meist hängt im Speiseraum eine Tafel mit den Namen der anwesenden Gäste. Ende 1968 wohnten wir im Gästehaus der Ford Foundation (Malcha Marg 144, New Delhi). Dort wohnte – allerdings nicht als Kurzzeit-Gast, sondern ständig – Wolf Ladejinsky (*15.3.1899-3.7.1975*). Seinen Namen kannte ich von seinen Publikationen, die die World Bank in einem Band zu seiner Ehrung zusammengestellt hatte: *Agrarian reform as unfinished business* (Walinsky 1977). Der untersetzte Mann, älter als ich, schon etwas kurzsichtig mit einer dicken Brille, war nach 1945 aus den USA nach Japan gerufen worden, um dort eine Agrarreform zu planen, die den Großgrundbesitz erfolgreich enteignete (gegen Entschädigung) und aus Pächtern Kleinbauern machte. Später erklärte er, dass der japanische Sozialist Hiro Wada der entscheidende »Architekt der Reform« gewesen sei, nicht er.

Die US-Regierung wollte ihn nach 1954 nach Südvietnam holen, um durch eine Agrarreform das von den USA gestützte Regime von Kaiser Bao Dai zu stärken.[7] Das Angebot schlug Ladejinsky aus, da er den Vietnamkrieg der USA entschieden ablehnte. Seitdem ist er nicht mehr in die USA zurückgekehrt, sondern blieb in Indien und wurde zu einem der wichtigsten Kenner der außerordentlich vielfältigen und komplizierten Strukturverhältnisse der dortigen Landwirtschaft. Ich lernte viel von dem älteren Kollegen.

Wolf Ladejinsky, nun Indien-Berater der Weltbank, äußert sich sehr kritisch über die landwirtschaftliche Entwicklung des Landes. Das Potenzial sei gewaltig und würde sehr wohl für die Ernährung der Bevölkerung ausreichen; aber es gebe kaum Fortschritt, eher Stillstand. Die sozialen Hindernisse seien die entscheidenden. Die Elite sei sehr gesprächig. Alle Hilfen und die Gewinne der Entwicklung kommen den sieben Prozent der Wohlhabenden auf dem Dorfe zugute, die über die Hälfte der landwirtschaftlichen Nutzfläche verfügen. Für die Masse der Armen geschehe fast nichts. Die große unterste Schicht sei jedoch zu revolutionärem Handeln nicht fähig. Veränderungen können nicht durch guten Rat und Experten bewirkt werden, sondern nur »von innen heraus«. Trotz aller formalen Demokratie wird das indische Dorf noch immer von ganz wenigen Reichen beherrscht. Die Statistiker haben intern bereits die ersten Zahlen des großen Agrarzensus erarbeitet, die aber sehr kritisch zu betrachten sind. Zum Beispiel gibt es nach diesen Zahlen fast keine Pacht mehr; diese Behauptung kann er nicht ernst nehmen. Er hält eine wesentliche Veränderung der Wirtschaftsstruktur, eine starke Entwicklung der Industrie erst in einer fernen Zukunft für möglich; diese aber ist notwendig, damit Kleinbauern und Pächter aus der Landwirtschaft abwandern können.

Natürlich kamen wir auch auf viele andere Fragen zu sprechen. Er war besorgt um die Zukunft Israels: »Glauben Sie, dass Israel Bestand haben wird?«, so lautete seine klare Frage, die ich ohne Zögern mit »ja« beantwortete. Wir waren uns einig, dass der Sieg von 1967 notwendig war, dass dieser aber auch Probleme produziert habe – Besatzung und aggressiven Nationalismus nach unerwartetem Sieg. In den vielen Jahren in Südostasien hatte er manche Artefakte gesammelt, die er dem Jerusalem-Museum überlassen hatte (wo sie auch ausgestellt werden). Er sorgt sich auch mit Blick auf die wertvolle Sammlung um den Bestand des Staates.

Wolf Ladejinskys Familie kam aus der südlichen Ukraine, aus der Gegend von Odessa. Sein Vater war Anhänger der Volkstümler (der Narod-

---

[7] Nach ihm »regierten« Ngo Dinh Diem und General Ky, letzterer bis zur endgültigen Niederlage der USA 1975.

niki) gewesen, einer linksbürgerlich-progressiven Organisation, die »zum Volke gehen«, den Bauern helfen wollte. Die Familie ist nach dem Ersten Weltkrieg wegen der russischen Revolution in die USA und nach Israel ausgewandert.

1922 erreichte er die USA, studierte in der Columbia-University in New York bis 1928. 1933 fand er eine Anstellung im US-Landwirtschaftsministerium. Nach zwei Jahren kam er in den Auslandsdienst und begann, sich auf Asien zu spezialisieren. Während der McCarthy-Ära hatte er große Schwierigkeiten. Obwohl Antikommunist, wurde er der Agententätigkeit für die UdSSR beschuldigt, weil er 1930 einmal für eine sowjetische Handelsunternehmung (Amtorg) Übersetzungen angefertigt hatte. Er galt nun als »Sicherheitsrisiko« und wurde aus dem Ministerium entlassen. Dass drei seiner Schwestern noch in der Sowjetunion lebten, galt auch als belastend. Führende bürgerliche Politiker verteidigten ihn, so der US-Gesandte in Tokyo. Der Verfasser James Michener bezeugte in einem Brief: »Mr. Ladejinsky ist in ganz Asien als unversöhnlichster Feind des Kommunismus bekannt.«

Lebensdaten: *Wolf Ladejinsky* wurde am 15. März 1899 in der Ukraine geboren. Er verließ die Sowjetunion 1921 zusammen mit seinen Eltern. Sein Vater war Narodnik und lehnte die Politik der Bolschewiki ab. 1922 kam er in die USA, 1928 absolvierte er die Columbia-Universität in New York. 1933 wurde er Angestellter des Landwirtschaftsministeriums, später trat er in den Auslandsberatungsdienst des Ministeriums ein und spezialisierte sich auf die Agrarprobleme Asiens. 1945 kam er zur US-Besatzungsbehörde in Japan, wo er zusammen mit dem früheren Landwirtschaftsminister Hiro Wada eine erfolgreiche Agrarreform durchführte. Unklar bleibt seine Beraterrolle bei Jiang Kaishek (bis 1949 in China und danach in Taiwan).

Noch während seines Japan-Aufenthaltes war er aus dem US-Außen- in das Agrarministerium überführt worden; dort wurde er für politisch verdächtig erklärt und vom Agrarminister Benson Taft entlassen, weil er 1930 kurzzeitig für die russische Außenhandelsorganisation Amtorg gearbeitet hatte. Zudem hatte er drei Schwestern in Russland, weshalb er verdächtigt wurde, seitens der Sowjetbehörden erpressbar zu sein. Als Mitglied des Washingtoner Committee for democratization wurde er überdies verdächtigt, Kommunist zu sein. Als Folge dieser antikommunistischen Hysterie zog Ladejewski vor, in New Delhi zu bleiben und zu arbeiten.

Es ist eine Ironie der Geschichte und seines Lebens: Er bekannte sich zum Antikommunismus und zur bürgerlichen Demokratie; seine Lebensarbeit für wirkliche Agrarreform in den Ländern Asiens begründete er mit der

Warnung, die landlosen Massen der Dorfbevölkerung Asiens würden revolutionär handeln und die Kommunisten unterstützen, wie in Russland und in China, falls man ihren Landhunger nicht befriedige. Ladejinskys Antikommunismus war nicht schreierisch und aggressiv. Er hoffte, mit seiner »Drohung« die Herrschenden überzeugen zu können, dass Reformen notwendig seien. Dennoch wurde er der Sympathien oder gar der Zugehörigkeit zur kommunistischen Bewegung verdächtigt. Ihm fehlte die marxistische Einsicht, dass die feudalen Grundbesitzer nur dann ihren Pächtern und Teilpächtern Konzessionen machen, wenn sie die Revolution fürchten müssen.

In Israel traf ich einmal einen Neffen Ladejinskys, der seinen Namen in Seev Laadan hebraisiert hatte. Ihm konnte ich Auskunft über den Verbleib seines Onkels geben, den er lange gesucht hatte.

Soweit mir bekannt, kehrte er nicht mehr in die USA zurück, sondern lebte (in Wirklichkeit als Emigrant) in New Delhi. Er starb am 3. Juli 1975.

Quellen: Walinsky (1977); http://en.wikipedia.org/wiki/Wolf_Ladejinsky

Daniel und Alice Thorner

Den dritten guten Kenner der indischen Agrarstrukturen, Daniel Thorner, lernte ich auch auf der zweiten Indien-Reise kennen. In der größten Agrar-Universität, in Coimbatore, Staat Tamil Nadu, war ich 1968 zu einem all-indischen Seminar über Agrarpolitik eingeladen und hielt dort auch ein Referat. Die »grüne Revolution« war noch immer eine der umstrittenen Fragen. Daniel Thorner meinte in der angeregten und anregenden Debatte, diese sei bereits ein Erfolg, oder zumindest werde der Erfolg sich demnächst zeigen; das war Teil der allgemeinen Euphorie. Ich

1915-1974

blieb skeptisch; ich kam gerade aus der Reis-Kornkammer um Tanjore, wo kurz vorher ein erbitterter Krieg zwischen Erntearbeitern und Grundbesitzern stattgefunden hatte. Die indische Presse hatte ausführlich berichtet: Die Arbeiter, die noch mit den Händen ernteten und droschen, hatten wegen der gestiegenen Erträge und der Mehrarbeit eine Lohnerhöhung gefordert. Streikbrecher wurden angeheuert; die 42 Streikenden wurden in eine Hütte gesperrt und verbrannt. Aufgrund dieser und anderer Berichte über erbitterte Klassenkämpfe in den Dörfern fühlte ich meine Skepsis gegen die Vorstellung bestätigt, dass die »grüne Revolution« allen Schichten auf dem Dorfe helfen würde.

Mit Daniel Thorner entstand ein freundschaftlicher Dialog bis zu seinem Tode. Er lebte schon länger, vielleicht seit der McCarthy-Ära, mit seiner Frau in Paris, nahe der Metrostation Jussieu, in einem kleinen Haus auf dem Hof des Gebäudes 9, Rue Guy de Labrousse. Er war zwar kein politischer Emigrant im strengeren Sinne; aber – ähnlich wie Wolf Ladejinsky – zog er es vor, nicht in die USA zurückzukehren. In unserem Briefwechsel diskutierten wir meine Forschungsarbeiten, u.a. die nazistische Agrarpolitik in den besetzten Gebieten der Sowjetunion. Er besuchte uns in Stuttgart.

Nach seinem Tode 1974 blieben wir in Verbindung und Austausch mit seiner Witwe Alice. Sie lehrte an einer Pariser Universität über Agrarökonomie Indiens, besuchte Indien fast jedes Jahr und hatte Gäste aus Indien, den USA und anderen Ländern, die ihre Offenheit und ihre Gastlichkeit schätzten. Sie hatte in den Archiven der USA die Spitzelberichte über ihren zu Recht des Sozialismus verdächtigen Mann gefunden und diese in der *Economic and Political Weekly*, Bombay, der Wochenzeitung der kritischen Agrarökonomen Indiens, publiziert. Wenn ich Paris besuchte, stand jedes Mal ein langes Gespräch mit ihr auf dem Programm.

██████████ Lebensdaten: *Daniel Thorner* wurde 1915 in den USA geboren. In den 1930er Jahren studierte er an der Columbia-University in New York. Im Zweiten Weltkrieg diente er als Soldat in Indien. 1950 promovierte er in der University of Pennsylvania mit dem wirtschaftshistorischen Thema *Das britische Transportwesen in Indien*. An dieser Universität wurde er Dozent für indische Wirtschaftsgeschichte. Er heiratete Alice, die Ko-Autorin vieler seiner Arbeiten wurde. In der McCarthy-Ära der 1950er Jahre weigerte sich Thorner, seine linken Freunde zu denunzieren. Daher wurde er entlassen und verlor das Stipendium für ein Forschungsprojekt in Indien. Mit dem Geld seiner Eltern verließ er 1952 die USA und ging mit seiner Frau nach Bombay. In Indien begann er eine Forschung in den Dörfern und arbeitete intensiv auf dem Gebiet der Agrarökonomie. Seine drei wichtigen Bücher behandeln seine Beobachtungen im indischen Dorf, analysieren und kritisieren die indischen Statistiken und die offiziellen Forschungsberichte. In Bombay arbeitete er eng mit der Wochenzeitschrift *Economic and Political Weekly* zusammen.

Nach zehn Jahren verließ er 1962 Indien und wurde Dozent an der Pariser Sorbonne. Er edierte wichtige ökonomische Arbeiten, so die von H. H. Mann über Indien und von A. V. Tschajanow über die kleinbäuerliche Wirtschaft. Er reiste fast regelmäßig nach Südasien und besonders nach Indien.

Er unterstützte politische Flüchtlinge aus Ostpakistan (Bangladesh). Im Jahre 1974 starb er.

Alice Thorner blieb in Paris und setzte ihre Lehr- und Forschungstätigkeit bis zu ihrem Tode im Jahre 2005 fort.

Quelle: http://en.wikipedia.org/wiki/Daniel_Thorner

Henry Zimmermann – Ein deutscher Emigrant in Australien

Wir waren 1970/71 ein Jahr in Australien; als Gastprofessor war ich von Prof. John S. Nalson zu Vorlesungen über Agrarpolitik und Agrarsoziologie an der University of New England in Armidale (Bundesstaat New South Wales) eingeladen. In der Kleinstadt von etwa 30.000 Einwohnern war die Universität (und das Lehrerseminar) die wichtigste Institution; politisches Leben außerhalb der Academia gab es da für uns kaum. Wir wollten indes das politische Leben des Landes ein wenig kennenlernen. In Sydney gab es einige lockere linke Zirkel, die sich meist am Samstagabend bei einem der Teilnehmer trafen. Es gab ein politisches Referat mit Diskussionen, danach vielleicht politische Musik und ein gemeinsames einfaches Essen. Zu solchen Kreisen waren wir mehrfach eingeladen; mir wurden verschiedene Themen gestellt, u.a.: Der Zustand der kommunistischen Weltbewegung, deutsche Innenpolitik, Gefahr des Rechtsradikalismus. Viele Teilnehmer waren europäische Emigranten, teilweise Kommunisten. Hier traf ich u.a. den polnisch-jüdischen Kommunisten Haim Brezniak.

27.4.1923-1.12.2006

Wir besuchten Cläre Thalheimer in dem Bergarbeiterstädtchen Wandiligong. Sie vermittelte uns Kontakt zu dem alten Kommunisten Henry Zimmermann, der in einem Vorort von Melbourne lebte. Durch ihn lernten wir auch Bernie Taft kennen, der damals noch Generalsekretär der KP Australiens war. Ferner lebte in Melbourne Maxim Blat, der in Breslau KJO-Funktionär gewesen war. Er hatte im Ghetto Shanghai überlebt und war nach Kriegsende nach Melbourne gekommen.

Mit Henry Zimmermann gab es lange Gespräche über die australische und die europäische Arbeiterbewegung; er war Mitglied der KP, aber durchaus offen für meine kritische Position; sonst hätte er nicht den Kontakt und die Aussprache mit Cläre Thalheimer gesucht. Obwohl er schon vor über 30

Jahren aus Deutschland vertrieben worden war, war er noch lebhaft an der deutschen Arbeiterbewegung interessiert. Später hat er die BRD noch mindestens zweimal besucht. Bei diesen Besuchen trafen wir uns. Einmal war er von seiner Geburtsstadt Essen eingeladen worden, ein anderes Mal wohl vom DGB zu Vorträgen in der Jugendschule in Oberursel/Taunus.

Aus Protest u.a. gegen die Haltung der KP zu Israel hatte er diese verlassen, blieb zwar Sozialist, aber engagierte sich nun in israelfreundlichen linken Initiativen. Er war kritisch gegen die dortige Regierung, doch lag ihm die Existenz Israels am Herzen. Nach mehreren Aufenthalten in den realsozialistischen Ländern, auch in der UdSSR und auf ihrer dortigen Parteischule war er kritischer geworden.

Nach meinem Jahr in Australien blieben wir in brieflichem Gedankenaustausch. In den letzten Jahren war er weniger intensiv, offenbar wegen seiner Krankheit, eines Tumors, der ihn zunehmend schwächte.

Lebensdaten: *Henry Zimmermann* wurde am 27. April 1923 in Essen geboren. Sein Vater Leo war ein jüdischer Kommunist aus Polen, Mitbegründer der KPD. 1933 wurde sein Schuhgeschäft geplündert und er interniert. Daraufhin wurde Henry zu französischen Freunden in Paris geschickt, auch die Mutter und seine zwei Brüder verließen Essen. 1935 wurde Leo Zimmermann aus dem Lager entlassen und konnte nach Australien emigrieren. 1938 fand sich die Familie in Melbourne zusammen.

Henry begann eine Lehre als Elektriker. Als 1939 der Krieg begann, meldete er sich zum Militär, wurde Sergeant in der Artillerie-Logistik. Nach Kriegsende finanzierte die Armee ein Studium. An der Universität Melbourne erwarb er ein Diplom in den Gesellschaftswissenschaften Geschichte und Philosophie. Während sein Vater alle politische Betätigung aufgab, wurde Henry aktiv in der KP Australiens. Von 1950 bis 1952 bereiste er die sozialistischen Länder Europas, u.a. die ČSSR und Ungarn. Nach der Rückkehr wurde er Französisch-Lehrer, später unterrichtete er französische Geschichte und Mathematik an einem Gymnasium. Er blieb begeisterter Lehrer bis zum Lebensende. Eine Begutachtung sagt über ihn: »Ein Mann von festen Prinzipien, einfachen Gewohnheiten und einem gütigen Charakter. Er ist ein Intellektueller, sehr belesen und ein mutig kritischer Geist.«

Er heiratete 1959; seine Frau starb kurz nach der Geburt des Sohnes David, der gleichfalls nicht überlebte.

Henry reiste 1961 mit einer Parteidelegation nach Moskau und besuchte für mehrere Monate eine Parteischule. Diese Reise erregte seine Zweifel, nicht am Marxismus als Analyseinstrument für ein besseres Geschichtsverständnis – er meinte, die meisten modernen Historiker würden sich dieses Instruments bedienen –, jedoch befragte er sich über die Wege der Realisierung. 1964 heiratete er Judy Cunliffe-Jones; sie hatten drei Töchter und später sieben Enkel.

Während er in einer Anwaltsfirma in Melbourne arbeitete, studierte er Jura und erwarb auch in diesem Fach ein Diplom. Nach einigen weiteren Jahren als Anwalt in einer Rechtsanwaltskanzlei kehrte er zum Lehrerberuf an der Technischen Universität in Swinbourne zurück. 1988 ging er in Pension. Er reiste mehrfach auch nach Deutschland, einmal, im Jahre 2001, war er von seiner Geburtsstadt Essen eingeladen. Er wurde Mitbegründer der Australischen jüdisch-demokratischen Gesellschaft, einer linken Organisation, die sich etwas am Rande der jüdischen Gemeinschaft für kritische Solidarität mit Israel einsetzte. Bis zu seinem Tode blieb er ein unabhängig denkender Sozialist. Er starb nach längerer Krankheit am 1. Dezember 2006.

Quelle: The Age, Melbourne, 1.2.2007, aus dem Nachruf von Steve Brook.

Vier Emigranten

Auf meinen großen Reisen, die ich zusammen mit meiner Genossin Gretel durchführte, hatte ich Dörfer zu besuchen und Bauern zu befragen sowie Fachvorträge an Agrarfakultäten und Forschungsinstituten zu halten. Einige der großen Vortragsreisen waren vom Goethe-Institut München geplant und organisiert. Natürlich nutzten wir alle Gelegenheiten, etwas von der Kultur der besuchten Länder zu begreifen. Dank der Vermittlung der örtlichen Leiter der Goethe-Institute lernten wir zwei deutsche Emigranten kennen, die in ihrer »Freizeit« bedeutende Kenner und Sammler landesspezifischer Artefakte wurden. In Madras (heute Chennai), Südindien, vermittelte uns das Goethe-Institut die Besuche bei dem deutsch-jüdischen Emigranten Wolff und in Mexiko-Stadt der dortige Goethe-Direktor den Besuch bei dem deutsch-jüdischen Emigranten Dr. Curt Stavenhagen. Dank des Hinweises von Prof. Dr. Anne Valle Zarate erfuhr ich von der Existenz des deutsch-jüdischen Emigranten Dr. h.c. Werner Guttentag in Cochabamba, Bolivien. Und auf der zweiten großen Indien-Reise lernten wir das österreichische Ehepaar Dr. Arnold Deutsch und Margot Deutsch aus Mexiko kennen. Von diesen vier erfuhren wir viel über die alte Landeskultur, was uns sonst wohl unbekannt geblieben wäre.

Herr und Frau Wolff

Herr Wolff war zu Beginn der Naziherrschaft mit seiner Frau nach Indien ausgewandert und im Süden Kaufmann geworden. Bei seinen vielen Dorfbesuchen hatte er alte Bronzefiguren indischer Gottheiten gekauft, die nach dem Verfahren des Cir perdu (verlorenes Wachs) gegossen wurden. Im Laufe der Jahre wurde er zu einem bedeutenden, vielleicht dem bedeutendsten Sammler und Kenner dieser Kleinfiguren, über die er später auch publiziert hat.

Als wir ihn das erste Mal im Jahre 1968 besuchten, war er schon fast blind. Sein indischer Hausgehilfe servierte Tee. Wir erzählten von unseren Forschungsreisen und Vorträgen und von unseren Eindrücken, von der überwältigenden Armut dieses Landes und ein wenig von unserem Leben in der BRD. Er zeigte und erklärte uns Teile seiner Sammlung.

Diese befand sich in einer verschlossenen Vitrine. Er schloss sie auf, nahm eine kleine Gottheit heraus, verschloss die Vitrine, strich über die Figur und begann, uns auf die wichtigsten Details hinzuweisen. Wenn wir sie betrachtet hatten, stellte er diese zurück in die Vitrine, nahm eine zweite heraus – mit der gleichen Prozedur. So zeigte er uns seine schönsten Stücke, bewahrte Überreste von einem verschwindenden Kunsthandwerk und erklärte uns zugleich das besondere technische Verfahren.

Nach Jahren waren wir wieder in Madras. Natürlich suchten wir die Wolffs erneut auf. Der treue Diener war noch immer da; Herr Wolff hatte nach einer Operation wieder seine ganze Sehkraft erlangt. Aber eine Tragödie war geschehen. Als er nach der erfolgreichen Operation seine Frau aus dem Krankenhaus anrief, war sie von der freudigen Nachricht so erregt, dass sie einen Herzschlag bekam und sehr bald starb. Herr Wolff erzählte uns das mit noch spürbarer innerer Erschütterung. Aber er zeigte sich überzeugt, dass sein langjähriger Diener bis zuletzt bei ihm bleiben würde.

Ein paar Jahre später waren wir wieder in Madras. Der Leiter des Goethe-Instituts konnte uns nur mitteilen, dass der alte Herr Wolff verstorben war. Über seine einmalige Sammlung von südindischen Bronzen hatte das Institut verfügt. Ich weiß nicht mehr, wo diese aufbewahrt wird.

Curt Stavenhagen

In Mexiko-Stadt fragte uns der Direktor des Goethe-Instituts, ob wir den Sammler Dr. Curt Stavenhagen kennenlernen wollten. Dieser war ein Sammler mexikanischer Hohlkeramiken, formal ein Patrimonio nacional, ein staatliches Museum, für das er verantwortlich war. (Aber er hatte alles selbst erworben.) Das gut verschlossene Privathaus im Stadtteil San Angel Inn war nur zugänglich mit der Empfehlung guter Bekannter von Curt Stavenhagen. In seinem großen Zimmer hing neben der Vitrine mit den Hohlkeramiken ein großes Porträt seiner verstorbenen Frau, ein Geschenk von Diego Rivera, mit dem er freundschaftlich verbunden gewesen war. Der alte Witwer war doppelt stolz auf die Schönheit seiner Frau und darauf, dass Rivera sie porträtiert hatte. Der kahle Charakterkopf strahlte, wenn er uns nach langer Unterhaltung seine Schätze, die nun dem Staat gehörten, einzeln – Stück für Stück – zeigte und erläuterte. Diese Sammlung war die Frucht jahrelanger Suche mit dem Ziel, diese alte mexikanische Kunst aufzubewahren.

Dieses Anliegen hat er seinem Sohn Rodolfo »vererbt«, der ein bedeutender mexikanischer, lateinamerikanischer Soziologe wurde. Der alte Herr selbst war nach 1933 aus Hamburg emigriert, rechtzeitig vor der immer härteren Verfolgung. In Mexiko war er ein erfolgreicher Kaufmann geworden; mit den Gewinnen hatte er diese einmalige Sammlung zusammengetragen. Er sprach sehr wenig über seine Biografie, fragte aber intensiv nach den politischen Verhältnissen in der Bundesrepublik, über die wir offen und kritisch berichteten.

Nach Jahren hatte meine Frau Gretel einen Fernseher gekauft, für den sie wenig Zeit aufwandte – und ich gar keine. Aber eines Abends sollte ein Interview mit Curt Stavenhagen ausgestrahlt werden. Sie überredete mich, es anzusehen. Wir sahen dasselbe, was er uns zweien gezeigt hatte; wir waren von ihm also besonders gut aufgenommen worden, hatten seine großartige Sammlung »in natura« sehen dürfen, nicht auf dem Bildschirm, und hatten ein Privatissimum von ihm bekommen.

Werner Guttentag

Den dritten in dieser Reihe erlebte ich leider ohne meine Frau. Die Hohenheimer Professorin Dr. Anne Valle Zarate hatte mir die Möglichkeit geboten, eines ihrer Forschungsgebiete in Bolivien zu besuchen, gelegen in einem Hochtal, das man von Cochabamba, einer Universitätsstadt auf 2.400 m Höhe, aus in vierstündiger Jeep-Fahrt erreicht. Im Ort Calientes (4.200 m ü. M.) soll die Qualität der Lama-Wolle durch Selektion verbessert werden. Das war eines der Projekte, die ich 2007 sehen durfte. In Cochabamba lebte der deutsch-jüdische Emigrant Dr. h. c. Werner Guttentag aus dem schlesischen Städtchen Guttentag. Er war vier Jahre jünger als ich, Jahrgang 1920. In seiner Heimat hatte er dem Sozialistischen Jugendverband angehört, der Jugendorganisation der SAP, er konnte noch 1937 auswandern, lernte in den Niederlanden ein Metallhandwerk und hatte Glück, noch vor Kriegsbeginn ein Visum für Bolivien zu ergattern. Über seinen schwierigen Neuanfang sprach er nicht.

Ich traf ihn in seinem großen Buchladen in einer Hauptstraße in Cochabamba, stellte mich vor – Alter, Beruf, Zugehörigkeit zur KPD-O vor 1933 und immer noch kritischer Kommunist. So war er genauso neugierig auf mich wie ich auf ihn. Es war Freitagnachmittag; nach einer halben Stunde musste er zu seiner Arbeit und lud Frau Anne

6.2.1920-2.12.2008

Valle, meine Reiseführerin, und mich für den Samstagnachmittag, unserem letzten Tag vor der Rückreise, in sein Haus.

Werner Guttentag und seine deutschsprachige Frau boten Kaffee und Kuchen. Wir lernten hier einen Autodidakten kennen, einen »organischen Intellektuellen« (Antonio Gramsci). Im Laufe der Jahrzehnte in seiner neuen Heimat war er zum Bewahrer der Literatur Boliviens und Förderer seiner Schriftsteller geworden, u.a. Herausgeber einer fortlaufenden Bibliografie. Den Ehrendoktor hatte er durch seine besondere wissenschaftliche Leistung verdient. Diese seine Arbeit hatte er finanziert und finanziert sie weiter durch eine Kette von Buchhandlungen in den wichtigsten Städten des Landes, die nun von seiner Tochter geleitet wurden; er ging noch jeden Tag in das Hauptgeschäft in Cochabamba.

Werner Guttentag fragte viel über die Bundesrepublik, wir fragten viel über die neue Entwicklung in Bolivien, das erwachende Selbstbewusstsein der indigenen Mehrheit und die konterrevolutionäre Politik der bisher herrschenden »weißen« Minderheit. Schließlich kamen wir zu seinem Hauptthema. Auf seinem Grundstück hat er neben seinem Wohnhaus ein weiteres dreistöckiges Haus, sein früheres Wohnhaus, nur für seine einmalige Bibliothek. Er führte mich herum, zeigte mir einige besondere Stücke. Ich musste ihm versprechen, mein Buch über die KPD-O zu schicken. Während dieser knappen Stunde hatte Anne Valle sich mit Frau Guttentag unterhalten. Als wir von dieser Bibliothekswanderung zurückkehrten, war es Werner Guttentag nicht zuviel, auch ihr seine Schätze zu zeigen.

Wir waren am frühen Nachmittag gekommen; es dunkelte, als wir uns verabschiedeten. Dieser lange Nachmittag erinnerte uns daran, was Deutschland durch den Faschismus verloren hat, was deutsche Emigranten zu ihrer neuen Heimat beigetragen haben und welche großen Fähigkeiten in jedem Menschen verborgen sind.

▰▰▰▰▰▰▰ Lebensdaten: *Werner Guttentag* wurde 1919 in Breslau[8] geboren. Als 14-Jähriger trat er Anfang 1933 der Freien Deutsch-Jüdischen Jugend[9] bei, wo er seine intellektuelle Erziehung erhielt. Ende 1934 wurden viele seiner Freunde wegen ihrer illegalen antifaschistischen Aktivitäten verhaftet. Daher verließ er das Dritte Reich und ging in die ČSR. Da er angeblich nicht gefährdet war, kehrte er nach kurzer Zeit zurück, musste Deutschland aber endgültig 1937 verlassen. Er ging in die Niederlande. Kurz vor Kriegsbeginn konnten ihm seine Eltern, die bereits in Bolivien lebten, ein Visum beschaffen, sodass er dorthin weiterziehen konnte. Er hatte dann verschiedene Gelegenheitsarbeiten.

1945 konnte er eine Buchhandlung in Cochabamba eröffnen. Allmählich wurde er zum Verleger, Förderer der bolivianischen Literatur und ihrer Produzenten und selbst Verfasser. 1962 gab er zum ersten Mal die *Bio Bibliografia Boliviana* heraus, in der alle im Lande erschienen Bücher erfasst waren. Es folgten alljährlich Bibliografien aller Neuerscheinungen; später enthielten die Bände auch Biografien der Autoren und Inhaltsangaben. In seinem Verlag *Los Amigos del Libro* gab er ferner eine 80-bändige *Enciclopedia Boliviana* heraus, die über alle Bereiche der Gesellschaft berichtete, darunter vier Bände zur Geschichte der bolivianischen Arbeiterbewegung. Er stiftete einen Literaturpreis mit dem Namen seines Vaters. Werner Guttentag wurde mehrfach geehrt; die Post gab eine Briefmarke mit seinem Portrait heraus. Er starb am 2. Dezember 2008 in Cochabamba.

Quellen: Eisenbürger (2008); http://www.ila-web.de/nachrufe/werner-guttentag.htm.

Arnold und Margot Deutsch

Die vierte dieser »Reisebekanntschaften«, die fest in meiner Erinnerung bleiben, war wieder anders. Auf der zweiten großen Forschungsreise durch Indien (1968) warteten wir auf dem kleinen Flughafen von Madurai, Südindien, auf den Weiterflug nach Tirruchirappalli (bei den Briten zu Trichinopoly vereinfacht). Beim Einchecken ließ ich einer etwas nervösen Frau den Vortritt. Man sprach ein paar Worte miteinander; ihr Mann wies uns

---

[8] Nach anderen Angaben geboren am 6.2.1920. Werner Guttentag hatte die Gemeinde Guttentag (heutiges Dobrodzień in Polen) als Geburtsort angegeben.

[9] Die Organisation hieß Jung-Jüdischer Wanderbund (JJWB); sie arbeitete sehr eng mit der KJO zusammen.

Neulinge auf die schönen Tempel hin, die wir unbedingt besichtigen sollten. Ich hatte bis dahin für die Tage in Madurai nur die Getreidekammer Indiens in Tanjore auf meinem Plan, ein Gebiet intensiver Bewässerungskultur und großer sozialer Spannungen zwischen Grundbesitzern und Landarbeitern.

Nach weiteren Wochen trafen wir die Familie Deutsch – er aus Wien, sie in den Sudeten geboren – in Colombo wieder. Wir wohnten im Galle Face-Hotel, einem historischen Gebäude,»errichtet im Jahr, als das *Kapital* von Karl Marx erschien«, schon etwas renovierungsbedürftig. Wir reisten durch Ceylon (heute Sri Lanka) bis zur Nordspitze bei Jaffna, wo es damals noch ruhig war. Am Ende der Reise trafen wir das Ehepaar Deutsch in dem Hotel Mount Lavignia am Rande der Hauptstadt. Wir tauschten Beobachtungen und Erlebnisse aus; sie hatten die Sehenswürdigkeiten der Insel studiert, wir die Teeplantagen, alte und neue Staudämme, Orchideenzucht, auch etwas von der alten Kultur gesehen.

Wir trafen uns erneut in Mexiko-Stadt, wo sie seit Ende 1938 lebten, als Hitler Österreich »angeschlossen« hatte. Ich war als »Experte« zu einem Seminar im Entwicklungshilfeinstitut (des Ex-Präsidenten Echeverria) eingeladen. Dr. Deutsch war Kunsthändler gewesen, lebte nun aber recht zurückgezogen in einer Wohnung im Stadtteil Lomas. Sie gewährten uns ihre Gastfreundschaft und wiesen uns auf die reichen Kulturschätze der Hauptstadt und ihrer Umgebung hin. Wir nutzten ihre Hinweise, sahen im Stadtteil Coyoacan das Haus von Diego Rivera mit dem Museo Frida Kahlo, das nahegelegene Museo Leon Trotzki in der Rua Viena 125, wo Trotzki 1940 ermordet worden war, das merkwürdige Gebäude Anahuacalli, in dem Rivera gemalt hatte, seine Murales, die mexikanische und Weltgeschichte darstellten, und das ethnologische Museum. Wir versäumten nicht, auch die Kehrseiten der Riesenstadt, ihre großen Armenviertel, zu sehen.

Chinesische Agrarfachleute

Auf meinen Studienreisen nach China haben mich natürlich die Agrarprobleme besonders beschäftigt. Dank der Hilfe unserer hervorragenden Dolmetscherin auf den ersten drei Reisen (1976, 1980, 1984) und der Hohenheimer Doktorandin (jetzt Professorin) Zhu Ling konnte ich einige Fachkollegen kennenlernen: Prof. Fei Xiaotong, Prof. An Xiji, Prof. Lu Wen, Guo Shutian, Prof. Li Weimin, Prof. Tan Juewen, Du Runsheng. Sie halfen meinen Mitreisenden, Geschichte und aktuelle Probleme des Agrarsektors besser zu verstehen. Gerade während der ersten drei Reisen fanden wieder – nach der abgeschlossenen Agrarrevolution – große Veränderungen statt:

Die Volkskommunen wurden aufgelöst und das Verantwortungssystem auf der Basis der Bauernhaushalte eingeführt.

Von 1956 bis 1980 waren die 124.000 Volkskommunen verantwortlich für die vollständige Ablieferung fast der gesamten Agrarproduktion; den Produzenten blieb nur die kontrollierte, fast gleiche Basisversorgung und ein minimaler »Hausgarten«, dessen eventuelle Überschüsse der Produzent auf kleinen Bauernmärkten feilbieten durfte. Alle Feldarbeiten wurden gemeinsam ausgeführt – mit den bisherigen Methoden, in überwiegend physischer Arbeit ohne moderne Produktionsmittel.

Das neue System legte die Verantwortung für die Feldarbeit wieder in die Hände der Bauern; die Gemeindeverwaltungen wurden verantwortlich für die Pflichtablieferung an den Staat, die etwa 30% der Produktion ausmachte. Den Rest seiner Produktion konnte der Bauer frei verkaufen, sodass überall Bauernmärkte entstanden. Mit steigender Produktion und langsam steigenden Produzentenpreisen wurden die Lieferquoten der Bauern schrittweise abgebaut und schließlich ganz aufgehoben. Ebenso konnte die Lebensmittelrationierung allmählich abgeschafft werden. Bis dahin waren die Volkskommunen für alle Aufgaben verantwortlich gewesen, für die Schulen und die Vergütung der Lehrer, die Versorgung der Alten und Kranken, den Straßenbau, die Bewässerungssysteme usw. Nun wurden Gemeindeverwaltungen und Produktion getrennt und damit auch die Macht des Parteisekretärs halbiert.

Der Erfolg des neuen Systems – die schnelle Steigerung der Agrarproduktion und die folgende Aufhebung der Rationierung – ist mehreren Faktoren geschuldet: Ausbau der Bewässerungssysteme, Bau von Düngemittel- und Traktorenfabriken, Lieferung der die Produktion steigernden Produktionsmittel (einschließlich verbessertem Saatgut), Erhöhung der Produzentenpreise, erhöhte Motivation der Bauern.

Als Architekten und Pioniere dieses strukturellen Wandels und der Einleitung einer neuen sozialistischen Agrarpolitik sind zuerst zu nennen Zhao Ziyang, KP-Sekretär der Provinz Sichuan, und Wan Li, KP-Sekretär der Provinz Anhui. In diesen Provinzen wurden die Volkskommunen im sozialistischen Großversuch der Jahre 1980-82 aufgelöst. Nach dem Erfolg wurden die Kommunen überall aufgelöst. Diesen Übergang von den Volkskommunen zum System der Verantwortlichkeit auf der Basis der bäuerlichen Haushalte konnten wir auf den ersten drei Studienreisen (1978, 1980, 1984) miterleben.

Du Runsheng

Die oben genannten Agrarökonomen gehörten (neben weiteren, die mir unbekannt geblieben sind) zu den Vordenkern des strukturellen Wandels. Einer der wichtigsten war Du Runsheng, den ich durch die Kollegin Dr. Zhu Ling nach 1989 kennenlernte; sie war auch bei jedem Besuch meine geduldige Dolmetscherin. Er war schon lange Rentner und lebte in einem der Häuser für ehemalige höhere Staatsfunktionäre (nahe Zhongnanhai). Sein Nachbar war der inzwischen pensionierte Nachfolger Maos, Hua Guofeng. Zum Haus mit vier Zimmern gehörte ein großer

geb. 1913

Hof, in dem eine schwarze Limousine stand; das Tor war offen, ein Wächter stand ständig dort.

Du Runsheng berichtete über seine Arbeit, über die Probleme, die Ergebnisse, ohne sich besonders herauszustreichen. Über diese Fragen hatte er eine Sammlung seiner wichtigsten Artikel in einem Buch auf chinesisch und englisch publiziert. Nach meinen Fragen stellte er seine Fragen: über die Kollektivierung in Osteuropa (und die Ursachen des Zusammenbruchs), über die Kibbuzim in Israel, über die wichtigsten Aspekte der europäischen Agrarpolitik, ein wenig auch über den Stand der indischen Landwirtschaft.

Über seinen schwierigen Lebensweg sprach er nicht. Später erfuhr ich, dass er während der »Kulturrevolution« sehr gefährdet war. Da er im Partisanenkrieg eine führende Rolle gespielt hatte, konnten ihn seine Freunde schützen. Wenn wir ein paar Stunden gefragt und diskutiert hatten, lud er uns zum Essen in ein gutes Restaurant ein. Nach dem Essen ließ er die vielen Reste einpacken und nahm sie mit nach Hause – eine sehr vernünftige und übliche Maßnahme. Sein Chauffeur brachte mich in mein Hotel.

Im Laufe der Jahre habe ich ihn oft besucht; jedes Mal waren es interessante Fragen und Antworten, in die auch Dr. Zhu Ling einbezogen wurde, die ihn u.a. über die Ergebnisse ihrer Feldforschung informierte. Sein Gehör wurde allmählich schlechter; er war 2009 so stark ertaubt, dass ich ihn nicht mehr besuchen konnte.

Du Runsheng hat zwei grundlegende Bücher auf Englisch publiziert: *Reform and development in rural China* (1995) und *Many people, little land: China's rural economic reform* (1989).

Lebensdaten: *Du Runsheng* wurde am 8. August 1913 in Taiju, Provinz Shanxi, geboren. Er studierte an der Lehreruniversität in Beijing. In den 1930er Jahren nahm er an revolutionären Aktivitäten teil. Er wurde Kommandeur einer Guerilla-Truppe in den Taihang-Bergen und Mitglied einer Regierung der Grenzregion Taihang 1937-1945. 1946-1949 war er Generalsekretär des KP-Büros für die Zentralebene, später für das Südzentralbüro, 1949 Vizechef des dortigen Landreformkomitees. 1953 wurde er Generalsekretär des Zentralbüros für ländliche Aufgaben der KP und stellvertretender Direktor des Land- und Forstwirtschaftsministeriums in Beijing. 1956-1979 war er Generalsekretär der Akademie der Wissenschaften. 1966-1976 während der Kulturrevolution war er »in Ungnade«, d.h. ernsthaft gefährdet. 1979-1982 war er stellvertretender Direktor des Forschungsbüros für Agrarpolitik der KP Chinas mit dem Auftrag, die Reformpolitik zu untersuchen, und zugleich Präsident des Forschungszentrums für landwirtschaftliche Entwicklung des Staatsrats. Von 1983 an war er Mitglied des Zentralen Beratergremiums der KP, 1985 stellvertretender Leiter der Führungsgruppe zur Kadererziehung beim ZK. Er gehörte dem Volkskongress an als Fachmann für Finanz- und Wirtschaftspolitik, 1983-89 der Führungsgruppe für Finanzen und Wirtschaft beim ZK.

Er war ab 1988 Präsident der Gesellschaft für Agrarökonomie, ab 1984 stellvertretender Leiter der Führungsgruppe für Energiefragen der Landwirtschaft, 1988 Direktor des Agrarforschungszentrums des ZK der KP Chinas.

Als Rentner hatte er einige Ehrenämter: Ab 1993 als Präsident der Gesellschaft für geistig Behinderte und Vizepräsident der Gesellschaft für Invaliden sowie Gastprofessor der Volksuniversität. 1965 publizierte er das Buch über die agrarökonomische Reform in China.

Fei Xiaotong

Kurz vor meiner ersten China-Reise 1978 las ich in der *Beijing-Rundschau*, dass der Ethnologe und Agrarsoziologe Fei Xiaotong rehabilitiert sei. Deng Xiaoping war gerade wieder an die politischen Schalthebel gekommen, und ich spürte die ersten Anzeichen der Entmaoisierung. Als wir die letzten Tage in Beijing waren, bat ich unsere hervorragende Dolmetscherin und Reiseführerin Frau Zhong, Prof. Fei zu unserer Gruppe einzuladen. Sie hielt das für unmöglich; ich drängte sie, und sie begann zu weinen. Meine Mitreisenden empörten sich über mein Benehmen: »Die Chinesin hat ihr Gesicht verloren.« Das war um 14 Uhr; nach dem Abendessen kam Frau Zhong ganz heimlich zu mir: »Sagen Sie es niemandem; morgen um 19 Uhr kommt der Professor.« Frau Zhong war zwar offizielle Dolmetscherin des staatlichen Reisebüros Lüxingshe; aber sie hatte keine »Macht«, sondern musste immer wieder und an jedem Ort unserer Studienreise wegen jedes unserer vielen Wünsche verhandeln. So wusste ich um ihre Schwierigkeiten, ihre harte Arbeit, die unserer unstillbaren Neugier entsprach.

Zu allgemeiner Überraschung unserer Gruppe erschien Prof. Fei also Punkt 19 Uhr am Samstag

2.11.1910-24.4.2005

in Begleitung einer guten Dolmetscherin. Der alte Mann, mit großer starker Brille, hochgewachsen, freundliches Gesicht, war fast einen Kopf größer als ich.

Er sprach chinesisch und ließ Satz für Satz von seiner Dolmetscherin ins Englische übersetzen. Er gab uns Neulingen eine gute Einführung in die Problematik des Verständnisses einer uns fremden Kultur und der Übersetzung von Begriffen. Er sprach dann über Demokratie – in China: Massline. China müsse zwar manches aus anderen Kulturen lernen, aber das Gelernte auch landesspezifisch anwenden. Wissenschaft laute chinesisch: Die Wahrheit in den Tatsachen suchen. Damit zitierte er bereits Deng Xiaoping, ohne schon seinen Namen zu nennen.

Noch bezog er manches auf Mao, den er noch nicht direkt kritisierte. Bei einer der wenigen Fragen, für die etwas Zeit blieb, nutzte er die Gelegenheit, die »Viererbande« zu kritisieren, die – im Einvernehmen mit Mao – die »Große Proletarische Kulturrevolution« ausgerufen und damit dem Lande schwer geschadet hatte. Er verglich Wang Hongwen, einen der radikalsten der Viererbande, der aus Shanghai kam, mit den Verbrechern der Zeit vor 1949 in Shanghai, und die Viererbande mit den chinesischen Geheimgesellschaften: »Sie waren gut organisiert, weil die Kolonialmächte hinter ihnen standen. Die Viererbande hat viele Techniken der Shanghai-Gangster übernommen. Sie erhielten die Macht des Staates von der Partei, der Maschine, die den Staat führt.«

Und nach dieser indirekten Kritik an Mao bekannte sich Fei zum Schluss zum Marxismus als einer Wissenschaft, hielt das Lernen aus den eigenen Fehlern für notwendig und forderte, die Ideen den neuen Situationen entsprechend zu überdenken. Insgesamt gab es also wenig Diskussion mit uns Teilnehmern und vorsichtige Kritik an der gerade zwei Jahre vergangenen Mao-Ära. Der große kommunistische Reformer Deng Xiaoping hatte seine Arbeit wieder begonnen und saß noch nicht fest im Sattel.

Nach zwei Jahren waren wir wieder in China, fast die gleiche Gruppe, aber viele nicht mehr so maoistisch wie 1978; manche waren schon überzeugt, dass die VR China kapitalistisch sei. Unsere Gruppe hatte sich in Zürich zum Fernflug nach Hongkong gesammelt. Als Reiselektüre kaufte ich den *Nouvel Observateur* und fand darin Deng Xiaopings Interview mit der (damals noch linken) Oriana Fallaci. Deng kritisierte darin »die strukturellen Mängel unseres Systems«, vor allem: Machtpositionen bis zum Tode, keine innerparteiliche Demokratie. Er ging also viel weiter, als es Chruschtschow 1956 von seinen Reformgegnern erlaubt worden war, er durfte nur (in einer Geheimrede) den Personenkult um Stalin kritisieren. Offenbar war Dengs Position schon gefestigt.

Es gab 1980 noch keine direkte Flugverbindung nach Beijing; wir kamen über Zürich und Hongkong, fuhren mit der Bahn zur Grenze, überschritten diese zu Fuß, nahmen dann den Zug nach Kanton (heute Guangzhou), wo uns unsere Dolmetscherin Frau Zhong empfing. Anfang Oktober 1980 waren wir wieder in Beijing. Wir baten um ein Gespräch mit Prof. Fei. Frau Zhong hatte keinerlei Schwierigkeiten; er kam am 6. Oktober mit einer Dolmetscherin und nahm sich 3½ Stunden Zeit für unsere Gruppe, sichtlich beeindruckt von unserem intensiven Interesse. Prof. Fei hielt uns einen Vortrag in bestem Englisch; seine Übersetzerin saß untätig in einer Ecke. Er berichtete ausführlich über die Entwicklung der Soziologie als Wissenschaftsdisziplin in China. Er hatte zwei der wichtigsten Bücher über Chinas Agrarprobleme verfasst.

Unter Mao fand die Partei, die Soziologie sei eine kapitalistische Wissenschaft; sie wurde 1952 verboten, ihre wissenschaftliche Organisation aufgelöst. Da unter Mao die Intellektuellen »die stinkende Kategorie Nummer 9« bildeten, musste Prof. Fei aufs Dorf. Jetzt (1980) sei die Soziologie wieder erlaubt. Er berichtete von seiner Arbeit, diese Disziplin wieder aufzubauen und junge Forscher auszubilden; von seinen früheren Kollegen wollten viele dieses Fachgebiet nicht mehr bearbeiten. (Gebrannte Kinder scheuen das Feuer.) Er sah jedoch, wie wichtig diese Disziplin ist, und berichtete von seinen Plänen; u.a. meinte er, sie dürfe nicht einspurig sein; neben Marx müsse man auch Max Webers Theorien aufnehmen. Die Entwicklung in der Welt, besonders in den USA, in den »verlorenen« Jahren, müsse verarbeitet werden.

In seinem hohen Alter war er trotz der Verhinderung während der Kulturrevolution gar nicht gelähmt, sondern voller Tatendrang und sich der Bedeutung seiner Aufgabe bewusst. Er war Direktor des Instituts für Soziologie der Akademie für Sozialwissenschaften und Präsident der Chinesischen Forschungsgesellschaft für Soziologie.

Fei ist 1910 geboren und sah sich als den letzten, der eine »normale« Ausbildung in China und England erhalten hatte, noch vor Maos Entscheidung in den 1930er Jahren. Frucht dieser Ausbildung waren 1945 das Buch *Earthbound China* und 1946 *Peasant Life in China*, zwei grundlegende Werke der Agrarsoziologie.

Sein Anliegen war, dass China auf allen Gebieten den fortgeschrittenen Stand der übrigen Welt erreichen solle, und man die sozialen Wirkungen und Folgen des notwendigen Wandels in einem sozialistischen System untersuchen müsse. Die Kulturrevolution nach 1965 sei sehr nachteilig gewesen; zehn Jahre seien in Bildung und Ausbildung verloren gegangen; man sehe nun deutlich, wie wichtig Intellektuelle und Fachkenntnisse für die Entwicklung der Gesellschaft seien. Die Kulturrevolution sei im Grunde eine antiintellektuelle Bewegung gewesen. Jetzt habe die Soziologie die dringende Aufgabe, die soziale Wirklichkeit und die Probleme zu erfassen, die Wahrheit in den Tatsachen zu suchen.

Die ersten Schritte zur Wiedererrichtung der Soziologie seien nun getan: 1978 die Gründung der Akademie, 1979 die der Forschungsgesellschaft für Soziologie. Dabei sei offiziell erklärt worden, dass die frühere Haltung zu den Gesellschaftswissenschaften ein Fehler gewesen sei. Natürlich müsse die Soziologie in China eigenständig sein; ausländische Forscher könnten ihnen nicht zeigen, wie man die chinesische Gesellschaft zu untersuchen habe; es gebe viele eigene Fragestellungen.

Prof. Fei beantwortete nach seinem Vortrag einige Fragen. In der Forderung moderner chinesischer Ökonomen nach einem Ende der Gleichheit sehe er ein Problem. Man müsse versuchen, die Modernisierung mit den »traditionellen« chinesischen Werten der Gleichheit und Fairness zu verbinden. – Wir stellten auch die Frage, wie es zu dieser Katastrophe der kommunistischen Politik kommen konnte, wo die soziologische Erklärung dafür sei. Diese Frage hielt er für »noch nicht beantwortbar«. Dafür würden vielleicht 20 Jahre gebraucht werden. Sicher gehöre zu den Faktoren die feudale Tradition, die Hofpolitik und die »Politik der Hintertür«. Hinzu komme eine extreme Zentralisierung der Macht, die bei der Größe des Landes zum Immobilismus führe. Er erwähnte noch seine aktuelle Bemühung, Autonomie für die ethnischen Minderheiten zu schaffen.

Er verabschiedete sich mit den Worten: »Kulturrevolution? Keine Kultur, keine Revolution – Konterrevolution.«

Ich hatte ihm als Geschenk einige soziologische Bücher in englischer Sprache mitgebracht, die ihm übergeben wurden; er bedankte sich.

Wir waren alle beeindruckt von diesem alten Forscher; und wir spürten die »atmosphärische« Veränderung in den zwei Jahren seit unserer ersten Reise (1978 – zwei Jahre nach Maos Tod 1976). Prof. Fei brauchte nun keine Dolmetscherin – er sprach fließend Englisch.

Lebensdaten: *Fei Xiaotong* wurde am 2. November 1910 in Wujiang im Gebiet Suzhou geboren. Seine Familie gehörte zur ländlichen Oberschicht; diese Herkunft verleugnete er nicht. Von 1930 bis 1935 studierte er an zwei Universitäten in Beijing Soziologie, danach in London an der LSE Ethnologie bei Bronislaw Malinowski und erwarb dort 1938 den Ph. D. Im Anschluss kehrte er nach China zurück, das zu großen Teilen von Japan besetzt war.

In Kunming, im unbesetzten China, das zum Zufluchtsort für viele Chinesen geworden war, wurde er Professor für Sozialanthropologie. Er begann dort seine erste Feldforschung. 1944 trat er der Demokratischen Liga bei, einer Partei bürgerlicher Intellektueller, die für soziale und politische Reformen und gegen Jiang Jeshi (Tschiang Kaishek) auftraten. (Daher ermordeten Jiangs Truppen beim Einmarsch in Kunming viele Führer der Liga; und auch Feis Leben war gefährdet. Fei und seine Frau Meng Yinso wurden vom amerikanischen Konsul gerettet.)

1946 besuchte er London und hielt eine Vorlesung an der LSE; nach seiner Rückkehr nach Beijing erhielt er wissenschaftliche Hilfe von der LSE. Die Roten Armeen konnten Beijing 1949 ohne Kampf einnehmen. Ein Teil von Feis Kollegen verließ die Stadt aus Gegnerschaft gegen die Kommunisten. Fei blieb und begann eine Zusammenarbeit mit der neuen Regierung als Vizedirektor eines Regierungsbüros für die Intellektuellen. Bald wurde Soziologie und Anthropologie aus dem Studium verbannt, und Fei wurden auf das Studium der ethnischen Minderheiten verwiesen; er erarbeitete eine Klassifikation dieser Bevölkerung.

Während der »Hundert-Blumen-Kampagne« 1956 nutzte er die von Mao angebotene »Freiheit« für offene Stellungnahmen und forderte u.a. ein Institut für Sozialwissenschaften. Dafür wurde er 1957 heftig angegriffen und für 20 Jahre von wissenschaftlicher Arbeit ausgeschlossen; er durfte nur alte englische Bücher übersetzen.

Im September 1966 begannen physische Übergriffe, und er wurde als Feind des Volkes zu unbefristeter harter Arbeit verurteilt. Zeitweise war er dem Tod und dem Selbstmord nahe, begann aber allmählich, diese Verfolgung als Teil eines großen historischen Prozesses zu sehen.

1976 nach Maos Tod und dem Ende der Kulturrevolution kam die innere Befreiung; die positive Seite war die Erkenntnis, dass es »keine Götter mehr gebe und man auch keine kleineren oder großen Kaiser« brauche. Er nahm seine Arbeit wieder auf und wurde ein geachteter Berater in Fragen der Agrarpolitik. 1989 unterstützte er die demonstrierenden Studenten und hatte vorübergehend Schwierigkeiten.

Nach einiger Zeit bekam er ein Institut für Soziologie und Anthropologie in Beijing. Er nahm seine Feldstudien wieder auf und wurde Vizepräsident des Nationalen Volkskongresses. Er starb am 24. April 2005.

Quelle: http://de.wikipedia.org/wiki/Fei_xiaotong

Lu Wen

Prof. Lu Wen ist ein anderer Typ, lebendig, humorvoll. Seine Stimme ist etwas kratzig; er spricht nur Chinesisch. Auch er ging keiner heiklen Frage aus dem Weg. Ein freundlicher Blick, wenig Haare auf dem Kopf, Brille.

Lu Wen, geboren im Jahre 1922 als Sohn eines »Großbauern« in der südchinesischen Provinz Guangxi, schloss sich in jungen Jahren der Volksbefreiungsarmee an, wurde als überzeugter Kommunist Sekretär der KP für den Kreis Qiu, Provinz Guangxi, danach stellvertretender Parteisekretär der Parteischule der Provinz. Von dort

geb. 1922

kam er zur Parteihochschule als stellvertretender Leiter des Seminars für Politische Ökonomie. Er war Leiter der Verbindungsstelle des Forschungsinstituts für ländliche Politik beim ZK und arbeitete im Forschungszentrum des Landwirtschaftsministeriums. Auf einigen Reisen stand er unserer Gruppe Rede und Antwort. Einer von uns fragte, ob denn die zentralen Behörden die Realitäten der fernen Dörfer kennen, wenn doch manche örtliche Funktionäre die Lage gerne schöner darstellen. Lu Wen zeigte sich überzeugt, dass man in Beijing keine Illusionen habe; es gebe mehrere Wege der Berichterstattung, u.a. Untersuchungen unabhängiger Forscher, Pflicht der 3.000 Abgeordneten des Volkskongresses, jedes Jahr Inspektionsreisen in ihrem Bezirk zu unternehmen und darüber zu berichten. Er selbst sei immer wieder in seiner Heimat herumgereist. – Wir fragten nach dem Umfang der staatlichen Getreidereserven in den über das ganze Land verteilten Getreidesammelstellen, von denen wir zwei besucht hatten. Seine Antwort: »Das ist ein Staatsgeheimnis der Marktstrategie.«

Über seine Erfahrung während der Kulturrevolution wollte er nicht sprechen. Auf jeder meiner Reisen habe ich ihn getroffen. Jetzt als Rentner verfolgt er die Entwicklung der Landwirtschaft und kann meine Neugier befriedigen. Er malt die Landschaften, die Dörfer, die Menschen seiner südlichen Heimat bei der Arbeit, manchmal sind es sehr sozialkritische Bilder. Seine Arbeiten sind in drei Bildbänden abgebildet. Diese und eine große Rolltapete mit der Großen Mauer habe ich als Geschenke bekommen. Seine Bücher behandeln Entwicklungsfragen des chinesischen Dorfes.

Quelle: Interview Prof. Li Chengyi mit Prof. Lu Wen.

Guo Shutian

Wieder anders ist der Agrarökonom Guo Shutian, geboren 1931, gleichfalls Forscher in einem Institut des Landwirtschaftsministeriums. Als Rentner verfolgt er weiter intensiv die Entwicklung des Agrarsektors, gibt einen kleinen Newsletter heraus und hat eine Geschichte der kommunistischen Agrarpolitik publiziert, leider nur auf Chinesisch. Er sieht sich als Anwalt der Interessen der Bauern, die er als ungenügend berücksichtigt sieht.

Über seine Person konnte ich wenig erfahren. Er war Zeit seines Lebens mit Problemen der Landwirtschaft, der Bauern und des Dorfes befasst. Er war Abteilungsleiter für Politik und Gesetzgebung im Landwirtschaftsministerium. Er plante Forschungen und Debatten zu aktuellen Agrarfragen, unterbreitete seine Vorschläge dem Ministerium und den zentralen Parteiorganen. Die Vorschläge waren Ergebnisse seiner vielen Dorfbesuche in 20 Provinzen. Er war aktiv tätig für die Reform der Agrarpolitik nach 1978. 1996 und später schlug er wiederholt die Abschaffung der Agrarsteuern vor und forderte die finanzielle Entlastung der Bauern. 1996 gründete er die interne Zeitschrift *Informationen*, die sich auf die Probleme des Agrarsektors konzentrierte. Er wurde mehrfach ausgezeichnet.

Quelle: Auskünfte von Prof. Li Chengyi.

An Xiji

Prof. An Xiji lernte ich bereits auf meiner ersten Studienreise 1978 kennen. Er war Leiter der Gesellschaft für Agrarökonomie. Ich war eingeladen zu einem Vortrag über Indiens Landwirtschaft. Es war noch eine sehr förmliche Veranstaltung ohne lebhaften Gedanken- und Meinungsaustausch. Später traf ich ihn regelmäßig in der Beijing Agricultural University (BAU), in einem Außenbezirk von Beijing, fast in ländlicher Umgebung, in deren großem Campus er mit seiner Frau ein Reihenhaus mit kleinem Garten bewohnte. Unsere Gespräche drehten sich um die Agrarentwicklung in seinem Land; öfter kritisierte er das Zurückbleiben des Agrarsektors und der Bauern bei den Einkommen sowie die niedrigen Agrarpreise.

Nach den Gesprächen hatten wir meist ein gemeinsames einfaches Essen in einem Restaurant vor den Toren des Universitätscampus. Die beiden starben kurz nacheinander im Jahre 2008.

Unsere Stuttgarter Freunde

Bald nach meiner Rückkehr in die Westzonen wurde Stuttgart zum Mittelpunkt meines Lebens. Bei meinen Besuchen bei ehemaligen KPD-O-Genossen hatte ich in Stuttgart Gretel Steinhilber kennengelernt, mit der ich mich zusammentat. Diese Verbindung hielt bis zu ihrem frühen Tod am 17. Februar 1994.

Gretel wuchs im Arbeiterviertel Stuttgart-Heslach auf und kam in früher Jugend in die Arbeiterbewegung. Die vier Schwestern wurden Kommunistinnen und schlossen sich Anfang 1929 der kommunistischen Opposition an. In gemeinsamer politischer Arbeit und nach 1933 aus solidarischer Hilfe bildete sich ein Freundeskreis, der bis zum Tode der Freunde zusammenblieb. Der Kreis nahm mich auf. Von ihrer Mutter hatte Gretel die Gastfreundschaft und Hilfsbereitschaft übernommen. Man ging am Wochenende auf gemeinsame Tageswanderungen; in den längeren Ferien wurden Mehrtageswanderungen durch den Schwarzwald oder Ski-Urlaube im Allgäu oder Tirol organisiert. Wir übernachteten in den Naturfreundehäusern – einfach, billig, unter Genossen.

Sie waren seit früher Jugend organisiert, natürlich in ihrer Gewerkschaft, im Arbeitersport, bei den Naturfreunden, im ARKB Solidarität. In diesen bis 1928 überparteilichen Massenorganisationen wurde regelmäßig politische Bildung angeboten, in Stuttgart oft von kritischen Kommunisten (Ludwig Becker, Wilhelm Schwab, Max Hammer, Georg Stetter u.a.). In der Folge gingen viele in den KJVD und nach 1928 viele zur kommunistischen Opposition. In Stuttgart nahm Gretel an der politischen Bildungsarbeit und später an den illegalen Aktivitäten teil. Alle von Gretels und meinen Freunden waren dann aktiv in der KPD-O und in der KJO, bis 18 Mitglieder der KJO in drei Prozessen zu mehrjähriger Haft verurteilt wurden. Glück hatte Karl Gänzle, der nicht inhaftiert war, und Otto Burkhardt, der im großen KJO-Prozess freigesprochen wurde. Nach diesen Massenverhaftungen wurde die

Widerstandstätigkeit schwächer; der Zusammenhalt und die Hilfe für die Familien der Häftlinge blieben, wenn auch Krieg und Luftkrieg den politischen Austausch und die Hilfe sehr erschwerten.

Im Krieg ausgebombt und in das Dorf Salach einquartiert, kehrte Gretel 1945 bald nach Stuttgart zurück. 1948 fand sie ein eigenes Zimmer im alten Schulhaus in Riedenberg; wir konnten zusammenziehen. Im Sommer 1950 bekamen wir zum ersten Mal eine Wohnung: ein Zimmer, Bad, Küche – 29 m². Nun kamen unsere Freunde immer öfter. Zu diesem Kreis gehörten Otto Burkhardt, Georg Stetter, Willy und Klara Kayser, Richard Burkhardt, Fritz Sautter und seine Tochter Aurora, Karl Gänzle und Eugen Ochs. Sie waren Sattler, Lithograph, Schreiner, Buchdrucker, Schuhmacher und Metallarbeiter.

1945 konnte man sich wieder freier bewegen. Anfangs waren die meisten meiner Freunde der KPD beigetreten, weil deren Führung Selbstkritik und eine bessere Politik versprochen und Besserung gelobt hatte. Bald zeigte sich aber, dass die KPD auf Geheiß der Führung (in der Ostzone) eine völlig opportunistische Linie der Zusammenarbeit mit der (angeblich demokratisch gewordenen) Bourgeoisie und den kapitalistischen Besatzungsmächten einschlug. Die ehemaligen KPD-O-Genossen, meine Freunde, kritisierten die neue Linie; manche wurden ausgeschlossen, andere verließen die KPD. In intensiven Diskussionen verständigten wir uns auf eine erneute politische Zusammenarbeit. Grundlage waren die drei kleinen programmatischen Arbeiten von Heinrich Brandler und August Thalheimer, deren Rückkehr sich verzögerte.

Ab Ende 1946 etwa fanden regelmäßig politische Abendveranstaltungen statt. Im Sommer 1947 trafen sich in Rieseberg bei Braunschweig Genossen und Genossinnen aus den drei Westzonen und erarbeiteten eine gemeinsame Grundposition: Unabhängigkeit von allen Besatzungsmächten (bei Anerkennung des Unterschieds zwischen der UdSSR und den drei Westmächten), Vertretung der Interessen der deutschen Arbeiter, kritische Mitarbeit in den Gewerkschaften.

Die materiellen Mittel waren sehr begrenzt. Auf einem primitiven Apparat wurden die drei Grundsatzpapiere in der Wohnung der Kaysers vervielfältigt. Nach der Währungsreform konnten wir beginnen, monatlich unsere eigene Zeitschrift *Arbeiterpolitik* herauszugeben. Der Genosse Julius Wiest, alter Buchdrucker, jetzt Korrektor und Meister in der kleinen Buchdruckerei Häbich in Stuttgart-Botnang, fand unsere Zeitschrift gut, aber technisch zu primitiv. In »seiner« Druckerei würde er sie zu einem Vorzugspreis ansprechender produzieren, wenn wir einen verantwortlichen Redakteur benennen würden. Da wir gerade im Frühjahr 1950 eine Wohnung bekommen hatten, wurde das möglich. Ab August 1950 konnte die *Arbeiterpolitik* vierzehntägig in technisch attraktiver Form erscheinen.

Unsere kleine Wohnung wurde zu einem Mittelpunkt für unsere Freunde. Neben den öffentlichen Ausspracheabenden diskutierten wir zu Hause die politische und ökonomische Entwicklung in Restdeutschland. Wir sprachen über die Probleme der Arbeit der Betriebsräte, über die Auseinandersetzungen in der IG Metall, der IG Druck und Papier, der IG Leder, ebenso über die Bildungsarbeit bei den Naturfreunden, die es anfangs noch gab. Unsere Freunde verließen uns allmählich – alle vor Gretels Tod.

Fritz Sautter

Der Schuhmacher hatte es nach seiner Haft sehr schwer; er musste die städtische Wohnung verlassen und fand eine andere Bleibe am südlichen Stadtrand. Nach 1945 machte er sich selbständig. Seine Reparaturwerkstätte konnte die kleine Familie ernähren. Im Frühjahr 1950 bekam er einen Schlaganfall und starb nach kurzer Krankheit.

Georg Stetter

Stetter war Steindrucker und Betriebsrat bei der Kunstdruckerei Schuler in Heslach; gelegentlich machte er noch Bildungsarbeit über Geschichte, über den Bauernkrieg, über Heinrich Heine, den wir alle liebten. Er war oft pessimistisch, aber konnte sich auch über diesen seinen Pessimismus lustig machen. Wir wanderten viel miteinander, konnten gemeinsam durch die Vogesen wandern und dann eine Woche die wichtigsten Pariser Museen besuchen. Als wir beide, Gretel und ich, Arbeit in Hannover fanden, besuchte er uns, und wir reisten zu dritt in die Niederlande und besuchten einige der reichen Museen. Er starb nach kurzer Krankheit im Jahre 1962.

Otto Burkhardt

Otto Burkhardt blieb sehr lange aktiv als Bezirksleiter der Stuttgarter Naturfreunde; ihm gelang es, einige junge Genossen zu aktivieren, die später seine Arbeit fortsetzten. In den letzten Lebensjahren verstärkte sich seine Diabetes; aber sein Humor, seine gute Stimmung und die Freude am Schachspiel blieben bis zuletzt. Er starb im Jahr 1993.

Karl Gänzle

Karl Gänzle war Betriebsrat bei der Aufzugfirma Kiefer in Stuttgart-Feuerbach und dort auch Betriebsratsvorsitzender, technisch vielseitig erfahren. Seine fröhliche Art, seine Hilfsbereitschaft und seine eindeutige politische Haltung hatten ihn beliebt gemacht. Neben Beruf und politisch-gewerkschaftlicher Arbeit hatten er und seine Frau noch einige Wiesen und ein paar Tiere – eine Mini-Arbeiterbauernwirtschaft mitten in Feuerbach. Wegen seiner sonstigen Aktivitäten blieb die »Landarbeit« meist seiner Frau überlassen. Als er im September 1989 starb, gab es eine große Trauerfeier, auf der frühere Kollegen und Freunde die Internationale sangen.

Richard Burkhardt

Erst 1951 kam Richard Burkhardt nach Stuttgart. Er gehörte in Leipzig von Anbeginn zur KPD-O. Als Buchdrucker hatte er dort die Tageszeitung *Arbeiterpolitik* gedruckt, war aktiv in der Illegalität, saß mehrmals in Gefängnis und KZ. Nach 1945 hoffte er, wie sehr viele seiner Leipziger Genossen, sie würden durch Mitarbeit einen besseren Sozialismus aufbauen als in der UdSSR. Ihm wurden wirtschaftliche Leitungsaufgaben übertragen: Er organisierte den Konzern Polygraph, in dem alle Betriebe zusammengefasst wurden, die mit Druck und Papier zu tun hatten, und wurde dessen Generaldirektor. Der berufliche Erfolg galt nichts mehr, als 1950 die Partei von früheren Abweichlern gesäubert werden sollte. Nun war es (auf Befehl der SED) den Beschäftigten im Jahre 1950 »nicht mehr zuzumuten, unter einem nicht reumütigen Renegaten zu arbeiten«. Er wurde entlassen und zudem mit Arbeitslosigkeit bestraft.

Er musste also mit seiner Frau und seinen zwei jungen Söhnen in den Westen ziehen. Verbittert kam er 1951 nach Stuttgart und fand meine Position zur DDR und zur Sowjetunion viel zu unkritisch. Wir konnten uns gar nicht einigen.

Er fand als guter Buchdrucker bald Arbeit bei der Kunstdruckerei Bruckmann in München. Nicht viel später kam er zum Hauptvorstand der IG Druck und Papier in Stuttgart als Spezialist für Fragen der wirtschaftlichen und technischen Entwicklung. Hier zeigte er seine großen fachlichen Fähigkeiten, erkannte sehr früh die sich anbahnende technische Entwicklung, die seinen Beruf zum Aussterben verurteilte, der einmal ein stolzer Beruf mit klassenbewussten Facharbeitern, eine Säule der Bewegung gewesen war. Auch die Folgen für die Elite-Gewerkschaft erkannte er.

Allmählich schwand seine Verbitterung. In langen Debatten kamen wir uns wieder sehr nahe. Wir diskutierten die politische Entwicklung, die ihn beschäftigte, ohne dass er sich wieder politisch engagierte. Mir erklärte er die technischen Fortschritte. In seiner Gewerkschaft saß er nicht nur in der Zentrale, sondern bemühte sich intensiv, den Mitgliedern die Folgen der neuen Technik klar zu machen. Wir trafen uns oft, mal bei uns, mal bei ihm, auch noch, als er schon von schwerer Krankheit gezeichnet war. Diese währte nicht lange. Er starb am 12. Oktober 1983.

*

Da unsere Stuttgarter Freunde in der KPD-O und in den überparteilichen Arbeiterorganisationen lange Jahre, ja Jahrzehnte aktiv waren, findet man von den meisten Kurzbiografien in Gegen den Strom (2007). Nur über Julius Wiest und Willli Rühle konnte ich keine Lebensdaten ermitteln. In diesem Kreise fühlten meine Frau und ich uns zuHause.

Meine Familie

Meine sieben Geschwister und meine Vettern waren alle aktiv in die Zeitgeschichte involviert und sollen daher nicht vergessen werden.

Meine Mutter hatte drei Brüder und vier Schwestern. Die drei Brüder mussten im Ersten Weltkrieg Soldaten werden, haben aber überlebt; zwei starben vor Hitlers Zugriff, der jüngste, ein Kriegsbeschädigter, konnte 1938 noch auswandern und starb in den USA im Jahre 1974. Zwei der vier Schwestern wurden mit ihren Männern aus der Slowakei deportiert und wurden im Holocaust vernichtet. Die ältere, *Gertrud Bihellerová*, in Theresienstadt, die jüngere, *Martha Rosenzweig*, in Auschwitz, beide mit ihren Männern. Eine Schwester überlebte ein ungarisches Lager und starb in Budapest, eine wanderte aus und starb in Jerusalem.

Von meinen fünf Vettern und zwei Basen starb einer im Exodus, als die britische Marine ein Schiff mit Immigranten im Mittelmeer versenkte; ein zweiter starb vermutlich bei dem Versuch, von Rumänien zur Roten Armee überzulaufen.

Meine Geschwister

In meinen fünf Brüdern, alle älter als ich, hatte ich gute Gesprächspartner, Lehrer und Helfer. Mein Vater *Dr. Julius Bergmann* (1874-1954), Rabbiner, war noch geprägt von den Zeiten vor dem Ersten Weltkrieg; er war ein

staatstreuer Demokrat der Weimarer Republik, verstand aber, dass 1933 endgültig die Zeit für Juden in Deutschland abgelaufen war. Nach den schwierigen Formalitäten der Ausreise aus Deutschland und der Einreise nach
Palästina verließ er Anfang 1934 Berlin mit meiner Mutter *Hedwig (geb.
Rosenzweig, 1882-1951)* und meiner jüngeren Schwester Lotte und lebte bis
zu seinem Tode in Jerusalem. Meine Brüder, geboren zwischen 1903 und
1913, wuchsen auf in Weltkrieg, Revolution und einer neuen Aufschwungs-
welle der Naturwissenschaften; sie gehörten einer neuen Generation an. Sie
alle leisteten auch ihren kritischen Beitrag in der Gesellschaft und werden
daher in diesem Buch erwähnt.

Meine Schwestern *Dr. Rose Weiler* (1905-1998) und *Lotte Walter* (1918-
1984) traten öffentlich nicht hervor. Rose Weiler überlebte mit ihrer Familie im französischen Untergrund die deutsche Okkupation und wanderte
dann nach Israel ein. Lotte Walter kam – wie erwähnt – bereits 1934 nach
Palästina.

Ernst David Bergmann

Ernst David Bergmann, der älteste Bruder, wurde
am 18. Oktober 1903 in Karlsruhe geboren. 1908
siedelten meine Eltern nach Berlin um. Nach
der Volksschule besuchte er das humanistische
Mommsen-Gymnasium, eine sehr konservative
Schule mit guten Lehrern vor dem Ersten Weltkrieg. Der Physiklehrer erkannte die Fähigkeiten
des Schülers und lud ihn zur Mitarbeit an seinem
Lehrbuch ein. 1921 begann er zur Enttäuschung
des Vaters das Studium der Chemie und Physik an
der Humboldt-Universität. Damals gehörten die

18.10. 1903-6.4.1975

Naturwissenschaften noch zur Philosophischen
Fakultät. Einen Teil seiner Studiengebühren verdiente er durch Nachhil-
feunterricht. Er förderte zu Hause das Interesse für Naturwissenschaften,
besonders bei mir. Aus seinem Labor brachte er die Lösungen nach Hause,
mit denen ich die Versuche von Justus von Liebig über die Elemente der
Pflanzenernährung nachvollziehen konnte. Und er brachte mir ein beein-
druckendes Lehrbuch der Biologie mit, das mich für die gerade wieder erwachende Genetik begeisterte. Auch als akademischer Lehrer hat er es verstanden, das Interesse seiner Studenten und Mitarbeiter zu stimulieren und
ihre Forschungsarbeit anzuregen.

Anfang 1924 wurde er mit sehr guten Noten zum Dr. phil. promoviert und fand sehr bald eine Assistentenstelle bei Prof. Wilhelm Schlenk. Er habilitierte sich 1928 und wurde Privatdozent für Chemie. Institutsleiter Schenk wollte ihn zur Ernennung zum Professor vorschlagen, wenn er sich taufen lasse; das lehnte Ernst Bergmann natürlich ab. 1929 hatte er seine Berliner Institutskollegin Dr. Ottilie Blum, eine Wiener Jüdin, geheiratet. Sie erkrankte in Israel an Knochenkrebs und starb in Rehovot im Jahre 1937. Später heiratete er Channi Ittin. Sie hatten keine Kinder.

1933 wurde ihm wie allen jüdischen Universitätslehrern die Venia legendi entzogen. Er wurde entlassen. Dank seiner wissenschaftlichen Publikationen kannte auch Albert Einstein ihn, der sich intensiv für jüdische Wissenschaftler einsetzte. Da Prof. Chaim Weizmann einen Leiter für das im Bau befindliche Daniel-Sieff-Institut in Rehovot, Israel, suchte, schlug Einstein den jungen Forscher Bergmann vor. Bergmann verließ mit seiner Frau Deutschland und begann am 1. Juli 1933 seine Arbeit im Londoner Labor von Weizmann. Er arbeitete dort fast ein halbes Jahr. Anfang 1934 kam er nach Palästina und übernahm die Leitung des gerade fertiggestellten Forschungsinstituts, das zum Kern für das Weizmann-Institut wurde, das wichtigste Zentrum der naturwissenschaftlichen Forschung in Israel.

1938 veröffentlichte sein früherer Kollege Wilhelm Schlenk den zweiten Band des gemeinsam erarbeiteten Lehrbuchs der organischen Chemie, verschwieg aber, dass der Jude Ernst Bergmann an dem Buch voll beteiligt gewesen war. Dieses wissenschaftsfremde und menschlich feige Verhalten empörte meinen Bruder.

Neben seiner Forschungsarbeit auf dem Gebiet der Naturwissenschaften arbeitete er eng mit der Hagana zusammen, der Wehrorganisation der jüdischen Einwanderer, half beim Aufbau von Hemed, dem Wissenschaftszweig der Hagana, der Rüstungsindustrie und der Atomwirtschaft. Im Sieff-Institut wurde neben der Grundlagenforschung auch für die Verteidigung geforscht. Das dürfte der Grund für das spätere Zerwürfnis mit Prof. Weizmann gewesen sein, der sein Institut auf nur zivile (Grundlagen)forschung beschränken wollte. Bergmann wollte aber dazu beitragen, Israel so stark zu machen, dass sich die Erfahrung der Vernichtung eines wehrlosen Volkes nie wiederholen konnte. Ernst Bergmann schloss sich David Ben-Gurion an, der sich 1957 von seiner Partei, der MAPAI, trennte und eine neue Partei gründete (RAFI).

1939 arbeitete er für einige Zeit in England und den USA. 1953 verließ er das Sieff-Institut und wurde Chemieprofessor an der Hebräischen Universität Jerusalem; einige Jahre war er Vizepräsident der Universität. 1953-1966 war er Leiter der Atomenergiekommission. Er lebte und forschte weiter, beeinflusste auch in gewissem Grade die Bildungspolitik. Unter anderem wollte er, dass der Anteil arabischer Studenten an den Universitäten mindestens ihrem Anteil an der Bevölkerung entsprechen sollte, auch wenn manche meinten, ein Teil von ihnen würde den hohen Anforderungen (noch) nicht genügen. – In Israel war er einige Male geehrt und ausgezeichnet worden, u.a. 1969 mit dem Israel-Preis. Er starb am 6. April 1975, Channi Ittin starb 1999.

Er war seit seiner Jugend Zionist mit etwas linken Neigungen; er betätigte sich wenig politisch, da seine Forschungs- und Lehrtätigkeit ihn voll beanspruchte. Als Naturwissenschaftler war er Freidenker. In Israel gehörte er nach allen notwendigen militärischen Siegen zu den politisch Besonnenen, die sich Frieden mit den Palästinensern und einen militärisch gesicherten, aber defensiven Staat wünschten.

Arthur Bergmann

Arthur Bergmann wurde am 16. Dezember 1906 in Karlsruhe geboren. Nach der Volksschule und der Übersiedlung der Familie nach Berlin besuchte er von 1915 bis 1919 das humanistische Mommsen-Gymnasium. Wegen seiner Kritik an den nationalistischen Lehrern, seiner Aufmüpfigkeit musste er die Schule verlassen. Er arbeitete nach dem Krieg bei einer kleinen Recycling-Firma, damals Lumpensammler genannt, danach als Lehrling bei einer Bank. Daneben bereitete er sich zu Hause auf das Abitur vor; der ältere Bruder Ernst half ihm dabei, sodass er im Jahre 1924

16.12.1906-26.10.1979

die Reifeprüfung gleichzeitig mit seinen früheren Mitschülern als bester bestand. Danach studierte er Jura an der Berliner Humboldt-Universität und wurde Mitglied im Sozialistischen Studentenbund, der der SPD politisch nahestand, außerdem wurde er Mitglied der SPD und der zionistischen Jugendorganisation Blau-Weiss. Im Anschluss machte er das Referendariat in einem Rechtsanwaltsbüro und die Promotion zum Dr. jur. Sein wichtigster Hochschullehrer war Prof. Anschütz, bei dem er einige Zeit Assistent war. Als der Rechtsanwalt Siegfried Weinberg starb (1932), übernahm er dessen Kanzlei (nahe dem Roten Rathaus) mitsamt seiner Klientel (DMV, Konsumgenossenschaft Berlin, Rote Hilfe). Er gehörte zu dem Kreis sozialistischer Juristen und Anwälte um Siegfried Weinberg, Bruno Gleitze,

Felix Rosenblüth, Fritz Naphtali, Paul Levi, Kurt Rosenfeld, Otto Kirchheimer und Siegfried Karl Kaul. Sie hatten politisch Rosa Luxemburg und dem Spartakusbund nahegestanden, die meisten hatten jedoch den Schritt zur KPD nicht mitgemacht. Arthur Bergmann hielt engen Kontakt mit den linken Sozialdemokraten um Levi, Rosenfeld und Max Seydewitz, blieb aber bei deren Ausschluss aus der SPD 1931 in der von ihnen nicht geliebten Partei. Er war Abonnent der Zwickauer Tageszeitung *Volksstimme* und der Wochenzeitung *Klassenkampf.*

Nach der Machtübergabe an die NSDAP 1933 musste er bald sein Rechtsanwaltsbüro aufgeben, versuchte aber weiter, verfolgten Sozialisten juristisch zu helfen. Dank seiner Beziehungen gelang es, den Bruder Alfred Ende 1933 aus dem Emsland-KZ herauszuholen. Er half den Eltern bei der Auswanderung nach Palästina und ging nach Saarbrücken. Das Saargebiet stand von 1920 bis 1935 unter französischer Aufsicht. Nach der Volksabstimmung Anfang 1935 wurde er von den siegreichen Nazis verhaftet und zum Tode verurteilt. Diese Lebensgefahr prägte seine spätere Einstellung zu anderen Unterdrückten und Gefährdeten. Nach seiner Befreiung ging er nach London und arbeitete dort mit Kurt Rosenfeld bei der Hilfe für jüdische und sozialistische Emigranten zusammen. 1936 ging er nach Palästina und erwarb nach nochmaligem Studium des komplizierten palästinensischen Rechts das Rechtsanwaltpatent. Im Krieg war er von 1941 an Wachsoldat an Brücken in Syrien. Nach der israelischen Staatsgründung im Mai 1948 half er bis 1953, das Finanzministerium aufzubauen, im Anschluss hatte er verschiedene staatliche Funktionen inne. Er beriet die sozialistische Regierung Ne Win in Burma (heute Myanmar) beim Aufbau der staatlichen Finanzen; er leitete nach dem Wiedergutmachungsabkommen mit der BRD (1953) die Israel Mission in Köln (1953-1956). Danach wurde er Direktor der halbstaatlichen Schifffahrtsbank ZIM.

Arthur Bergmann war Zionist und Sozialist. Er war kritisch eingestellt, was Benachteiligung und Unrecht gegenüber den Palästinensern betraf. Er führte einen Prozess gegen die Regierung wegen der Parteienfinanzierung, in dem er obsiegte. (Dieses Verfahren wird im Lehrplan der Jurastudenten behandelt.) Er verteidigte die deutschen Terroristen Brigitte Schulz und Thomas Reuter und erreichte ihre Freilassung in die BRD. Diesen und ähnliche Prozesse führte er immer unentgeltlich. Auf mehreren Wegen förderte er das Internat für behinderte und verletzte arabische Kinder in Nazareth. Er kümmerte sich um arabische Häftlinge im Frauengefängnis Neve Tirza nahe Tel Aviv.

Er akzeptierte die Notwendigkeit der Verteidigung Israels, wandte sich aber gegen alle Expansionspläne nach dem Sieg im Sechstagekrieg. Der

Kampf gegen den Faschismus und jene arabischen Politiker, die mit Hitlerdeutschland kollaborierten, war ihm wichtig. Aber nach dem Sieg sollte der Sieger gerecht und generös sein; denn er unterschied zwischen Führern und Verführten, die für die Verbrechen ihrer Führer die Kosten tragen. Daher wandte er sich öffentlich und entschieden gegen Enteignung von arabischem Land, Besiedlung der besetzten Gebiete, Annexion der Golan-Höhen sowie die Zerstörung arabischer Häuser. Denn das alles verschärft die Spannungen, verschärft den Hass und erschwert jede Friedenslösung. Am Ende müssen dort beide Völker nebeneinander existieren.

Arthur Bergmann befasste sich auch mit den sozialen Nöten der eingewanderten deutschen Juden und half bei der Gründung zweier Altenwohnheime für Akademiker aus Zentraleuropa in Kefar Saba und Jerusalem. Zum Baukomplex des Wohnheims in Jerusalem gehört ein Museum der islamischen Kunst. Er hatte einige Aufträge zur Mitarbeit in staatlichen Komitees, Ausschüssen und Kontrollorganen. Für diese wie für seine Tätigkeit als Verteidiger nahm er kein Geld; die eventuellen Einnahmen verwandte er ausnahmslos für soziale Zwecke.

Bei seinen sozialen Aktivitäten für Araber und Juden arbeitete er eng zusammen mit Thea Nathan, Jerusalem, und Dr. Veit Wyler, Zürich.

Er starb nach kurzer Krankheit am 26. Oktober 1979.

Felix Bergmann

Felix Bergmann wurde 1908 in Berlin geboren. Nach der Volksschule besuchte er, wie seine Brüder, das Mommsen-Gymnasium. Nach dem Abitur im Jahre 1926 studierte er Medizin und Chemie an der Humboldt-Universität. Beide Prüfungen bestand er mit sehr guten Noten. Die Dr.-Prüfungen konnte er noch 1933 ablegen. Seine Praktika konnte er nur im jüdischen Krankenhaus in der Großen Hamburger Straße absolvieren. Während des Studiums war er Mitglied des zionistischen Kartells jüdischer Verbindungen (KJV).

17.8.1908-2002

Mitte 1933 verließ er Deutschland, arbeitete ein halbes Jahr im Pharmakologischen Institut der Universität Amsterdam und lernte in den Niederlanden die Glasbläserei. Ihm war von Prof. Weizmann eine Stelle am entstehenden Forschungsinstitut in Rehovot angeboten worden. Da es in Israel noch keine Werkstätten für die Glasgefäße gab, die damals in chemischen Labors benötigt wurden, übernahm Felix Bergmann neben seiner Forschungsarbeit die Produktion dieser Hilfsmittel. Anfang 1934 kam er nach Palästina und nahm die Forschungsarbeit in Rehovot auf. Er heiratete im Jahre 1938. Seine Arbeit galt sowohl der Pharmakologie als auch der Produktion einfach herzustellender Sprengstoffe für die Hagana. Er war an der militärischen Forschung der Hemed beteiligt, der Rüstungsorganisation der Hagana, und beriet später auch das Verteidigungsministerium in Fragen der medizinischen und chemischen Forschung.

1950 ging er nach Jerusalem und begründete 1956 das Institut für Pharmakologie an der Medizinischen Fakultät der Hebräischen Universität, die mit dem großen Hadassa-Krankenhaus verbunden ist.

Da er approbiert war, behandelte er gelegentlich und ohne Bezahlung besondere Krankheitsfälle, sorgte u.a. für seine Schwägerin Ottilie Blum-Bergmann während deren schwerer Krankheit sowie für die Aufnahme palästinensischer Kinder in das Hadassa-Krankenhaus. An den innenpolitischen Auseinandersetzungen, die er intensiv verfolgte, beteiligte er sich nicht; er war voll mit seiner Forschung und Lehrtätigkeit beschäftigt. Er erzog eine ganze Generation israelischer Pharmakologen.

Er hatte zwei Kinder, David, geboren 1940, und Hannah, geboren 1941. Er starb im Jahre 2002.

Alfred Bergmann

Alfred Bergmann wurde als fünftes Kind der Familie Bergmann am 4. April 1910 in Berlin geboren. Nach der Volksschule besuchte er von Herbst 1919 bis Herbst 1928 das Mommsen-Gymnasium. Nach dem Abitur begann er ein Medizinstudium an der Humboldt-Universität. Er war Mitglied des Sozialistischen Schülerbundes und des KJVD. Anfang 1929 trat er der KPD-O bei. Er wurde Mitglied des VSÄ und des Gesamtverbandes der Arbeitnehmer der öffentlichen Betriebe und des Personen- und Warenverkehrs und arbeitete als Lehrer im ASB und im AAB (Arbeiter-Abstinenten Bund).

4.4.1910-1940

In der Universität war er aktiv in der Organisation des gemeinsamen Widerstands gegen den ab 1929 zunehmenden nationalsozialistischen Terror. Am 8. März 1933 wurde er in der elterlichen Wohnung verhaftet und in das KZ Esterwegen im Emsland verbracht. Dem Bruder Arthur gelang es durch seine Verbindung, ihn Ende 1933 aus dem Lager zu holen.

Alfred ging nach Basel und beendete dort sein Medizinstudium mit dem Dr. med. Er erhielt eine begrenzte Arbeitserlaubnis für Krankenhäuser, in denen sich kein Schweizer Arzt bewarb. Zusammen mit seiner Partnerin Claire Schmalz organisierte er die Grenzarbeit der KPD-O. Seine Arbeitsbewerbungen stießen auf immer größere Schwierigkeiten seitens der bewilligenden Behörde, dem Ausländerbeauftragten Dr. Rothermund im Kanton Aargau; dieser forderte seine Ausreise, obwohl die Schweizerische Ärzteorganisation in ihren Stellungnahmen wegen des Ärztemangels (infolge der Mobilisierung der einheimischen Ärzte) und der »hervorragenden beruflichen Leistungen« seine Bewerbungen noch Anfang 1940 befürwortete. Er bewarb sich um Einreise in vielen Ländern – überall erhielt er Ablehnung. Am 20. April 1940 wurde er bei der Arbeit verhaftet und den an der Brücke Koblenz (Schweiz) – Waldshut wartenden deutschen Grenzbehörden übergeben. Er wurde kurz danach in Berlin ohne Verfahren hingerichtet.

Es ist anzunehmen, dass die Nazibehörden seine Auslieferung gefordert haben. Aus einem späteren offiziellen Untersuchungsbericht des Schweizer Juristen Huber ist eine enge Kooperation der schweizerischen Fremdenpolizei mit den Nazibehörden aktenkundig geworden. Spätere Forschungen haben ergeben, dass die schweizerischen und die schwedischen Polizeibehörden den Nazi-Behörden den gleichen Vorschlag gemacht haben: In die Pässe jüdischer Bürger ein »J« zu stempeln, sodass man ihre Einreise in die Nachbarstaaten ohne Schwierigkeiten verhindern könne. Diese Idee wurde von den Nazi-Behörden sofort in die Tat umgesetzt.

In einem Prozess beim Bundesgericht in Lausanne im Jahre 1966 beantragten Alfreds Brüder Einsichtnahme in die Akten. Das wurde kostenpflichtig abgelehnt. Einige Jahre später wurde mir Einsicht in die abgespeckten Akten gewährt.

Vor dem Haus Uhlandstraße 194a, Berlin-Charlottenburg, erinnert jetzt ein Stolperstein auf dem Bürgersteig an Alfred Bergmann.

Josef Bergmann

Josef Bergmann, der jüngste meiner fünf Brüder, wurde am 4. Oktober 1913 geboren. Nach dem Besuch der Volksschule kam er mit neun Jahren auf das Mommsen-Gymnasium, das er im März 1929 verlassen musste.

Er hatte die protestierenden Abiturienten des Jahrgangs unterstützt und als Mitglied des SSB den *Schulkampf* in der Schule verkauft. Er wech-

selte zum Köllnischen Gymnasium, einer »Aufbauschule«, in der junge Arbeiter und Angestellte
in sechs Jahren das Pensum lernten, für das »normale« Schüler neun Jahre brauchten (und Zeit hatten).
Diese Schüler hatten schon Berufserfahrung
und erhielten größtenteils eine monatliche Wirt-
schaftsbeihilfe. Ihr Abitur berechtigte sie zum
Universitätsstudium. Der Rektor, Siegfried Kawerau, Sozialdemokrat und Schulreformer, nahm
den relegierten Schüler Josef Bergmann gerne auf.

4.10.1913-18.2.2005

In diesen Jahren war er zuerst Mitglied des SSB,
dann der von der KPD unabhängigen Arbeitsgemeinschaft sozialistischer
Schüler und der KJO.

Josef Bergmann begann nach bestandener Reifeprüfung im Jahre 1931 ein
Medizinstudium, das er wie alle jüdischen Studenten 1933 aufgeben musste.
Er ging bald ins Saargebiet, wo er arbeitete und zusammen mit Johannes
Everhardy, Bürgermeister des französischen Grenzstädtchens Grande-Ros-
selle, die Grenzarbeit für die KPD-O organisierte.

Nach dem Saarplebiszit im Januar 1935, bei dem die Mehrheit für die
Rückkehr des Saargebietes zu Hitlerdeutschland stimmte, kehrte Josef nach
Berlin zurück und begann eine Buchdruckerlehre in der großen Druckerei
von Siegfried Scholem. Bis 1938 half er dem Berliner Inlandskomitee der
KPD-O bei der Produktion und Verbreitung der illegalen Publikationen.
Nach der Pogromnacht, dem 8. November 1938, verließ er Berlin und ging
über Frankreich nach Stockholm.

Nach anfänglicher Arbeitslosigkeit fand er Arbeit als Buchdrucker in der
großen Druckerei Esselte, die den Bonniers gehörte. Er gehörte der Emi-
grationsgruppe der KPD-O und der Arbeitsgemeinschaft deutscher Gewerkschaften an. In dieser ADG opponierten die KPD-O-Emigranten gegen die
Projekte der rechten Sozialdemokraten um Fritz Tarnow, die nach der vor-
aussehbaren Niederlage des nationalsozialistischen Deutschland die DAF
übernehmen und in dieser die deutschen Arbeiter »zur Demokratie erziehen« wollten. Für die KPD-O-Emigranten in einigen Ländern gab er zusammen mit mir die *Politischen Briefe* heraus. In diesen wurde eine marxistische Position zu Krieg und Nachkrieg vertreten.

Im März 1946 konnte die schwedische Innenbehörde von der Alliierten Reisebehörde die Genehmigung für die Rückführung von Deutschen
erhalten. Auf dem Schiff der Holmen-Linie, das am 1. April 1946 in Lübeck anlegte, kamen 30 deutsche Sozialisten und Kommunisten in das be-

setzte und gevierteilte Restdeutschland, die freiwillig zurückkehrten, und 30 führende Nationalsozialisten, die nun gerne in Schweden geblieben wären – zwei Deutschländer auf dem gleichen Schiff.

Wir kamen in ein Durchgangslager, das vom Roten Kreuz verwaltet wurde. Ich konnte nach einigen Tagen das Lager verlassen. Josef dagegen wurde verhaftet; für ihn begann nun ein halbes Jahr Haft, worüber in dem Abschnitt über Fenner Brockway (S. 39f.) ausführlich berichtet wird.

Nach der Freilassung aus dem Lager Neuengamme im Herbst 1946 begann Josef eine Ausbildung zum Volksschullehrer, die in einem zweijährigen Schnellkurs demokratische Lehrer ausbilden sollte. Er begann zu unterrichten, wurde aber bald von der Hamburger Schulbehörde entlassen, die von Prof. Dr. Anna Siemsen geleitet wurde. Maßgeblich war der politische Grund, dass er der alliierten Besatzungspolitik und der Mitarbeit der KPD sehr kritisch gegenüberstand.

Er begann wieder als Buchdrucker in der Druckerei der GEG zu arbeiten; bald wurde er als Betriebsrat und als Belegschaftsvertreter in den Aufsichtsrat gewählt. Nach einer missglückten Streikplanung wurde er gesetzwidrig entlassen. Er obsiegte in einem Prozess gegen die GEG, wurde jedoch nicht wiedereingestellt. Er fand Arbeit in einer kleinen Druckerei in Hamburg-Harburg, in der er bis 1983 arbeitete – lang über das Rentenalter hinaus.

Josef Bergmann war von Anfang an (von der Rieseberger Konferenz im Frühjahr 1947) bis zu seinem Tode aktives Mitglied der Gruppe Arbeiterpolitik. Seit 1956 (?) gab er die *Briefe der Gruppe Arbeiterpolitik* heraus, für die er zahlreiche Beiträge lieferte.

Er hatte ein gutes Verhältnis zu Heinrich Brandler. 1950 heiratete er Herma Barth, mit der er 1960 einen Sohn bekam. Herma starb 1999, Josef am 18. Februar 2005. Beide haben ihre Grabsteine in dem Gräberfeld der Geschwister-Scholl-Stiftung auf dem Ohlsdorfer Friedhof, wo auch Heinrich Brandlers Grabstein steht. Zu seiner Trauerfeier kamen viele seiner ehemaligen Schüler und Arbeitskollegen.

Alle meine Brüder waren politisch aktiv, die drei älteren als linke Zionisten, wir drei jüngeren als kritische, internationalistische Kommunisten. Meine zwei Schwestern – Dr. Rose Weiler, 1905-1998, und Lotte Walter, 1918-1984 – waren politisch nicht aktiv, haben das Dritte Reich überlebt und sind in Israel gestorben.

Emil Weiler

Emil Weiler wurde am 10. Juni 1897 in Illingen/Saar geboren. 1914 wurde er zum deutschen Heer eingezogen, diente an der Westfront, wurde bei Verdun verwundet. Nach dem Krieg studierte er an zwei Universitäten Medizin und wurde Kinderarzt in

Emil und Rose Weiler, geb. Bergmann (1905-1998)

Saarbrücken. 1930 heiratete er Rose Bergmann. Nach dem Plebiszit 1935 wurde das Saargebiet an Hitlerdeutschland angeschlossen. Emil Weiler emigrierte mit seiner Familie nach Frankreich und praktizierte als Arzt in Dijon. 1939 meldete er sich als Freiwilliger zur französischen Armee, war Militärarzt bis zur Kapitulation im Mai 1940. Nach der Entlassung lebte er mit seiner Familie in einem kleinen Ort in Südfrankreich. Als die Wehrmacht 1942 den Süden besetzte, ging er in den Untergrund. Die zwei Töchter fanden Zuflucht in einem Kloster. 1945 kehrte er nach Dijon zurück. 1951 wanderte die Familie in Israel ein. Er war Kinderarzt in Jerusalem. Dort starb er am 13. Februar 1982.

Meine Vettern: Gyuri Handler, Heinz Rosenzweig, Friedrich Biheller, Otto Biheller, Gideon Cohen

Die vier jüngeren Schwestern meiner Mutter hatten Männer in der österreichisch-ungarischen Monarchie gefunden, eine in Rumänien, eine in Ungarn, zwei in der Tschechoslowakei. In den kurzen goldenen 1920er Jahren der Weimarer Republik kamen einige unserer Vettern nach Deutschland und verbrachten mit uns die Sommerferien in Kolberg (heute Kołobrzeg in Polen) an der Ostsee. In einer kleinen Mietwohnung lebten wir auf engem Raum, schliefen auf dem Fußboden; tagsüber wanderten wir über die Dünen, gingen zum Fischerhafen, badeten in der Ostsee. »Zu Hause« gab es intensive politische Debatten. Man darf wohl sagen, dass mein Bruder Alfred wesentlich dazu beitrug, dass wenigstens drei unserer Vettern Kommunisten wurden.

Unser rumänischer Vetter *Gyuri Handler* (1916-1941) versuchte im Zweiten Weltkrieg, von der rumänischen Armee zur Roten Armee überzulaufen. Von ihm blieb keine Spur; es ist ungewiss, ob er von der rumänischen Seite absichtlich oder von der sowjetischen Seite versehentlich getötet wurde. Auch Desertion war lebensgefährlich.

Mein jüngster Vetter *Adolf Heinrich Heinz Abraham Rosenzweig* wurde am 27. September 1921 in dem slowakischen Dorf Predmier, nahe dem Städtchen Velka Bytča, geboren. Mit 18 Jahren konnte er nach Beendigung des Gymnasiums in Žilina als einziger der Familie nach Palästina auswandern.

Abraham Raviv-Rosenzweig (27.9.1921-7.1.1964) und seine Frau Tirza Török-Raviv

dern. Seine Eltern kamen im Holocaust ums Leben. Nach einem Jahr Studium der Ingenieurswissenschaften am Technion in Haifa meldete er sich, wie viele Israelis, zur Britischen Armee und diente im Royal Engineering Corps. Von 1940 bis 1945 war er im Irak, in Ägypten und in Italien (Neapel). In Neapel leitete er eine Fahrzeugreparaturwerkstatt.

Nach seiner Rückkehr aus dem Krieg nahm er wieder sein Studium am Technion in Haifa auf; er spezialisierte sich jetzt auf Technical engineering. Nach dem Ende des Studiums 1948 heiratete er Tirza Török, die mit ihren zwei Schwestern während des Krieges als Ambulanz-Fahrerin der britischen Truppen in Ägypten, Italien und Österreich gedient hatte. Die Juden in Palästina waren faktisch die einzigen Bürger der Region, die den Krieg gegen die Achsenmächte unterstützten. Die politischen Führer der nahöstlichen Staaten unterstützten nach Möglichkeit die Achsenmächte.

Mitte 1948 wurde mein Vetter Heinz in die israelische Armee geholt und diente bis 1953 als Ingenieur in der Entwicklung von Munition. In diesen Jahren wurden die beiden älteren Söhne geboren. 1953 ging er zum Weizmann-Institut in Rehovot, Abteilung für Isotope; seine wichtigste Aufgabe war die Produktion von schwerem Wasser. Er war ferner einer der Mitbegründer von YEDA, die Patente und Produkte des Instituts vermarkten sollte.

1956, nach der Geburt des dritten Sohnes, ging die Familie zu einem Forschungsjahr in die USA; dort lernte er 18 Monate in der Universität von

Florida in Gainesville Automatisierung. 1958 kehrte er nach Rehovot zurück und unterrichtete postgraduierte Studenten. In dieser Zeit entwickelte er die vollautomatisierte Produktion von schwerem Wasser, die erste ihrer Art weltweit, und verbesserte die Anreicherung des Sauerstoffisotops O 17. Er arbeitete mit beim Aufbau des ersten Versuchsreaktors. 1960 wurde sein vierter Sohn geboren. Er hatte seinen Namen hebräisiert in *Abraham Raviv*. Am 7. Januar 1964 starb er im Alter von 42 Jahren nach einem schweren Herzanfall. Sein ältester Sohn Aharon fiel an der Suezfront.

Quelle: Tirza Raviv, März 2010, Jerusalem.

Die Mutter der drei anderen Vettern aus der ČSR, *Gertrud Bihellerova,* kam in Auschwitz ums Leben; ihr Mann war schon in den 1920er Jahren verstorben. Ein Vetter ertrank in einem der Exodus-Schiffe vor der Küste Palästinas, das vermutlich von der britischen Flotte versenkt wurde. (Das britische Militär hatte 1936 – noch vor Kriegsbeginn 1939 – mit den Führern der Palästinenser praktisch eine Einwanderungssperre vereinbart. Großbritannien regierte Palästina mit einem Mandat des Genfer Völkerbundes.)

Der Vetter *Friedrich Biheller* (1908-1972), lange linientreuer Kommunist, war erst in Spanien bei den Interbrigaden, dann in England bei der tschechoslowakischen Armee, nach dem Krieg im Prager Außenministerium und auf einigen Botschaften tätig. In der antisemitischen Welle vor Stalins Tod – es war die Ära des Slánský-Prozesses – wurde er abgesetzt und verbrachte die folgenden Jahre in einem Forschungsinstitut. 1968 war er auf der Seite der Reformer und hoffte auf deren Erfolg. Wir verstanden uns wieder besser; er war sehr interessiert an der undogmatischen kommunistischen Literatur, die in der ČSSR verboten war und die ich ihm bringen musste. Er starb

*Friedrich Biheller
(1908-1972)*

1972, tief enttäuscht über die Niederlage des Prager Frühlings.

Der letzte der drei Brüder, *Otto Biheller* (1913-1989), hatte zwei Berufe studiert, Landwirtschaft und Militär. Er war Mitglied der kommunistischen Jugend und des zionistischen Hashomer hatzair, wie manche andere junge Burschen in der ČSR; die beiden Jugendbünde waren sich damals überhaupt nicht feindlich. Nach dem Münchner Abkommen und der kampflosen Übergabe des Landes an den deutschen Imperialismus wanderte er mit seiner Partnerin (Rosalie Neumann, später Růžena Bihellerová) über Polen in die Sowjetunion aus. Dort hatten sie Glück, Arbeit in einer Kollektivwirtschaft zu finden. 1943 durfte General Ludvík Svoboda in der UdSSR

Otto Biheller (1913-1989) und seine Frau Růžena Bihellerová mit Kind 1945

eine tschechoslowakische Armee aufstellen. Die beiden meldeten sich gleich, wurden dort Offiziere und machten dann den ganzen Feldzug mit, mit gefährlichen Schlachten, u.a. am Dukla-Pass, wo die Wehrmacht 1944 noch harten Widerstand leistete.

Nach dem Sieg der Roten Armee und dem Neuanfang der ČSR unter Edvard Beneš wurde mein Vetter Otto Militärattaché in Washington. In der beginnenden antisemitischen Ära des Slánský-Prozesses wurde er zurückgerufen und abgesetzt. Sein zweiter Beruf half ihm, Arbeit als Leiter im slowakischen Sered im staatlichen Tabakforschungsinstitut zu finden. Nach Jahren durfte er wieder als guter und sprachkundiger Agronom im Prager Landwirtschaftsministerium arbeiten. Mit der allmählichen Lockerung in der UdSSR und Chruschtschows Entstalinisierung wurde die Atmosphäre in der ČSSR offener; ich konnte den Kontakt wieder aufnehmen, und wir diskutierten über die ungelösten Probleme. Er bekam die Aufenthaltserlaubnis und eine Wohnung in Prag für die vierköpfige Familie.

Bis zum Sommer 1968 konnte er nun normal arbeiten; aber er war offen für die Reformer, wenn er auch manche der kleinbürgerlichen Mitläufer der Reform und die Unentschlossenheit mancher Reformer kritisch sah. Er wurde wieder abgesetzt, aus dem Ministerium entlassen, gab seine militärischen Auszeichnungen zurück, verließ die KP und wurde zusätzlich mit Arbeitslosigkeit bestraft.

Er trauerte über die Niederlage der Reformer und hielt Kontakt mit einigen Gleichgesinnten, die er aus der Armee oder aus der Arbeit in der Nachkriegszeit kannte. Er nutzte seine großen Sprachkenntnisse und verdiente den Unterhalt der Familie mit Übersetzungen.

Anfang der 1970er Jahre hatte ich eine Studienreise von Absolventen der Universität Hohenheim zu leiten. Otto wurde unser ausgezeichneter Reise-

führer von Košice bis Prag. Neben seinen umfassenden Kenntnissen von
Land und Landwirtschaft zeigte er unseren Diplomanden, was ein wirk-
licher Kommunist ist.

Er starb 1989, noch vor dem selbstverschuldeten Zusammenbruch der
Herrschaft von Bürokraten, die unfähig zur Selbstkritik, selbstzufrieden,
Michail Gorbatschows Reformbemühungen ablehnten. Hätte er dieses Ende
erleben müssen, hätte er mit mir getrauert.

Gideon Cohen wurde 1915 in Wartenburg, Ostpreußen, geboren. Er besuchte
das Philanthropinum in Frankfurt/Main und machte dort 1935 sein Abitur.
Von 1936 bis 1938 studierte er am Jüdischen Lehrer-Seminar in Berlin und
ging 1938 nach Palästina. Dort setzte er sein Studium an der Hebräischen
Universität in Jerusalem bis 1940 fort und schloss sich gleich der Hagana
an. 1940 meldete er sich zur Royal Air Force in Alexandria, Ägypten. 1941
heiratete er meine Cousine, die Krankenschwester *Eva Rosenzweig.* Von
1941 an wurde er als Flugzeugnavigator ausgebildet und war dann aktiver
Flieger bis zu seiner Demobilisierung 1946. Danach setzte er sein Universitätsstudium fort. 1947-1948 nahm er am Unabhängigkeitskrieg teil, u.a. am
Kampf um Jerusalem. 1948 ging er zur neugegründeten israelischen Luftwaffe und arbeitete bis 1950 als Ausbilder und Navigator. 1951 verließ er
die Armee und begann, Englisch zu unterrichten am Gymnasium der Hebräischen Universität, dann an deren Pädagogischem Institut. 1964 bis 1967
war er Inspektor für den Englischunterricht im Erziehungsministerium. Im
Anschluss ging er für ein Jahr zur Lehrerfortbildung an die Columbia Universität in New York. Von 1969 bis 1980 war er Dozent am English Depart-
ment der Universität Tel Aviv. 1981 wurde er Rentner und lebte mit seiner
Familie, Frau und zwei Kindern, in Jerusalem. Er starb 1998. Seine Mutter war nach Auschwitz deportiert, der Vater von den Nazis in seiner Wohnung erschossen worden.

Gideon Cohen wünschte sich Frieden mit den Arabern, einen laizisti-
schen Staat und Toleranz seitens der religiösen Minderheit.

Literatur

Becker, Jens (2000): August Thalheimer – früher Kritiker der Stalinisierung, in: Bergmann, Theodor und Mario Keßler (Hrsg.), Ketzer im Kommunismus, S. 75-100, Hamburg.

Becker, Jens (2001): Heinrich Brandler. Eine politische Biographie, Hamburg.

Bergmann, Theodor (1997): Thalheimer, August, in: Demokratische Wege. Deutsche Lebensläufe aus fünf Jahrhunderten. Ein Lexikon, hrsg. von Manfred Asendorf und Rolf von Bochel, S. 638-639. Tübingen.

Bergmann, Theodor (2004): Die Thalheimers. Geschichte einer Familie undogmatischer Marxisten, Hamburg.

Bergmann, Theodor (2008): August Thalheimer – ein kommunistischer Ketzer. Zu seinem 60. Todestag, in: Jahrbuch für Forschungen zur Geschichte der Arbeiterbewegung, 2008/III., S. 122-140, Berlin.

Bergmann, Theodor (2007): Gegen den Strom. Die Geschichte der KPD-(Opposition), Hamburg.

Bergmann, Theodor (2009): Internationalisten an den antifaschistischen Fronten. Spanien – China – Vietnam, Hamburg.

Bergmann, Theodor and Takekazu Ogura (eds.) (1985): Cooperation in world agriculture, Tokyo.

Bergmann, Theodor/Ulrich Menzel/Ursula Menzel-Fischer (1982): Liu Shaoqi – Ausgewählte Schriften und Materialien. I, II, Stuttgart.

Bergmann, Theodor und Gert Schäfer (Hrsg.) (1989): »Liebling der Partei« – Nikolai Bucharin: Theoretiker und Praktiker des Sozialismus, Hamburg.

Bergmann, Theodor/Wolfgang Haible (1993): Die Geschwister Thalheimer, Skizzen ihrer Leben und Politik, Mainz.

Bergmann, Theodor/Wolfgang Haible (1996): August Thalheimer: Werk und Literatur, in: Jahresbibliographie Jg. 67-1995, Bibliothek für Zeitgeschichte, S. 438-490, Essen.

Brockway, Archibald Fenner (1946): German diary, London.

Cerny, Jochen (2002): »Feindliche Elemente«. Frühere KPD(O)-Mitglieder in KPD und SED, in: IWK Jg. 38, H. 2., S. 182-213.

Du Runsheng (1995): Reform and development in rural China, Beijing.

Du Runsheng (1989): Many people, little land: China's rural economic reform, Beijing.

Durieux, Tilla (1954): Eine Tür steht offen, Berlin-Grunewald.

Eisenbürger, Gert (2008): Der Bücherfreund – Abschied von Werner Guttentag.

Ellger-Rüttgardt, Sieglind (Hrsg.) (1996): Verloren und Un-Vergessen. Jüdische Heilpädagogik in Deutschland, Weinheim.

Epstein, Israel (1939): The People's War. London.

Epstein, Israel, A Memoir of more than 80 Years in China.

Epstein, Israel (2005): My China Eye: Memoirs of a Jew and a Journalist, San

Francisco.

Epstein, Israel (1947): The Unfinished Revolution in China (dt.: China von Sun Jat-sen zu Mao Tse-tung, Berlin 1950).

Epstein, Israel (1956): From Opium War to Liberation (dt.: Vom Opiumkrieg bis zur Befreiung, Beijing 1985).

Epstein, Israel (1983): Tibet Transformed, Beijing.

Epstein, Israel (1993): Woman in World History: Soong Ching Ling, Beijing.

Goldstücker, Eduard (1989): Prozesse. Erfahrungen eines Mitteleuropäers, München.

Klausch, Hans Peter (1986): Die 999er. Von der Brigade »Z« zur Afrika-Division 999: Die Bewährungsbataillone und ihr Anteil am antifaschistischen Widerstand, Frankfurt/Main.

Klocksin, Jens Ulrich (1993): Kommunisten im Parlament. Die KPD in Regierungen und Parlamenten der westdeutschen Besatzungszonen und der Bundesrepublik Deutschland (1945-1956), Bonn.

Leder, Stefan und Witold (2002): Unbeirrbar Rot. Zeugen und Zeugnisse einer Familie. Eineinhalb Jahrhunderte Familiensaga, hrsg. von Gerd Kaiser, Berlin.

Liu Shao-Ch'i (1968): Quotations from president Liu Shao-Ch'i, Melbourne.

Mehta, Ved (1972): Daddyji. New York.

Mehta, Ved (1977): Mahatma Gandhi and his apostles. New York u.a.

Memorial brochure (Hrsg.: World disarmament campaign) (1989), London.

Namboodiripad, E.M.S. (1956): Agrarian reforms: A study of Congress and communist approaches, New Delhi.

Namboodiripad, E.M.S. (1954): The peasant in national economic reconstruction, New Delhi.

Nelki, Erna & Wolfgang (1991): Geschichten aus dem Umbruch der deutschen Geschichte zwischen Assimilation und Asyl, Hannover.

Ochs, Eugen (1984): Ein Arbeiter im Widerstand. Stuttgart.

Ogura, Takekazu (1979): Can Japanese agriculture survive? Tokyo.

Peters, Helmut (2009): Die VR China – Aus dem Mittelalter zum Sozialismus: Auf der Suche nach der Furt, Essen.

Steinberg, Nathan (1996): Berlin-Moskau-Kolyma und zurück, Berlin.

Taft, Bernie (2002): Diesseits von Gut und Böse. Erinnerungen eines roten Weltbürgers, Berlin.

Tippet, Gary/Stephen Cauchi: Interview mit Bernie Taft, in: The Age, 25. January 2009.

Walinsky, Louis J. (ed.) (1977): Agrarian reform as unfinished business. The selected papers of Wolf Ladejinsky, Oxford.

Weber, Hermann (Hrsg.) (1981): Unabhängige Kommunisten – Der Briefwechsel zwischen Heinrich Brandler und Isaac Deutscher 1949-1967, Berlin (West).

Abkürzungen

AAB	Arbeiter-Abstinentenbund
ADG	Arbeitsgemeinschaft deutscher Gewerkschaften
AFoL-CIO	American Federation of Labour – Congress of Industrial Organisations
AK	Auslandskomitee (der KPD-O)
ARKB	Arbeiter-Rad- und Kraftfahrerbund »Solidarität«
ASB	Arbeitersamariter Bund
BK	Berliner Komitee (der KPD-O)
BL	Bezirksleitung
CPI(M)	Communist Party of India (Marxist)
CSP	Congress Socialist Party
ČSSD	Tschechoslowakische Sozialdemokratische Partei
DAF	Deutsche Arbeitsfront
DMV	Deutscher Metallarbeiterverband
EKKI	Exekutivkomitee der Kommunistischen Internationale
FSJ	Freie Sozialistische Jugend
GAP	Gruppe Arbeiterpolitik
GEG	Großeinkaufsgesellschaft Deutscher Konsumvereine
ILP	Independent Labour Party
IM	Inoffizieller Mitarbeiter (des Ministeriums für Staatssicherheit der DDR)
INC	Indian National Congress
IVKO	Internationale Vereinigung der Kommunistischen Opposition
IWK	Internationale Wissenschaftliche Korrespondenz
KJI	Kommunistische Jugendinternationale
KJO	Kommunistische Jugend-Opposition
KJVD	Kommunistischer Jugendverband Deutschland
KPdSU	Kommunistische Partei der Sowjetunion
KPUSA	Kommunistische Partei der USA
LSE	London School of Economics
MfS	Ministerium für Staatssicherheit
NKWD	Sowjetischer Geheimdienst (früher GPU)
RFMB	Roter Frauen- und Mädchenbund
RHD	Rote Hilfe Deutschlands
RL	Reichsleitung
SSB	Sozialistischer Schülerbund
VSÄ	Verein Sozialistischer Ärzte
ZA	Zentralausschuss (der KPD)
ZdA	Zentralverband der Angestellten
ZK	Zentralkomitee
ZPKK	Zentrale Parteikontrollkommission

Theodor Bergmann bei VSA

VSA: Kritischer Kommunismus